# 大学附中办学特色研究

沈 杰 胥 庆 ◎著

九州出版社
JIUZHOUPRESS

**图书在版编目（CIP）数据**

大学附中办学特色研究／沈杰，胥庆著．—北京：
九州出版社，2018.12

ISBN 978-7-5108-7749-0

Ⅰ．①大…　Ⅱ．①沈…②胥…　Ⅲ．①中学－办学经
验－研究　Ⅳ．①G637

中国版本图书馆 CIP 数据核字（2018）第 291811 号

**大学附中办学特色研究**

| | |
|---|---|
| 作　者 | 沈　杰　胥　庆　著 |
| 出版发行 | 九州出版社 |
| 地　址 | 北京市西城区阜外大街甲 35 号（100037） |
| 发行电话 | （010）68992190/3/5/6 |
| 网　址 | www.jiuzhoupress.com |
| 电子信箱 | jiuzhou@jiuzhoupress.com |
| 印　刷 | 廊坊市海涛印刷有限公司 |
| 开　本 | 710 毫米×1000 毫米　16 开 |
| 印　张 | 17 |
| 字　数 | 300 千字 |
| 版　次 | 2019 年 7 月第 1 版 |
| 印　次 | 2019 年 7 月第 1 次印刷 |
| 书　号 | ISBN 978-7-5108-7749-0 |
| 定　价 | 68.00 元 |

# 目　　录

# 第 一 章

# 绪 论

## 第一节 选题背景

### 一、大学与中学合作办学是重要的国家战略

21 世纪以来，大学与中学合作办学经历了从试点到国家教育战略的深入发展。早在 2001 年颁发的《国务院关于基础教育改革与发展的决定》中就提出："有条件的普通高中可与高等学校合作，探索创新人才培养的途径"，这是新世纪在国家层面首次提出高中与大学合作问题，该决定为两类学校的联合奠定了基础；2010 年，《国家中长期教育改革和发展规划纲要 (2010—2020年)》（以下简称纲要）再次指出："深化教育体制改革，关键是更新教育观念，核心是改革人才培养体制，目的是提高人才培养水平……树立系统培养观念，推进小学、中学、大学有机衔接，教学、科研、实践紧密结合，学校、家庭、社会密切配合，加强学校之间、校企之间、学校与科研机构之间合作以及中外合作等多种联合培养方式，形成体系开放、机制灵活、渠道互通、选择多样的人才培养体制"，此纲要的颁布，进一步明确了中学与高校合作的必要性和重要性，也意味着高校与中学合作上升到国家教育战略层面，为两类学校未来的发展与合作指明了方向。

目前，我国普通高中存在的普遍问题在于同质化，主要体现为培养模式的趋同。培养模式主要涉及培养目标、培养规格、课程设置、教学设计和教学方法、评价方式、管理制度等要素。学校培养目标是培养模式的根本，是其他要素运行的基石和指南针，是学校组织发展的方向和归宿，对学校的发展起着引领性的作用。学校的过度同质化则会导致学校发展平庸、普通高中人才培养结构失衡等严重后果，无法适应社会对人才多样化的需求，难以满足学生个性多

样发展的诉求，影响普通高中教育的健康发展。

这种同质化现象引起了教育界的广泛关注。打破学校同质化现象、促进普通高中学校个性化发展，已成为我国基础教育研究中的重要议题。无论是政府层面还是教育学术界，对普通高中学校特色化、多样化发展都给予了越来越多的关注。纲要明确提出，"推动普通高中多样化发展""推进培养模式多样化，满足不同潜质学生的发展需要。探索发现和培养创新人才的途径。鼓励普通高中办出特色"。《北京市中长期教育改革和发展规划纲要（2010—2020 年）》也指明，要探索学校多样化发展新途径，开展新型综合高中和特色高中建设试点，为学生提供多元化的学习机会和资源，形成独特的教育风格和学校文化。发挥优质高中在特色办学中的示范和带动作用。由此可见，学校特色建设是基础教育可持续发展的战略选择。

学校办学的多样性，即学校要在其办学理念、办学目标、学校传统和校风校貌等方面形成特色。学校具有办学特色是实现基础教育生态系统多样、均衡、健康、可持续发展的基础。学校特色化、多样化发展已成为世界范围内基础教育变革的客观需要，更是我国中小学适应教育变革内涵式发展的必由之路。作为最早与高等学校合作的大学附中，自其诞生之日起就肩负着教育变革与实验的使命。尤其近年来，一大批大学附中开展了一系列以创新人才培养为目标的办学特色实践探索，为我国其他普通高中特色办学提供了可借鉴的经验。

## 二、基础教育需要高等教育引导

大学附属学校名称中的"附属"一词表明附属学校与大学母体存在事实上的依存关系，其构成一个新的教育生态圈。大学和附属学校在这一生态圈中为彼此的理论与实践相融合提供了有力的土壤及新的增长点。①

### （一）大学能够为附中提供优质的教育资源

优质的教育资源是学校特色建设的前提条件，大学附中依托高校教育资源是实现普通高中特色发展的一个重要源泉。高等教育在教育体系中重心下移，与当地基础教育结合起来，能够为基础教育提供实践创新平台。大学附中利用高校的实验室、科研成果等可以弥补基础教育创新教育资源的不足，让基础教

---

① 朱润蕾：《大学附中与高校合作办学的现状研究——基于上海市宝山区六所附中的调研》，当代教育论坛 2017 年第 5 期，第 87 页 – 第 92 页。

育阶段的学生提前接触创新思维教育。高中阶段创新人才的培养需要与大学密切合作。

1. 课程建设

创建学校特色是基础教育改革的一个基本要求，依托高校教育资源优势发展学校的办学特色，推动学校的课程教学改革，使其成为课程与教学改革的生长点。课程与教学改革的内涵更丰富、更具有校本的特色，可进一步激发学生学习兴趣，进一步满足学生个性差异化发展需要。同时，教师的专业能力也能因此得到发展，有利于学校特色教师群体的形成。

在课程建设方面，大学与附中最突出的合作体现在校本课程的创建上。校本课程是指学校在三级课程管理的框架下，强调以学校为基地，并与外部力量合作，整合校内外资源，开发可供学生选择的多样性课程。校本课程的开发、组织、实施及评价对于中学教师专业精神、专业知识及技能有较高要求，高校可以为中学提供优质的资源和引导。一方面，高校教师基于自身理论研究的优势，可以在与中学教师团队共同参与校本课程的规划设计中提供专业建议，发挥高校教师对中学的校本化课程的规划、指导，以整合校内显性、隐性的课程资源并打造特色校园文化，形成良好的育人环境；另一方面，高校有较为丰富学科及专业资源，可促进高校学科资源结合中学实际情况的改造，并以高校的师资资源为依托，以培养附中学生的人文、科学素养等方面能力。[1]

2. 专业且丰富的人力、物力资源

大学拥有极为丰富的教育资源，如专业课程、学者教师、大学生志愿者、学生社团、硬件设施、就业指导中心、国际交流渠道等。这些资源都可以通过合适的途径为附中所用。

大学教师可基于自身学科和研究背景的优势，通过参与在职中学教师培训的方式给予一线教师理论指导，并展开针对性的活动（如联合讲座、短期培训、项目合作、校本专业培训等），提升中学教师队伍的专业素养，增进中学教师研究、反思性能力。除大学教师可以为中学教师能力的提升起积极促进作用之外，大学生群体对于附中学生社团组织也有重要影响。校园学生社团组织往往由学生自发形成，大学和附中可以联合组织社团活动，以此为依托，加强大学生对中学社团组织、文化的指导。

---

[1]　薄飞：《基于资源共享的大学与中学合作研究》，郑州大学 2017 年。

## （二）大学能够引导附中实现价值转型

大学可以为附中提供可参考的顶层设计。在应试教育之下，基础教育培养出"人才"在进入大学校园之后，往往无法继续保持领先的位置，甚至会被淘汰。为了能够向大学输送合格的高素质人才，以及实现附中的持续健康发展，大学需重视对附中的文化价值引领，努力寻求二者之间文化的共通之处，通过大学文化与理想引领附中的办学理念和内涵发展。此外，附中也需要借助大学文化激发师生的情感共鸣，培育师生的认同感与荣誉感。①

## （三）中学的变革发展需要与大学合作

随着社会的发展和教育的进步，社会各界对中学提出了新的要求，中学需要谋求变革，不断改善办学条件、增强组织更新力，与大学合作是中学扩充资源的有效途径。大学与中学共享教学资源，可以为中学生提供更好的学习条件和发展机会。大学的介入可以为中学提供物质和智力支持，推动学生有效学习、教师专业发展、学校教育科研、校园文化建设等方面的变革，因此中学要想成为同类学校中的佼佼者，需要更新传统观念、创新教育发展模式、积极与大学进行合作。②

高中的重要使命之一即为高校输送合格、优秀的人才。附中与其他普通高中相比能够与大学进行更加密切的交流，双方的"通气"可以使附中做到既把握自身的实际情况，又了解高校的内部资源。在全面把握双方的需求和优势的前提下，高校能够能帮助附中进行满足附中发展需求、适应高中生学习特点、提高资源利用的有效性的变革。

# 三、高等教育需要基础教育的支持

## （一）实现高等教育内涵式发展

内涵式发展指科学发展观指导下以质量提升为核心的发展模式，特征为全面、协调、可持续，即强调发展的内部连贯性。③ 处于培养高层次人才的教育阶段的高等教育，与基础教育之间的衔接问题不仅是教育领域的重要议题，也是高等教育实现内涵式发展的关键。高等教育应该协调好与基础教育的衔接关

---

① 朱润蕾：《大学附中与高校合作办学的现状研究——基于上海市宝山区六所附中的调研》，当代教育论坛 2017 年第 5 期，第 87 页－第 92 页。
② 张翔：《教师教育 U－S 共生性合作问题研究》，重庆：西南大学 2012 年。
③ 杨红星：《民族院校内涵式发展的历史省思》，教育评论 2014 年第 1 期，第 9 页－第 11 页。

系，从而使其在与基础教育保持彼此独立的前提下，还具有内在连续性和系统性。① 附中作为与大学直接衔接的施教机构，不仅在形式上与大学之间存在联系，更需要构建二者之间的内在衔接。然而，该问题长期以来没有得到应有的重视和改善。值得注意的是，高等教育与基础教育的内涵式衔接才具有实质性意义，才能实现高等教育的内涵式发展。

### （二）推动高等教育的变革

社会的进步与发展使得各个领域对大学的技术支持与学术引领的需求越来越普遍。在知识和技术在社会发展中的引领作用日益明显的今天，大学的社会效用越来越受到社会各界的期待。随着人们对教育需求的增加，面向基础教育的服务功能备受高校重视。大学将已有的科学研究成果转化为教育服务的资源，同时进一步开发适合中学发展的教学资源、培训资源和实体资源，通过为中学提供教育资源服务，更好地体现了大学的价值，也为中学向大学输送后备力量提供了先期扶持。②

## 四、大学与中学合作办学存在明显症结

### （一）双方合作的内容仅停留在表层

因大学与中学隶属于不同组织机构，双方存在不同的利益诉求，严重阻碍了资源的共享。大学与中学资源共享合作的内容仅仅停留在大学教师到中学讲座、参观互访、作为高校实习基地、师资培训等几种表层合作，在学校战略规划、学校管理、课程教学、图书馆资源、教学设施和实验室开放等方面合作甚少，合作深度不够的问题较为突出。中学与大学在各自发展上缺乏交点，大学主动和中学接触仅限于招生工作，大学与中学合作的基础薄弱、领导认识不足，如翻开学校规划，很难找到中学与大学、大学与中学的合作意向和规划，造成中学与大学在发展规划上缺乏顶层设计。

### （二）双方合作的类型有限

大学与中学虽然存在各种类型的合作共享的尝试，但合作类型仍十分有限，各自没有打开封闭的时空资源限制的束缚，吸收共享经济的开放、互利、经济的理念。大学与中学共享的内容和形式需要更加多样，创新教育生态。

---

① 张抗抗，胡扬洋：《我国高等教育与基础教育内涵衔接研究》，首都师范大学学报（自然科学版）2017年第5期，第27页－第32页。

② 薄飞：《基于资源共享的大学与中学合作研究》，郑州：郑州大学2017年。

### （三）双方合作的平台单一

大学和中学间的高层与各个功能处室人员的互访欠缺，没有沟通交流渠道和联络方式，学校间合作交流等问题无法达成共识，目前我国大学和中学发展中存在的缺乏理论支撑和合作机制、低水平重复等问题的原因很大程度上就是中学未能与大学建立合作伙伴关系，缺乏专家的纵向引领。

大学与中学合作的平台欠缺。任何合作都需要一些平台，对大学和中学的不同需要和资源进行梳理，对合作办学的需求进行分析，各自搭建适应对方需要的平台是目前合作交流的短板，在这方面双方的研究和探索都有所欠缺。

此外，大学和中学各自需求与资源配置的互通欠缺，双方缺乏认识和了解，专门的调研与信息采集不足，缺乏信息的调查分析与资源重组，造成互不来往、各自发展的状况。

### （四）双方合作的意愿不强

作为学校的行为主体，教师的态度和行为直接影响着双方的合作效果。中学教师长期处于教育实践中，对教育理论的认识存在偏差，普遍认为理论无用，这也使得他们对合作的积极性不高，加之中学教师教学任务繁重，更加没有时间与大学教师进行交流与沟通。而大学教师习惯以"专家"的身份自居，往往对中学教师指导过多，招致中学教师的不满，同时大学繁重的科研任务也使得大学教师不愿意将时间花费在与中学教师的交流与沟通上。[1]

根据大学与中学合作办学的必要性和重要性，课题组围绕该选题开展了理论和实践的研究。

## 第二节　概念界定

### 一、大学附属中学

大学附属中学（以下简称大学附中）是指大学或政府部门附设于大学的初级、高级或完全中学。大学附属中学的产生是政府、大学及中学三者间新型关系的体现，其在发展过程中也呈现出别具一格的学校特色。

---

[1]　薄飞：《基于资源共享的大学与中学合作研究》，郑州大学 2017 年。

## 二、学校特色

学校特色即学校所有成员，凝聚在学校核心价值观以及共享的心智模式之下，从学校办学优势和实际出发，积极建构并在学校发展过程中逐步积淀形成的、汇集并体现在学校理念、行为、制度、结构、技术等各个要素中的、为社会所公认和美誉的个性风貌。它是学校办学思想、办学目标、价值取向、办学风格、学校管理、校园文化建设等诸方面的综合表现。

## 三、办学特色

特色是指一个事物或一种事物区别于其他事物的风格、形式，是由事物赖以产生和发展的特定的、具体的环境因素所决定的，是其所属事物独有的。而"办学特色"是指学校在长期的办学过程中积累、形成和发展的，在价值取向、办学理念、办学目标、人才培养方式、管理机制、教育风格等各个方面表现出的一系列相对持久稳定的特性。办学特色既包括显性内容，如学校的自然环境、规章制度等，也包括隐性内容，如学校的价值取向、学习氛围等。办学特色既可以反映出学校管理的整体优势，也可以体现出一个或几个方面的独特优势，是学校校长的办学意图和管理风格的体现，是学校教师队伍整体状况和教学特点的体现，也是影响学生个体特性的形成及学生群体特点的综合反映。

办学特色主要涵盖三个方面的内容：一是学校精神文化特色，包括学校在思想观念、价值规范上的特色，这也是学校形成独特的办学特色的思想动力和支配力量。学校精神文化方面的特色是办学特色的核心内容之一，是学校办学特色的深层次的内涵。二是学校制度或行为文化特色，包括学校在制度、模式、结构等行为方式上的特色。学校制度或行为文化特色受第一方面学校精神文化的制约，同时又是精神文化的表现形式。三是学校物质文化特色，包括学校在物质环境、校园建设等方面的特征。学校物质文化特色是学校文化中最表层的东西，是精神文化、制度文化的外在表现。三种特色密切相关，缺一不可。

办学特色是一所学校各方面工作的综合反映，属于一个整体，即由思想观念、行为方式、组织制度、物资设备等整合而成的一种文化特色。[1] 学校在营造自身特色时，要兼顾全面性，不可只重视其一而忽视其他。

---

[1]　郑金洲：《"办学特色"之文化阐释》，中国教育学刊 1995 年第 5 期，第 35 页－第 37 页。

## 第三节　文献综述

### 一、普通高中办学特色的研究

从 1986 年第一篇关于学校办学特色的论文发表以来，学校办学特色逐渐受到学界的关注。伴随着市场化和巨大的社会转型的契机，学者们越来越关注如何帮助学校走一条内涵式的发展道路。当前，研究学校办学特色具有重大的理论意义和实践价值。随着学校办学特色研究成为一种趋势，对办学特色的研究已经成为学界研究的热点。

研究主要围绕如下几个层面展开：其一，学校办学特色的构成要素和系统框架。学校办学特色构成要素研究是建构学校特色系统框架研究的基础。构成学校特色建设体系框架的要素研究，可以根据对学校特色不同层面和视角的认识，分为宏观要素研究和微观要素研究。所谓宏观要素研究，就是站在教育宏观管理体制和公立学校制度的战略高度上，将构成系统分析框架的学校特色建设的要素的认识与基础教育改革相联系。所谓微观要素研究，则多关注学校微观层次，如人、办学理念、教育教学、环境等要素。其二，学校办学特色的困境和误区。学者们已经注意到学校特色的发展困境主要是形式化和浮在表面的特色，并将其归因为受制于体制和制度因素。但是目前的研究仅是对困境现象的描述，缺乏从宏观管理体制和教育改革的层面去探析学校特色创建的困境和学校趋同的原因。其三，学校办学特色的发展过程。学校办学特色的发展过程，是一个动态的过程，主要包括挖掘、定位、积淀、成熟等。创建特色学校是一个复杂的过程，学者们在对学校办学特色的发展过程的研究中，对于阶段的划分大同小异，并没有本质区别。其四，学校办学特色的条件和形成机制。对于学校办学特色的条件，学者们认为学校内外部条件，以及两个因素的共同作用影响着学校办学特色的形成。对于条件的把握有助于我们进一步认识学校办学特色的形成的宏观和微观机制。但从研究现状来看，学者们在探究学校办学特色形成条件和机制时，并未将其放置在一个开放且系统的学校特色建设框架之中。其五，学校办学特色策略研究。学者们从文化、实践、战略（包括SWOT 战略分析和 CI 组织识别战略）等不同角度揭示了办学特色的形成策略，但对于策略的研究缺乏系统性、整体性和实操性。

## 二、大学附中办学特色的研究

中学的特色作为衡量学校办学水平和人才培养质量的重要标志，集中体现了学校的办学实力和社会声誉。在社会教育资源有限的情况下，中学需要从自身发展的历史、现实条件以及学校所处的地域环境出发，明确学校的优势，实现资源的最优化配置，突出办学特色。

大学附中办学特色特指大学附中这一群体所具有的相对稳定的，并在社会上得到公认且有一定影响的特色。该特色在不同方面均有体现，如治学方略、办学观念、办学思路；科学先进的教学管理制度、运行机制；教育模式、人才特点；课程体系、教学方法以及解决教改中的重点问题，其中特别表现在与大学合作方面，即互相吸收利用和整合资源等。

大学附中的办学特色和普通中学的办学特色一样，具有独特性、稳定性、发展性、综合性等特点，同时还具有动态性，其形成是渐进的过程，是不断发展、不断提高的。办学特色是一所学校生存与发展的生命线，是自身的文化积淀与客观的社会环境和谐结合的产物。

根据办学特色的表现形式可将其内容分为两大类：一是理念型特色，是大学附中的办学思想、办学理念以及长期形成的校园精神——主要以校风、学风为主要形式表现出来，这是办学特色的核心、灵魂与原动力。可以与大学相关，也可以与大学不相关。理念型特色一般是隐性的，包括学校的价值取向、道德规范、学术氛围等。二是项目型特色，既有大学附中与当前教育环境相结合而形成的宏观办学体制、办学模式，也有其在发展过程中形成的学科、课程方面的特色，以及学校在人才培养过程中形成的微观育人目标、培养方式以及在教育教学研究中形成的研究范式。一般来说，大学附中的项目型特色，都会依托大学的资源。理念型特色与项目型特色关系密切，相辅相成，前者是后者的先导，后者是前者的具体化。

大学附中和普通高中的区别就在于前者对于如何依托大学办出学校特色的思考与探索。但是结合文献及调查研究发现，一部分大学附中仅是停留在与大学的浅层合作上，或者是为了提升学校的知名度而挂名。从实践层面来看，市级示范性大学附中与高校、社区的合作明显优于其他大学附中和一般普通高中。但是从人员参与情况来看，无论是大学附中还是普通高中，参与特色项目建设的教师主要是来源于本校或者说是本校教师和社会力量合作，高校教师参与高中特色项目建设的程度相对较低。

## 三、大学与大学附中的合作研究

学校特色化和多样化发展已成为世界范围内基础教育变革的客观需要，是基础教育生态系统可持续发展的战略选择，更是我国中小学适应教育变革内涵式发展的必由之路。

大学与中学之间的关系经历了十分曲折的演变。最初的大学与中学之间的关系只是定位于大学为中学输送合格的教师，而将中学视为自己教育产品的消费者，缺乏为中学服务的意识。中学的任务则是为社会培养具有一定文化程度的劳动力或者为更高一级的教育输送更为优秀的人才。因此，最初的大学与中学之间的关系并不紧密，大学也并不参与中学的办学。正如杨小微所述："大学与中小学、大学文化与中小学文化之间，大体经历了从隔绝到游离、从观望到走近、从冲突到融合、从俯仰到平视的变迁。"随着师范教育及大学附校的产生以及后来教师专业发展学校的兴起，大学和中学逐渐开始走向合作化的道路。

现有关于大学参与中学办学的研究主要集中于大学与中学合作办学等相关内容。具体研究包括大学与中学合作办学的内涵、模式、功能、机制以及对大学与中学合作发展的建议等内容。

## 四、文献研究的启示

从已有的相关研究可以看出，大学与大学附中合作存在的问题突出表现在：①总体而言，在研究的系统性和深度方面有所欠缺，进一步研究学校办学特色的要素构成和系统理论框架尤为必要和迫切。②从研究的内容而言，对于办学特色要素的研究，较多集中于学校微观层次，缺乏从宏观管理体制和教育改革的层面去探析学校特色创建的困境和学校趋同的原因，对于学校办学特色形成策略的研究缺乏系统思考和实践关照。③研究方法方面，理论研究多，实证研究少。多采用思辨研究和理论分析方法，缺乏定量和定性的研究。这样导致研究多限于经验总结、理论提升不足和理论深度不够。办学特色的研究不仅是一个理论问题，而且是一个实践性很强的问题。对于学校办学特色理论不够深入和系统，所建构起的理论就缺乏说服力和系统性，理论实际的指导操作意义也随之受到影响。由上可知，办学特色的内涵还亟待厘清，尤其对于大学附属中学办学特色的相关研究还远远不够。

目前对于大学附属中学办学特色的研究，还处于起步阶段，理论研究还很薄弱。主要表现在：研究主要依靠逻辑思辨和理论的演绎，缺乏深入的实证和案例研究；缺乏宏观机制考察；没有析取出特色建设的要素，并构建起整体的、系统的分析和创建学校特色的理论框架；无法对于学校教育工作者的办学实践给予有力的指导。

本研究将以大学附属中学学校特色建设为切入点，旨在析取出构成学校办学特色的要素，并搭建起合理的大学附属中学学校特色建设的系统框架，在框架下揭示学校特色形成的机制。对于大学附属中学学校办学特色的研究，涉及学校运行的制度环境、宏观管理体制、办学宗旨、办学理念、办学模式、组织结构、学校发展战略等学校办学和学校管理的核心问题，回答了未来我们要办什么样的学校以及怎样办学校的问题。因此，无论在理论上还是实践上，都具有重要的意义。

## 第四节　研究目标与主要研究内容

### 一、研究目标

本研究以大学附中作为研究对象，构建大学附中办学特色建设的理论框架、运行机制，探究大学与附中间的关系以及大学对附中发展的引领作用。一方面能够促使我们更深层次地了解大学附中，另一方面尝试为其他中学的办学与特色建设提供经验借鉴。

### 二、主要研究内容

本研究主要探讨以下三方面的内容：

（1）造成我国学校趋同的深层次原因是什么？多数基础教育学校特色建设实践形式化、局部化和表面化的原因是什么？

（2）构成大学附中特色建设的宏观要素是什么？制约学校办出特色的微观要素有哪些，宏观要素与微观要素相互影响和联动的机制又是什么？

（3）由宏观要素和微观要素如何搭建起合理的大学附中办学特色的系统框架？学校特色建设可行的战略方案是什么？学校如何实现从同质向多元发展？

## 第五节　研究思路、方法与重点

### 一、研究思路

本研究的总体思路遵循揭示问题、分析问题、理论研究、案例研究和提出对策的逻辑顺序铺展而成。具体而言，首先，梳理学校特色化发展的历史脉络，将学校特色建设与教育转型、社会转型相联系，归纳造成学校趋同的深层次原因。其次，提出学校特色的分层理论，为学校特色发展中遇到的现实问题提供整体性的认识框架。再次，在复杂性科学下对大学附中特色建设场域要素及其互动进行系统分析。最后，选取案例进行研究，为学校特色建设提供策略。

## 二、研究方法

### （一）文献法

文献法分为文献资料的查阅与分析两方面。通过对图书馆内与国内外学术期刊网站数据库中与"学校办学特色"相关的研究成果进行检索和整理，在充分借鉴和掌握前人相关研究成果的基础上，发现研究发展进程中存在的问题与不足，形成本研究的理论视角和分析框架。

### （二）系统研究法

运用系统思想研究大学附中的办学特色，从整体和部分、结构和要素、对象和环境的相互联系、相互作用中综合考察大学附属中学办学特色内涵、宏观要素和微观要素、要素联动机制等，搭建起系统理论分析框架。

### （三）个案研究法

个案研究法主要包括文献分析法、观察法和访谈法三种形式。①文献分析法。本研究收集并查阅案例学校与特色建设相关的文本资料，包括专著、报告、内部刊物、相关章程制度等。通过对一手资料的文本分析与作品分析，对特色建设实践过程中的主导行动者、权力运作、能力发挥以及资源配置等关键节点进行考证分析，以获取特色建设策略的真实信息，并总结提炼出针对处于不同发展阶段的学校切实有效的学校特色建设策略，以供理论和实践工作者参考。②观察法。为了使调查更深入，探索学校成员的价值观念、行为方式等，以更好地了解学校特色，选择主要学校现场情境为案例的观察对象，调查并记录学校师生对于学校特色所持有的直观的理解和感受。③访谈法。相对科学合理地设计访谈提纲，对学校的有关领导和普通教师进行开放型和半结构型的访谈调查。获得学校成员对学校特色的感受和内心真实的想法，对学校办学特色的现状及实践中存在的问题进行检视，也为理论分析结果提供论据支撑。

## 三、研究重点

本研究从当前中学发展同质化严重的现象出发，探索大学附中办学特色建设研究的独特意义和价值。重点解决以下三个方面的问题：

（1）将学校"场域"特色引入学校特色的认识当中，构建特色分层理论的整体性概念框架。

（2）以复杂性科学为视角，将宏观层面要素和微观层面要素相结合，构建学校特色建设的系统性的理论分析框架。

（3）依托典型案例，对学校办学特色的现状及实践中存在的问题进行检视，为理论分析结果和学校办学特色系统框架提供支撑与验证。

# 第 二 章

# 大学附中与大学合作的理论基础

## 第一节 利益相关者理论

### 一、大学附中与大学合作过程中利益相关者的定义

利益相关者概念的界定最早来源于经济学和管理学，后来，教育者把该概念引入到教育领域中，并把它界定为"与学校教育或者课程有关的利益人"。中学与大学在合作过程中，会与部分个人或群体建立各种关系，这些个人或群体在基地共建过程中或投入一定的物力、人力或经济资本，或负有一定的责任，或享有一定的权利。一方面，利益相关者对合作的具体实施过程有影响，另一方面实施过程也影响着他们的利益与发展，这些个人或群体即为合作过程中的利益相关者。

利益相关者可以分为核心利益相关者、重要利益相关者、次要利益相关者。针对学校这一办学主体而言，核心利益相关者即办学机构及其组成部分，承担学校教育任务的教师和学习的学生；重要利益相关者即与办学机构相关的政府部门（以教育主管部门为主）、合作办学机构、企事业单位等；次要利益相关者指同类的教育竞争者以及社会评价机构。[①]

具体看来，大学附中与大学之间属于彼此的合作办学机构，二者互为重要利益相关者。对于大学附中而言，与大学的合作，是期望降低学校的办学成本与信息成本，实现共赢。大学的声誉及水平对大学附中而言具有直接影响，二者在经济、文化、技术等方面存在较大的利益相关性。

---

① 王亚军：《利益相关者视域下高校继续教育治理机制探究》，成人教育 2018 年第 9 期，第 20 页 – 第 24 页。

## 二、大学附中与大学合作过程中利益相关者的利益需求

大学附中与大学之间的共同愿景和利益需求是双方合作的动力与基础。首先，合作双方持有共同的愿景：改善教师教育实践，为基础教育培养真正合格乃至优秀的教师；培养更多优秀的人才。其次，双方都有在合作过程中达成某种关乎各自组织成员实际利益的愿望，这不仅能敦促两者的合作，且在合作过程中确实能为各方带来利益。例如，各方成员通过合作能够促进自身的专业发展。对于高校而言，合作一方面促进了高校教育学科建设，一方面由于高校对中学给予的专业支持而强化了其社会服务功能。对于中学而言，合作可以增强其教师队伍建设，促进学校教育实践的改进，从而培养出更多高素质人才。此外，合作过程还能给合作伙伴创造新的发展领域与机遇。当然，利益需求同时会反映个性的特点，每个组织、每个专业群体或个人所要求的实际利益是有差别的。

大学与中学合作最为突出之处在于校本课程的开发，重在协调学校权力结构的重组、为教师增权赋能、建立大学和学校之间的合作伙伴关系等。

参与校本课程开发的人员群体多元。针对不同课程开发的不同阶段，需要参与者有选择性和侧重性地参与，并非是全程和全面地参与，不同主体之间需要做好权责和角色的合理分配。大学和附中在课程开发中的位置与作用都需要权衡。

## 三、大学附中与大学合作过程中可能存在的利益冲突

利益冲突是利益主体基于利益差别与矛盾而产生的利益纠纷和利益争夺。利益冲突表明主体之间的一种动态状态，即不同利益主体由于追求的利益目标不同，处于自觉或不自觉的对立之中，包括情绪对立和行为对立。

大学与中学教师教育合作过程并非一种简单的工作领域上的交汇，而是建立在教育组织实体的双边联系与互动基础之上的利益合作组织。这种组织间的共同利益可以加强成员间的互动与联系，使成员获得相互支持的力量。然而，在大学和中学教师教育合作过程中，逐步形成了多元利益主体并存的局面，这些利益主体包括大学、中学以及相关教育行政部门。不同的利益主体对于合作收益会有不同的期待，利益冲突难以避免。就大学与中学而言，大学关注点在于合作是否能够为教育教学理论研究带来更开放的视野，是否会为科研带来更有价值的数据资料，科研成果是否能够得以创新和突破；中学则关注合作是否

能够提高学校的教学质量和学校建设，这关系到学生的成绩排名以及各种教育经费支持。双方都想借助他方获得自身的目标和利益满足，由此引发了大学与中学教师教育合作培养共同体中的权力冲突。

## 四、利益相关者视域下大学附中教育治理机制的建构路径

协调各利益相关者之间的利益关系是实现大学附中与大学合作的重要保证。利益协调，就其涉及的协调对象而言主要包括三方面的内容：一是对人的利益观念和利益行为的调整，二是对利益对象有效供给的调整，三是对人与人之间利益关系的调整。

基于其他研究者的研究成果，协调各利益相关者之间的利益冲突，可遵循以下三个方面：一是观念途径，即通过直接调整各利益相关者的利益观念和利益行为动机来实现各主体间的利益协调；二是经济途径，即通过提高利益对象的有效供给水平，促使各利益主体的利益诉求尽可能得到实现，进而实现利益协调；三是制度途径，即通过直接调整人们之间的利益关系，完善各项管理制度，最终实现利益协调。

首先，在问题处理方面，要推进双方主体之间的利益协调。大学附中与大学合作办学，双方合作的主要动机在于获取自身利益最大化。因此，在合作办学中，协调各个主体之间的利益冲突不能依靠控制与服从，而需要采取组织、合作、协商等方式。

其次，在目标方面，要以促进大学附中持续发展为主。大学附中作为与大学对接最紧密的基础教育办学机构，长期以来存在着"应试教育至上"的弊病，以培养出"考试型人才"为主要目标，但这种模式违背了教育的根本规律和宗旨，不利于学生和学校的持续健康发展。为此，大学附中需要与大学合作，共同追求培养社会所需要的创新型人才的目标，不可为了自身眼前的利益，如学校办学成绩（主要衡量方式为学生在高考中的成绩），而损害学生发展和学校建设的长远利益。

## 第二节　共同体理论

教学改革与教师教育改革催生了培养创新型人才、提高教师教学能力与素质的目标，为此，大学和中学联合成共同体协同参与合作。作为一种教育组织间的社会连接形态，大学与中学合作共同体正在发展为当前学校内外格局变化的新的发生性和结构性资源。

## 一、合作共同体建立的背景和意义

随着教师教育体系日益完善，教师专业化特征日渐凸显，教师教育模式日趋开放与多样化，大学与中学的伙伴协作作为提升教师培养质量的探索受到青睐。20世纪80年代，美国出现的"专业发展学校"就是大学与公立中学之间形成的伙伴关系的一种新型机构。今天，中国正经历着教师教育模式的变化，随着基础教育在国家发展中的战略地位和人才在国际竞争中地位的确定，学界和公众对教师教育质量的要求越来越高。正是在这样的背景下，大学与中学之间的伙伴协作关系逐渐深化，教师教育的合作共同体应运而生。大学以合作的方式参与中学的办学，二者的关系被称为"合作伙伴关系"，这种合作关系具有以下核心要素：①提高学校教育质量的共同目标；②改善教师教育的共同兴趣和利益；③平等的权利与义务；④共同决策和一致行动。合作共同体通过合作共享，可以提高资源的配置效率，降低教育成本；此外还可以通过资源共享实现文化互动交融，创新教育生态。

合作共同体能够促进大学和中学教师的专业发展。大学与中学的协作使大学教师回归到教育实践中，丰富自己对教育本质的理解。一方面，深入教育实践充盈了大学教师已有的教育理论，使教育理论因亲历的教育实践而生动起来；另一方面，大学教师在真实的教育情境中研究教育，通过对教育实践的观察、参与、体验、思索，构建"活的教育学"。对于中学教师而言，双方的合作使其重新审视对于教师职业的性质的理解，更加注重研究在教育教学中的意义，更能理解理论是如何从教育实践中提炼而来的。

合作共同体还能够促进双方学校功能的建设。学校是教师发展的地方，教师是学校教育教学实践的主体，是决定学校教育质量的关键因素。对于中学而言，在与大学协作的过程中，学校教育教学人员对学校建设、教育理念和自身教学水平有了重新的理解与认识，从而有利于教师自身素质和学校整体水平的提升。对于大学而言，大学与中学协作，促进了大学社会服务功能的建设。随着社会与教育的发展，现代大学的职能也在发生着变化，人才培养、科学研究和社会服务已经成为大学不可或缺的三项基本功能。协作既促进了大学教育专业的建设，也促进了大学社会服务功能的建设，提高了大学的社会影响力和教育服务水平。

## 二、合作共同体中的建设思想和角色关系

大学与中学合作的传统做法是中学接收大学实习生，大学教师指导中学教育教学改革，这是典型的帮助型合作，双方是"我们和他们"的关系，形成方式是传统情谊。通过教育管理部门协调形成的大学与中小学合作往往属于互利型，是"我们和你们"的关系，形成方式是制度或权力。为更好地发挥共同体的功能，首都师范大学提出并实施了协同型合作，合作形式是一个团队，呈现"我们和我们"或者说"咱们"的关系，形成方式则是共同愿景，其合作共同体的建设思想是开放、合作、实践。

大学和中学的合作是一种由"共栖关系"（symbiotic relationship）所衍生的试验。在这种关系里，双方应同时是自私和无私的。"自私"是因为大学和中学各自有其独特的发展目标和需要。在互惠的合作关系中寻找合适的方法来满足这些目标和需要是很自然和合理的。"无私"是基于一种更崇高的专业精神，即在可能的情况下，要放下一己私利，同心协力地改进学校，共同提高教与学的质素。"共栖关系"给了我们一个至为重要的启示——大学与中学的合作关系是平等、互信和互惠的。在此关系中，大学的成员不应是立法者、权威或仲裁者，因为他们对中学所悉不深；但更不是过客，因为他们要把精力和心思投入共栖关系之中。

因此，大学和中学构成的共同体应具备以下五种特性：第一，双方应有明确且共同的协作目标——改进学校教育教学实践；第二，双方持有平等的地位，谁都不是对方的"救世主"；第三，双方是互惠的，都有通过协作获得各自发展的需求；第四，双方是互信的，有效的协作需要双方彼此诚悦接纳、无障碍地进行沟通；第五，双方具有较强的行动能力，共同体之间的协作不能是"坐而论道"，而需"身体力行"。中学与大学的合作共同体不仅表明一种关系，更重要的是反映了大学与中学教师为了改善教育实践，共同探索的过程与结果。

## 三、合作共同体的运行机制

大学与中学的合作需要健全的机制保障。本研究选取了大学附中与大学合作办学中合作关系运行的主要机制，主要包括以下三个方面：

首先是组织机制。共同体对于各个合作主体并不具有行政管理意义上的约束力，但这并不意味着它不需要任何共同体内部的组织机制建设。对于一个能

在相应专业领域发挥重要作用的共同体来说，组织机制建设必不可少。

其次是合作制度。合作各方在就共同愿景、教育及教师教育的基本理解取得共识的基础上，签署必要的合作协议，明确合作的目的、任务以及双方在实施教师教育中的权利与责任。

最后是有效的沟通机制。中学与大学的合作涉及两个主体，共同制定的决议贯穿着共同体双方意志、观念、思想和行为的融合。因此，建立有效的、畅通的沟通机制是保证共同体有效建设的前提。双方的沟通不仅需要专业性质和强有力的专业支撑，更需要思想上的交流。有效沟通机制的构建意味着双方在合作过程中需要秉持一种研究态度，努力达成思想上的共识与认识上的提高，共同促进大学学术文化与中学工作文化和区域管理文化的融合。

# 第 三 章

# 中学与大学合作办学的历史和现状

## 第一节  国内外中学与大学合作办学的历史演进

### 一、国外中学与大学合作办学的历程

#### （一）初现雏形

中学与大学合作办学的现象在国外有着较为悠久的历史，其源起可以追溯到 19 世纪末美国教育学家约翰·杜威（John Dewey）创办的芝加哥大学实验学校。该校作为杜威的教育理论实验基地，主要为师范生提供在实验学校进行教育实习的机会，并且让学校中的教师到大学中学习各种类型的课程。实验学校的创办拉近了大学与中学之间的关系，孕育了大学与中学合作的思想。

20 世纪初，哈佛大学的校长查尔斯·埃利奥特（Charles. W. Eliot）组织召开了美国大学和中小学教师的联席会议，会上就"如何改进教育与教学方法"的问题进行了深入讨论，许多与会者认为大学应该更多地参与到中小学教育的改进中来。此次会议开启了大学与中小学建立合作关系的实践探索之路，也被很多学者认为是大学与中小学直接合作的开端。从会议的讨论内容来看，大学在与中小学合作的关系中占据了优先权。

20 世纪 60 年代，英国著名的课程理论家劳伦斯·斯滕豪斯（Lawrence Stenhouse）在其主持的一项"人文课程研究"案例中提到"课程在编制过程中，教师应该成为研究者"，"教师研究者"概念的提出明确了大学和中学在合作行动研究中的角色，突出了一线教师在课程开发过程中的主体地位。

20 世纪 70 年代，大学与中学合作开始进入实质发展阶段，如美国、英国等国家的大学开始与中学结成伙伴关系，围绕着探索中学教师专业发展和中学改进的问题进行协作研究。这种伙伴关系很快在其他国家得到认可和响应。在

此阶段，大学与中学联合起来，发挥各自的优势，合力促进教育理论的完善与教学实践的发展，这在全世界教育研究领域都产生了重要的影响。

### （二）日渐成熟

20世纪80年代以来，随着教师专业化运动的兴起，越来越多的大学认识到在面对当前教育变革的过程中，若一直维持大学与中学相互独立的运行模式很难解决教师教育与学校改革中出现的诸多问题。教育改革若想取得突破性的进展需要建立大学与中学之间系统的、多方参与的合作体系。

随着《国家处在危险之中：教育改革势在必行》《国家为21世纪的教师作准备》和《明日之教师》等几篇关于教师素质提升的重要报告的发表，人们开始重新思考教师教育过程中大学与中学之间的关系问题。英国教育学家布莱恩·霍尔姆斯（Brain Holmes）在《明日之教师》中提到"知识和社会对教师的需求量一直在以惊人的比例持续上升，但教师工作的性质和竞争却没有多大的变化"，他认为"中学不亚于大学，也是教师学习的地方"，并倡导建设教师专业发展学校。卡耐基基金会资助的教育与经济论坛提出的《国家为21世纪的教师作准备》中提到"建立大学与中小学合作关系的临床学校"。由此，越来越多的学者认识到大学与中学应该建立起合作伙伴关系，彼此之间互惠互利，这对促进大学和中学的共同发展有着重要的作用。

关于大学与中学之间互惠互利的关系，著名教育学者约翰·古德莱德（John Goodlad）认为"大学若想培养出更好的教师，就必须以中小学作为实践的场所；而中小学校想要变为模范学校，就必须不断地从大学接受新的思想和新的知识。大学要找到通向模范学校的道路，并保持高质量，就必须在学校与技术教师培训学校之间建立一种共生关系，并结成平等的伙伴。"这为大学与中学的合作内容和方向提出了具体要求。

20世纪90年代起，一些学校开始将几篇报告中提出的设想付诸实践。如美国的爱德华·迪沃森学校与附近的韦洛克学院在《国家为21世纪的教师作准备》提出的"临床学校"的启发下建立了合作伙伴关系。但在此阶段，一些在大学任职的学者仍保留固有观念，认为其对基础教育学校并没有特殊的、额外的责任，因此即便参与合作活动，也通常会以咨询者和指导者的身份出现。

### （三）最终确立

20世纪90年代后，大学与中学合作伙伴的建构在美国已经逐渐成为趋势。美国一些著名的教育学家开始积极倡导并亲自参与到大学与中学的合作活动之中，很多专业学术杂志和期刊开辟专栏分享与介绍大学及中学合作的方式与经验，进一步促进了双方合作的意愿。这一阶段大学与中学的合作模式主要为"教师专业发展学校"。自此以后，美国的大学与中学之间的合作关系逐渐开始进入制度化的阶段，其中不乏一些非常成功的合作关系案例，这为后续的合作积累了素材和经验。

随后，在美国全境掀起了大学和中小学合作的浪潮。据不完全统计，截至1996 年，美国境内有近 2200 个不同规模和范围的大学和中小学合作伙伴关系确立。在合作已经普遍开展之时，一些学者开始针对双方的合作机制进行研究，结果发现：大学在同中小学和社区建立伙伴关系的过程中能够很好地增强大学本身的影响力，在很大程度上促进了大学自身的发展。

2002 年，布什政府推出《不让一个孩子掉队》（ *No Child Left Behind* ）法案，试图解决美国中小学教育质量低下的问题。这个法案的颁布推动了大学和中小学合作的深入发展，同时对于高校科研发展、中小学教育质量的提高以及社区状况的改善等方面均有重要意义。

## 二、我国中学与大学合作办学的历程

我国中学与大学合作的历史久远，二者之间的关系经历了从隔绝到游离、从观望到走近、从冲突到融合、从俯仰到平视的变迁过程。

### （一）大学承办基础教育阶段

在我国高级中等教育的发展历程中，大学与中学的合作主要体现为大学建立其附中，或大学为某中学挂名为大学附属中学。

我国最早的大学附中可以溯源于 1902 年中国近代颁布的第一个学制——"壬寅学制"。壬寅学制是中国教育史上第一部由政府明令颁布的独立且较为完备的学制系统，学制中明确提出要在各省省会设立高等学堂，学制为 3 年，近似于现在的普通高中。如不具备设立高等学堂的省可以设立大学预科。但由于种种原因，壬寅学制颁布后并未实行。

1912 年颁布的"壬子癸丑学制"中取消了在各省设立高等学堂，将高等学堂改称为大学预科，并将其附属于大学，不得独立，且规定学制为 3 年。可见，我国的大学附中源于大学的预科。

受到原有学制中存在的诸多问题及西学东渐等因素的影响，1922 年中华民国教育部进行了学制改革，提出并推广"壬戌学制"。中华民国教育部通令大学暂停举办大学预科，其中部分大学预科转制成为大学附属中学，如上海《私立大夏大学一览》中曾有记载，大夏大学 1925 年设立的科别主要有大学文科、理科、商科、教育科、预科、高级示范专修科和附中等。大学也开始设立各种挂名为"实验中学"和"实验学校"等的基础教育单位。在此阶段，部分大学开始尝试与中小学建立某种合作关系，但这种合作关系在很长时期内只浮于形式上，双方缺乏业务上的联系，基本处于相互隔离的状态，出现了教育理论与实践相互脱节的现象。

此时期的大学与中学之间多有明显的行政隶属关系，大学决定着附属中学的人事任免、财政资源、招生、教学资源配置等。大学校长或教授兼任附属中学的行政领导，中学多位于大学校园内。附属中学负有对大学教职工子弟提供基础教育的责任。

附属中学作为大学办学的延伸，与大学的办学功能自然是一个整体，能够共享大学的师资、图书、校园、服务等资源。例如民国元年（1912 年）七月，中华民国教育部令五城学堂改设为高等师范学院的附属中学校，其中学校建筑和新增建筑、金木手工实习场、图书器械等项目均借助高等师范学校；高等师范学校教员兼任本校教员者七人；每年由高等师范学校足资拨银。

此阶段基础教育尚未普及，因此大学自办基础教育就类似现今的校办工厂和校办医院等，成为大学和中学合作关系建立与发展过程中特定的历史阶段。

（二）工农速成中学阶段

20 世纪 50 年代前期，中华人民共和国成立后百废待兴，在巩固人民民主专政和建设社会主义建设需要的时代背景下，新中国教育的主要任务发生了变化，既要保证工农受教育的权利，又要使教育为生产建设服务，因此教育部根据"多快好省"的时代指导精神在全国范围内创办工农速成中学，希望能够在较短的时间内，通过普及中等程度的文化科学基本知识，使所招收的参加革命或产业劳动的工农干部和工人能进入高等学校继续深造，把其培养成为新中国各项事业的建设者与接班人。在此背景下，出现了很多工农速成中学。在后来的不断发展变化中，许多工农速成中学逐渐变为大学附中前身。

（三）大学与企业共建基础教育阶段

1980 年起，中国的教育从"文化大革命"的影响中逐渐恢复，回归原有的办学轨道，大学及其附属中学与其他教学单位着手恢复重建，但由于我国义务教育体制尚未建立，因此大学通过成立附属中学来完成基础教育的途径未发生明显的变化。

同一时期，在我国部分地区出现了在政府倡导下的大学与企业共建基础教育的现象。如20世纪80年代中期上海的金山石化企业在上海市政府协调下与上海地区两所师范大学进行合作办学，成立了两所大学附属中学。这两所大学附属中学中的人事任命和招聘均由大学负责，大学参照我国已有的附属中学办学模式进行管理和建设。直至1998年金山区政府成立后，两所附属中学才划归金山区教育局实施属地化管理，但大学依旧向附属中学提供人员、资源等多方面的支持。

（四）大学附属中学属地化阶段

1985年5月27日，中共中央发出《中共中央关于教育体制改革的决定》（以下简称《决定》）。《决定》中提到要"使基础教育得到切实的加强……增加教育投资，把发展基础教育的责任交给地方，有步骤地实行九年义务教育"，该项决议对建立国家义务教育体系有重大意义。

1986年，《中华人民共和国义务教育法》颁布，其中第四十二条规定"国家将义务教育全面纳入财政保障范围，义务教育经费由国务院和地方各级人民政府依照本法规定予以保障。"这是我国首次提出义务教育阶段的中学将由国家和地方政府支付办学经费。

2006年，修订后的《中华人民共和国义务教育法》第二条进一步明确提出"国家实行九年义务教育制度。义务教育是国家统一实施的所有适龄儿童、少年必须接受的教育，是国家必须予以保障的公益性事业。实施义务教育，不收学费、杂费。国家建立义务教育经费保障机制，保证义务教育制度实施。"修订后的《中华人民共和国义务教育法》明确提出了义务教育具有公益性和义务性，国务院、省、县等各级政府承担管理主体角色，此时期的大学附属中学由大学承办逐渐改制为由政府承办或与政府共建。

此后，国家与各级地方政府在基础教育领域不断加强规划和统筹，加大了教育财政的投入力度，政府承办学校的能力不断增强，这一点在我国东部经济发达的省区尤为明显。

2008年，教育部根据《国务院关于做好免除城市义务教育阶段学生学杂费工作的通知》发布了《关于做好直属高校附属中小学校免除义务教育阶段学生学杂费工作的通知》。通知中提到"各直属高校的附属学校按照要求落实免费义务教育"，对于"有中央财政预算户头"的附属学校，要求"在现有生均财政定额拨款中统筹解决"，并承诺"积极协调财政部"，提高这一生均投入标准。而对于没有"中央财政预算户头"的附属学校，则要求"学校自筹经费"解决免除学杂费工作。

自筹经费使得一些大学逐渐放弃对附属学校的财政支持，将其附属学校陆续划归所属行政区进行统一管理。此时，大学附属学校开始从单纯的大学隶属转向与所属行政区教育部门合作共建。

2013 年，国家颁布了一份专门针对"没有中央财政预算户头"的附属学校的通知——《关于报送没有中央财政预算户头的直属高校附属中小学办学管理体制改革建议方案的通知》。通知指出，"多年来，部分直属高校附属中小学由于没有中央财政预算户头，办学体制不顺，办学责任不清，办学经费不足，办学条件较差"，"拟对没有中央财政预算户头的部属高校附属中小学校进行清理、调整"。通知中针对"没有中央财政预算户头"的附属中学提出了三种调整方式，即停办、共建或移交，这一政策产生的影响一直延续到现在，大部分大学附属中学已经脱离大学的隶属关系，转为政府与大学共建。

经历了不断地调整和改造后，大部分大学附属中学逐渐开始从仅招收大学子弟向面向社会招收生源转变，附属中学的办学经费也由大学承担转为接受政府补贴，政府与大学合作办学，甚至有部分学校已经完全纳入政府承办的公办学校管理体系中。很多研究者将这一阶段称为大学附属中学的属地化阶段。

由此可以看出，我国的大学附属中学最初作为大学的一部分，与大学关系非常紧密。随着国家义务教育制度的不断普及、国家对义务教育的规划统筹能力不断加强、政府逐渐加大对中等教育的财政投入等因素的影响，大学附属中学开始逐渐由大学完全承办转为与政府共建或划归政府公办学校，在人事招聘和任免、财政、业务发展等方面逐渐与大学分离，政府的影响力逐渐加强，附属中学开始融入国家和地方的基础教育中。

由于我国各地经济发展水平和地区差异等因素，大学与政府在附属学校发展方面的合作模式略有不同，突出表现在我国中西部经济发展较缓地区还未解决附属学校发展困难的问题时，我国东部沿海经济发达城市中的大学附属学校已经走向了品牌扩张、集团化办学等办学能力输出的道路。

## （五）大学与地方政府合作办学阶段

近几年，由于东部地区的城市扩张速度较快，大规模的城市建设使得城市中出现了大量集中的住宅区域。为解决居住区学生上学和均衡区域优质教育资源等问题，很多地区采取大学与地方政府合作办学的途径共建基础教育。合作办学的途径有两条，即成立新学校和改制原有公立学校，参与合作办学的中学在命名时采用大学附属中学的称呼。

（六）中学与大学主动寻求合作阶段

《国家中长期教育改革和发展规划纲要（2010—2020 年)》的出台，促使我国大学与中学的合作进入了高潮期。其中明确提出"支持有条件的中学与大学、科研院所合作开展创新人才培养研究和试验，建立创新人才培养基地"，许多政府承办的公立中学为了适应学校的特色发展，提升学校的教育教学质量，发展教育教学科研项目，纷纷寻求与大学合作，以获得师资、资源等方面的支持，转型成为与大学有部分联系的大学附属中学，这种现象并不少见。一些具有优质教育资源的大学可与多所中学建立合作关系。

在此阶段，很多大学受到教育界中"教育行动理论"的影响，顺应中国基础教育改革的大趋势，主动寻求与中学等基础教育单位的合作。合作的内容较广泛，涉及校本课程研发、教育教学科研、教师继续教育及课堂教学改进等多方面。

现阶段，大学与中学之间的合作较为不平等。大学方面主要提供教育理论支持，在合作中处于"专家"地位，主导着合作的内容和进度；相比之下，中学在合作中多充当辅助角色，处于劣势地位，对大学的依赖性较强。

## 第二节 国内外中学与大学合作办学的现状

### 一、国外中学与大学合作办学的发展概况与典型案例

#### （一）美国大学创办大学附属中学的动因

美国大学创办附属中学内在动因是当时美国的一种教育革新思潮——进步主义教育运动。正是在进步主义教育运动的影响下，在美国公立中小学的目的和功能备受关注的时期，由哈佛大学校长查尔斯·埃利奥特担任主席的全美教育联合会成立了著名的课程改革团体——"十人委员会"，探讨教育和教学方法改革的途径[1]，其中就包括大学应该参与改进中小学教育，支持中小学教育改革的构想，提出大学不仅应重视相关的教学，也应该关注中学和小学，带动该区域中小学教育的发展，这被看作关于大学与中小学建立直接联系的开端。

---

① Clark R. W. School-university relationships: An interpretive review [C]. In: Sirotnik K. A, Goodlad J. I. School-university Partnerships in Action: Concepts, Cases and Concerns. New York: Teacher College Press. 1988: 32 – 65.

在进步主义教育运动和"十人委员会"的共同影响下，1896 年，约翰·杜威将教师职业与科学家和医生的专业性质进行比较，提出了建立实验学校（大学附属中学）的主张。由于受到教育领域科学主义运动的影响，杜威将实验学校设想为检验教育理论并充实教学知识基础的教学实验室，与医学领域的临床医院类似①。这些学校坐落在大学校园里或校园附近，用以实验、收集和传播教育数据，为发展教育科学积累知识，作为培养未来教师及实验研究的场所②。此后，在东肯塔基大学、哥伦比亚大学师范学院、密苏里大学和俄亥俄州立大学也相继建立了一系列这样的实验学校③。这些学校成为众多与教师教育专业联合建成的实验学校的典范。

（二）美国中学与大学合作办学的发展阶段

自 1896 年杜威创办芝加哥大学实验学校以来，美国的 U－S（大学－中学）合作主要经历了实验学校（Laboratory School）、教师入门学校（Portal School）、教师专业发展学校（Professional Development School，PDS）三个阶段的发展。

1. 实验学校

1896 年杜威创办的芝加哥大学实验学校、哥伦比亚大学师范学院与 1887 年创办的霍拉斯·曼实验学校一起，成为后来实验学校运动的滥觞。实验学校的出现使大学（尤其是大学的教育学院或教育系）与公立学校的联系制度化。在杜威看来，实验学校既是教育研究与实验的场所，也是培养新教师的地方。20 世纪 30 年代以前，实验学校的上述两项主要功能都在一定程度上有所实现。但到了 40 年代，由于种种原因，主办实验学校的大学很少为实验与研究提供经费。于是，实验学校的教育实验与研究功能逐渐削弱。美国教育史学家麦克哥施指出，到 1971 年大学附属中学里实验与研究至多只在人们口头上说说而已。实验学校的主要功能只剩下为师范生提供见习和实习。

从实验学校的数量上看，20 世纪 60 年代中期达到高峰，1964 年加入全国实验学校联合会的学校达到 212 所。但随着对教师数量需求的增长，实验学校远远不能满足为师范生提供见习和实习的需要，因而越来越多的师范生只能进

---

① John Dewey：The University School［J］. University record. 1920（5）：417－442.

② Stalling J A. , Kowalski D：L. Research on professional development schools［C］. In：Houston W R. Handbook of Research on Teacher Education. New York：Macmillan, Inc. 1990：11－13.

③ Turney C：Laboratory Schools［C］. In：Dunkin M. International Encyclopedia of Teaching and Teacher Education. Oxford：Pergamon Press. 1987：35－46.

入公立中小学接受见习和实习。在这种情况下，实验学校培训师范生的功能便又逐渐丧失了。于是，实验学校数量锐减，从 1964 年的 212 所减少到 1975 年的 76 所①。仅存的实验学校则名存实亡。实验学校一旦失去研究和培养师范生的功能，其存在的价值也就荡然无存了。

2. 教师入门学校

实验学校日趋式微，但人们让大学参与公立学校教育改革以改进教育质量的愿望仍然强烈。因此，20 世纪 60 年代末期，教师入门学校应运而生，取代了实验学校。教师入门学校以学区的普通公立学校为基地，用于实验新课程和教学方法，成为新课程和新教学方法试验与推广的基地。与实验学校一样，教师入门学校也是大学（主要是大学的教育学院）与公立学校合作的产物。其不同之处在于，它不设在素有象牙塔之称的大学校园里，而是设在学区的普通公立学校里。因为教育改革家们相信，最重要、最有价值的教育研究应该在真正的学生世界——普通公立学校里进行。70 年代似乎是美国教育发展的"高原时期"。教师入门学校诞生于此时注定是短命的（仅存十余年）。到 1980 年，教师入门学校纷纷解体，甚至连"教师入门学校"这一术语也从教育文献中消失了。消失的原因，似乎一是由于教育改革的氛围变了，二是由于缺乏系统的评估。

3. 教师专业发展学校

进入 20 世纪 80 年代以后，美国社会各界与公众对中小学教育质量低下表现出日益强烈的关注与批评。据美国著名科学教育专家赫德教授的估计，80 年代与 90 年代期间，美国出现了大约 400 份倡导教育改革的报告②。在诸多教育改革的报告中，公立学校与大学"联姻"推动教育改革的观念再次引起许多人的重视。教育界知名人士如博伊尔、哈佛大学前校长博克、斯坦福大学前校长肯尼迪等都赞同创办教师专业发展学校（PDS）。

与此同时，霍姆斯小组也大力倡导加强教师工作专业化和促使大学与中小学联姻。他们提出的 PDS 的概念流行更广。霍姆斯小组提出，PDS 应当成为模范教育实践的场所。在此，无论新老教师都得到各自所需的培训，同时，大

---

① Creek, R. J: The Professional Development School: tomorrow's school or today's fantasy［A］. In H. G. Petri（Ed.）Professionalization, Partnership, and Power: Building Professional development schools［C］. Albany: State University of New York Press, 1995.

② Hurd, Paul D: New minds for a modern age: Prologue to modernizing the science curriculum［J］. Science Education, Vol. 78, No. 1.

学与中小学教师还合作开展教育研究。根据霍姆斯小组 1986 年的报告，建立 PDS 的目的是："使广大教师和行政人员一起与大学教师结成伙伴关系改进师范生的教与学。通过：①对学生学习问题的共同探讨，寻求其解决途径；②共同在大学与中小学进行教学；③对教育实践中的问题开展合作研究；④对未来的教师和教育管理人员进行合作督导。它们将为中小学教师和行政人员提供良好的机会促进其专业发展，为大学教师提供良好的机会增进其专业工作的适切性①。"

上述有关教师教育改革的组织和改革家们所提出的方案，尽管名称各异，但主导思想是基本一致的。近年来，由于"PDS"这一概念流行更广，美国教师教育研究人员将大学与公立中小学这种伙伴关系都纳入其中。PDS 与以前的实验学校或教师入门学校的不同之处在于，PDS 理念中有一个系统的教育观：如果没有优秀的中小学安排师范生进行见习与实习，教师教育就不可能是优秀的。如果教师没有接受过优秀的师范教育，中小学就不可能成为优秀学校。要改进教育制度的某一部分，就必须改进整个教育制度。

目前，美国华盛顿大学、犹他大学、南卡罗莱纳大学、威斯康辛－麦迪逊大学、得克萨斯理工大学、路易斯维尔大学、西弗吉尼亚大学、弗罗里达州立大学等，都与公立学校一起建立了 PDS。

很多教师教育工作者对 PDS 进行了研究，已出版了几本专著和大量的研究论文。路易斯维尔大学的学者认为，从组织结构上看，PDS 的一个特点是，由工作组或行动小组来开展工作。工作组通常由中小学教师、大学教师、教育专业的研究生和师范生组成。一个结构理想的工作组有 4~5 名有经验的教师、2~3 名大学教授、5~10 名研究生、若干名本科师范生及其他人员。建立一个工作组可能是为了解决一个亟待解决的问题，因此，它的存在是临时的；也可能是为了解决一个需要长时间才能解决的问题，因而它的存在是长期的②。工作组的主要任务是：收集信息、制订行动计划、实施计划、评估所采取的行动。它们开展的主要活动有：以现场为基础的学校改进活动、课程理论培训、短期研讨班、专题研究等。

---

① Holmes Group：Principles for the design of professional development schools ［A］. Tomorrow's Teachers ［Z］. East Lansing，MI：Author. 1986.

② Metcalf-Turner，P. and Fischetti，J. Professional Development Schools：Persisting Questions and Lessons Learned ［J］. Journal of Teacher Education，Vol. 47，No. 4

## （三）国外中学和大学合作办学的典型案例

### 1. 美国芝加哥实验学校

芝加哥实验学校创办于 1896 年，隶属于芝加哥大学，并受这个大学的哲学、心理学和教育学系的指导，杜威是这个系的系主任。最初学校仅有 16 名学生和 2 名教师，经过杜威与全体教职工的努力，1903 年在校注册生已达 140 人，教职工有 23 人，还包括 10 名研究生。其中大部分学生来自教育界和中产阶层的家庭，许多人是杜威同事的孩子①。学校班级规模很小，并都配备了专家教师，班级内再根据学生兴趣分小组。

杜威研究专家艾达·德彭西尔指出，芝加哥实验学校的原则主要包括：学生学校生活要与他的家庭活动相联系；学生学习现在的生活，而不是为未来的生活做准备；教学通过问题激发学生好奇心；问题本身驱使学生自己设定任务；教师应关注的是，全部的教学中心是学生而不是教材，学生的发展包括精神、身体和社会性的发展②。

芝加哥实验学校的主要特点包括七个方面：一是强调学校机构与学生生活的联系。学生学习结束后，要把学校同家庭与邻里的生活密切地联系起来。二是改革学校机构，实行分组教学。学生不分年级，而是按照共同的兴趣、智力和反应速度进行分组合作学习。三是改革学校考试制度。实验学校保留了分科的专业教学，但不设考试，也没有分数。学校对学生的评价主要是教师与学生一起讨论决定。四是改进教师教学工作。教师的工作就是鼓励学生提问或向学生提出问题，帮助学生确定在解决问题的过程中需要做什么，并设定评价标准。五是注重学生的健康。学校每年有两次学生的体检活动；注意学生坐姿的检查，根据体检情况，调整桌椅的尺寸。六是学校注重学生的校外旅行考察，包括到哥伦比亚博物馆，到杰克逊公园的武迪德岛观察自然界，年龄大的学生还可以到芝加哥大学实验室观察仪器等。七是学校重视与家长的沟通。实验学校设有家长协会，主要是教师与家长一起商讨学校发展问题，交流情况，提出建议。家长协会有双重目的，一是为学校提供财政支持，二是对教学方法和内容方面存在的一些偏离情况提出建议。

在实验学校，学生亲身体验多数由他们自己所造成的困难局面，促使其能

---

① MCCAUL. R. L：Dewey's Chicago ［J］. The School Review，Dewey Centennial Issue，1959（2）：258－280.

② ［美］简·杜威著.《杜威传》，单中惠，编译：安徽教育出版社，2009.

够将自己的潜在能力转化为与之相对应的社会能力，使其认识到自己在社会生活中有可能取得的成就，以此来激发学生对团体利益的关注①。这不仅有助于社会秩序的建立与进步，也有助于把理论付诸行动，从而使学生在学校中所养成的习惯与社会进步所必需的伦理习惯相结合②。在杜威看来，这样的课程设计可以促成学校教学与社会生活的互动，教育也因而更具有现实性、开放性和生动性③。

芝加哥实验学校的课程是以杜威关于学生四种本能（社交、制作、探究和艺术）的理论为基础制定的。作业（学生的手工劳动，如木工、织布）是课程联结的中心环节。全部课程由与各种作业平行的三种理智活动组成：历史的或社会的研究，自然科学研究，思想交流。为了使学生本能适当表现出来，教学方法也灵活多变。有加深学生对社会认识的手工劳动；有通过鼓励学生在活动中运用观察、探究、调查、实验的方法来培养学生思维能力的智力训练；还有合作设计，即每逢开学师生一起对本学期的工作计划进行讨论。学生在教育过程中始终处于中心地位，一切活动都从学生的生活需要中引出，学生的经验成为课程和教材的依据。

2. 美国东肯塔基大学附属的模范实验学校

东肯塔基大学附属的模范实验学校是美国一所综合性实验学校。它开办于1906年，最初的任务是为新学校培养师资，实验学校的规模与目标因当地情况的改变而发生变化。1960年至今，模范实验学校的目标与规模基本稳定，学校共有学生720人，从幼儿园到十二年级，学生从附近两个社区内招收。从该校1988年至1989年的报告看，模范实验学校的群体是一个活跃的专业性组织，反映了实验学校应有的五个功能：

（1）孩子们到实验学校受教育。

（2）发展新的改良实践。

（3）研究和发展教育理论。

（4）为学校准备新教师。

（5）让有经验的教师接受在职教育。

---

① DEWEY J：My Pedagogic Creed［J］. School Journal, 1897（1）：77 - 80.

② DEWEY J：Ethical Principles Underlying Education［M］. Chicago：University of Chicago Press, 1897.

③ 肖朗，孙岩：《杜威与美国大学教育学科的建设和发展》，高等教育研究2016年第6期，第85页 - 第93页。

学校教职员共 41 人，完成了 17 个令人瞩目的科研项目，共参加大小科研会议 120 人次，出版了 20 种刊物，与其他学校讨论工作 59 次，在 45 个各种组织中占有领导位置，从 13 个外界组织中获得资助，所有教职员均有硕士学位，多数取得先进教学者证书。1988—1989 年东肯塔基大学的 3000 名学生花费了 34060 个小时观摩和参与实验学校的课堂教学工作与教育工作，如进行教学，做社会工作、心理学、体育教学和职业训练，从简单的观察到访问学生，发展案例研究，辅导学生管理学生小组。这所学校的学生从测试成绩看达到了很高的水平，在州内所有学校中占首位，近年来学校获得了"优良学校旗帜"，这是高出勤、低退学、学习成绩优良的标记。

东肯塔基大学附属的模范实验学校是实验学校未来的方向。专家们对实验学校应扮演什么角色做了初步的概括："教育启蒙的中心问题要使教育家们从近到远走过漫长的旅途去寻找最佳教育。然后他们回到学校将新观念投入实践以提高美国的教育水平。实验学校将是高等院校管理人员的骄傲，家长们为他们的子女能进入这样的学校而欢欣，实验学校也是政府、大学理事会和慈善家们的宠儿"①。

## 二、我国中学与大学合作办学的发展概况与典型案例

自 20 世纪 80 年代以来，随着大学和中学之间逐渐打破传统的隔绝关系、迈向合作，"合作关系"一词逐渐被教育领域所重视，越来越多的教育者希望在大学与中学之间建立起一种平等的合作模式。在对中学与大学的合作关系进行分类时，考虑到两者之间的财政、人事和业务等关联关系，可将中学与大学之间的合作分为三大类型，即隶属关系、嵌入关系和契约关系。

### （一）我国中学与大学合作办学的类型和功能

1. 类型

（1）隶属关系

具有隶属关系的中学与大学在财政、人事和业务等方面和大学是统一体系。大学为中学发展提供多方面的资源优势，而且这种支持是无条件的。在隶属关系中的中学属于大学体系，成为大学的某一部门，而非是单独存在的教育单位，没有单独的法人代表，或法人代表由大学法人代表兼任。

---

① 布鲁斯·邦纳：《实验学校在美国教育中的任务》，外国中小学教育 1992 年第 6 期，第 12 页 – 第 13 页。

此类学校多为大学为满足自身发展而设立，与大学保持紧密关系。从财政的角度来看，中学的办学成本几乎全部由大学来承担；从人事关系角度来看，中学的人事任命、人员招聘和管理、职称晋升、薪资待遇等方面均由大学人事管理体系负责；从业务角度来看，中学的招生、课程教学、教师培训、教育科研等方面主要由大学负责。这类中学绝大多数保持了所属大学的办学特色，教育教学成绩优秀，很多成为区域的基础教学办学模范，也为所在大学的人才引进和教职工的福利待遇提供了独特的保障。

具有隶属关系的双方合作存在主被动方的关系，即其中大学方多为施与方，提供资源或技术的支持；中学方则多为接受方。双方之间少有平等的对话和合作。

（2）嵌入关系

嵌入关系下的中学和大学具有联系，但不似隶属关系般紧密，中学和大学之间在财务、人事和业务等方面有联系，但不完全统一。

目前具有嵌入关系的中学和大学多由隶属关系发展而来，随着中学办学成本的不断提高和政府的教育教学改革，原本隶属于大学的中学逐渐转变为大学与政府合作办学。也有一部分中学原为政府教育部门管理，现通过合作的形式与大学建立联系，从而使中学嵌入大学之中。此类关系下的大学不再承担中学的办学成本，两者之间无明显的财务联系；在人事管理方面，部分中学从属于大学，其他则从属于当地政府，中学的法人代表多为独立法人；中学的业务培训则有政府和大学双方承担。

具有嵌入关系的中学和大学通常会以互惠互利为基础、在大学与政府教育部门的合作框架下，共同支持中学的发展。中学与大学之间往往具有较强的合作意愿和动机，两者之间多表现为相互之间的施、受关系，不断相互促进，实现各自的发展。

（3）契约关系

近些年来新增加的大学与中学合作关系多为契约关系，契约关系的建立是通过大学与政府合作办学产生的，关系较松散。合作双方在财务、人事和业务上的联系较少。

具有契约关系的中学和大学一般均设立了独立法人，双方为独立的教育单位，在政府制定的相关政策、项目或基金的支持下开展师资培养、教学指导等相关教育教学活动。双方均表现出强烈的合作意愿及动机，它们会为了提升教育教学质量、树立学校办学特色、改善学校生源等目的努力解决双方共同的教育教学具体问题，合作目标是双方的共同发展。

目前阶段，隶属、嵌入和契约三种类型的中学和大学关系并存，但总的发展趋势为由隶属关系转变为契约关系，大学从财政与人事方面介入附属学校的程度在逐渐减弱，与中学的关系发展重点逐步落在发展业务关联方面。

2. 功能

中学与大学的合作目的是使大学与中学联合起来，在相互合作发展中各取所长，共同促进教育理论和实践的不断创新与发展。合作关系为合作双方带来了巨大的利益，如知识分享、资源共享、合作成长、沟通交流等，具体表现在以下方面。

（1）共享内部资源

大学拥有极为丰富的教育教学资源，如专业课程、学者教师、大学生志愿者、学生社团、各级各类重点实验室、图书和文献资料、国际交流渠道等；中学拥有丰富的课堂实践机会、教育教学实验契机等资源。中学与大学的合作借助双方的资源优势，构建资源协作共享平台，促使合作体内部共享资源，促进双方共同发展，达到"一加一大于二"的效果。

合作双方通过理论研讨、教授指导、教学观摩、项目合作等形式的资源共享，使双方的合作关系更加紧密，劣势资源得到补充，实现教育教学资源的优化配置，促进双方的可持续发展。

（2）推动学校改进和发展

大学和中学同为教育系统中相互关联又相互依赖的单元，虽然各自承担的教育任务不同，但最终的发展目标是一致的。大学可以充分发挥其学科特色的优势，对中学的课程建设提供有力支持，协助中学打造具有特色的校本课程体系；中学可以助推大学的科研活动，成为大学研究课题的实验基地校。大学可以为其合作的中学提供相关的教育教学理论支撑和指导，以便中学开展教育教学改革；中学的教育教学改革经验和困惑也可向大学的相关研究者与负责人进行反馈。双方的合作能够相互促进，最终实现双方的教育教学不断改进和革新，促进双方的共同发展。

（3）促进教师专业发展

中学与大学的合作能够促进双方教师的专业发展，具体表现为促进教师学科知识、教育教学知识和教师的实践经验三方面的发展。

从教师的学科知识方面来看，合作的双方具有不同的知识背景、文化背景，通常情况下中学教师的学科知识更加偏向基础性和全面性，而大学教师的学科知识则更加偏向专业性和前沿性。在此基础上的合作可以使中学教师在大学教师的引领下更深入地理解学科前沿知识，加深对已有知识的认知，从而丰富和更新自己的学科知识结构。

从教育知识方面看，双方在合作过程中首先要解决的是学校教育中存在的现实问题。在解决学校现实问题的过程中，一切思考、探究和实践都一定要借助各类教育和教学知识，如国家的教育方针、经典的教育理论、学校的办学环境和价值取向等，因而相关教育知识必然会得到重新理解和建构。

从教师的实践经验角度看，中学与大学的合作主要解决教育教学实践过程中的实际问题，解决问题的过程需要不断进行实践的检验和调整。随着合作的不断深入，双方教师的实践经验都会得到不同程度的提高。

（4）创新和深化理论与实践研究

中学教师有很丰富的一线教学经验，但因缺少理论方面的支撑，不能充分表达自己的实践研究成果。大学教师缺乏一线教学经验，很多理论往往是"空中楼阁"，难以与实践相结合。在中学和大学的合作过程中，中学教师与大学教师共同参与解决实际教育教学问题的过程，在合作中深化理论学习，获得新的视野和思维，深入推进教育教学实践。

## （二）我国中学与大学合作办学的实践探索

我国在中学与大学合作培养创新人才方面起步较晚，历史较短。20世纪60年代，清华大学和清华大学附属中学开始在高中生中试办"大学预科班"，被视为我国现代中学与大学合作培养人才的最早的探索。此后中学与大学合作培养人才的实践在全国范围内广泛开展，目前已经有多年的实践经验。

现阶段，我国对创新型人才的渴求达到了一个前所未有的高度，正如国家所号召的"创新是一个民族进步的灵魂，是国家兴旺发达的不竭动力"。2010年7月29日，《国家中长期教育改革和发展规划纲要（2010—2020）》出台，促使我国的中学和大学就合作培养人才迈入了新的研究和探索时期。

### 1. 开设人才培养实验班

为探索培养创新人才的教育教学模式，我国部分大学附中与大学最初选择的模式为设立各类实验班，其中以"创新实验班""科技实验班"和"竞赛实验班"等为主。双方以实验班为载体进行项目合作，从课程设置、资源配置、教学方式、学生管理等角度均进行了一定程度的创新，以达到创新型人才的培养目标。大学附中能够利用大学的优势资源，如专业课程、学者教师、硬件设施、国际交流渠道等。通过3年或6年的系统培养，具有创新潜质的学生能够得到较快的发展，该模式也取得了一定的创新性成果。

对于高中阶段创新型人才的培养在我国历史较短，因此很多人才培养试验班在培养过程中仍处于摸索和尝试的阶段，很多教育教学的改革措施是否有效还有待进一步观察。

目前，我国大学附中与大学合作开设创新人才培养试验班的案例如下。

（1）人大附中与中国人民大学合作的早培班

人大附中拔尖创新人才早期培养实验项目（以下简称"人大附中早培班"），旨在熔铸中外精华、坚持综合创新，对拔尖创新人才进行早期发现与培养的方法、机制及模式进行科学探索和研究。人大附中早培班于2010年起对小学五年级的学生进行选拔，针对选拔的学生开设11个系列的研修课程，包括阅读研究、英语研修、亲情教育、化学实验课、物理研修课、科学家讲座等。在初中阶段，在初一常规课程的设置基础之上，增设物理、化学、工程技术、生命教育等课程，学校教师自编教材，在课程实施上实现了小学与初、高中课程的打通，学科之间交叉融合，文理工并重。

（2）清华附中与清华大学合作的创新实验班

清华附中一直以来都在不断适应时代要求，探索多元的人才培养模式，大学预科班、全国理科实验班、马约翰体育特长班、美术特长班、创新实验班等，都是在时代发展的进程中应运而生的。清华附中创新班为逻辑思维能力较强、具有理科特长兴趣的学生而专门创设，采用全新的培养模式，充分依托清华大学的资源支持开设专门的课程体系和具有持续性的评价体系，旨在打造理想远大、个性突出、思维新颖、敢于质疑、严谨求实的创新型人才。人才选拔从小学三年级到六年级均有涵盖。在师资方面，聘请学术造诣深厚、教学经验丰富、具有国际视野的院士、教授制订培养方案，组织协调项目实施。清华大学的知名教授以及清华附中、附小的教学名师担任教师，全面负责学生培养和项目管理，切实做到因材施教。

（3）钱学森班

北京市内现有三所中学通过设立钱学森班进行创新人才培养，分别是北京十二中、北师大附中和一零一中学。

北京十二中地处丰台，学校的东高地校区的地理位置离中国运载火箭研究院较近，有着得天独厚的航天资源，因此设立了钱学森航天实验班，由航天重量级专家出任实验班导师，力图探索教育优质化、多样化的路径。该实验班在每周三下午设有航天课程，此外每学期还会组织学生进行专题活动，如现场体验 1 千米外看火箭发射、参与航天科技论坛等。

北师大附中是钱学森读中学时学习六年的母校，其开设钱学森班具有得天独厚的资源优势。该校借助开设钱学森班，力图还原钱学森在校学习时期的学习环境，重现当年的学习风气、教学方式等情境，总结和梳理北师大附中教育的成功经验，结合今天先进教育理念和教育实践，探索全人格教育理念下杰出人才的培养模式。小班教学、多导师制是钱学森班的一大特色，对招收的学生实行多导师制，设立主导师，负责学生全面发展，为学生量身订制个人发展规划与培养方案，另为学生安排优势科目导师与弱势科目导师，区别于单纯以应试能力培养为目的的教育潮流。钱学森班除了能够高效率、高质量、高水平地完成国家规定的教学任务之外，还于每周五下午的"钱学森班特色选修课"时间开设《个性读书课》和《自主学习课》，其中《个性读书课》由学校图书馆老师和学科教师进行指导，《自主学习课》由心理教师和学科教师担任教学工作。北师大附中的钱学森班未来还将开设《创造学》和《SLD 课程》等特色课，为促进学生学习发展技能构建的《SLD 课程》实行全英文授课，通过阅读、调查和演讲的方式，培养学生独立思考、调查研究和表达观点的能力。

一零一中学的钱学森班是在钱永刚的支持下创立的，旨在改革拔尖创新人才培养模式，培养新形势下拔尖创新科技人才。在中科院大力支持下，一零一中学的钱学森班逐渐形成自己的特色课程：中科院是该校钱学森班科技实践活动基地、中科院导师负责指导钱学森班学生的研究性学习、中科院为该班学生开设校本选修课程《科技最前沿》、学校每周五下午组织开展各学科竞赛辅导、学生享有专用的实验室等。一零一中学目前已经成立了"学森书院"，为学生搭建自主研修的新平台，面向全校对科技感兴趣或有特长的学生招生，实现从初一、初二到高一、高二理科实验班的纵向式管理和年级横向式管理相结合的"经纬"管理模式。

（4）复旦附中与复旦大学、上海交通大学合作的人文实验班、自然科学实验班和科技创新班

复旦附中对报名的初三学生进行材料审核，根据学业水平及综合素质评定，确保优秀的应届初三学生参加"复旦附中创新拔尖人才培养选拔校园日"活动。学校参照高校"综合评价录取方案"，采取"6＋3＋1"方式对学生进行评价，其中60%为学业水平评估，30%为初中阶段的学习表现和学习经历（包括兴趣特长、社会公益和社团活动等），10%以学校的材料审核作为依据。

复旦附中的人文实验班课程旨在通过开展博雅专题讲座、人格师范讲座、

经典阅读指导、时文泛读指导、创意写作训练、批判性思维训练、文化游学考查等教学活动，引导学生掌握有效的人文学习方法，树立自由、民主、平等、公正、博爱、宽容等现代社会核心价值观念，开阔国际视野，培养创造性思维和批判性思维，提升发现问题、分析问题、解决问题的综合创新能力，塑造具备"独立之精神、自由之思想"的独立人格。理科实验班在基础课程的基础上开设创新思维训练、SDP、辩论、建模、学科思想、哲学、逻辑学等相关课程，提升学生理科思维能力。创新班的学生可以获得更多参加海外交流学习的机会，享受导师制的"小灶辅导"，每周聆听名家报告等。

新高考改革后，复旦附中取消原本的人文实验班和理科班，保留科技创新班。学校通过考查学生的学业水平、综合素质、专项特长、组织能力、发展潜力多个方面内容，自主选拔学生进入文理学院进行3年一贯制的学院式培养模式。文理学院的学生将3年不分文理科，接受数学、科学、人文、社会四类课程的全科培养，还将学习大学通识课程。文理学院的师生比严格控制在1：8以下，以保证教学和讨论效果。该学院的学生的课表根据个人学习情况打造，各个学生之间不尽相同。

（5）华师大二附中的卓越学院

华师大二附中的卓越学院创建于2013年，是该校创建"卓越教育特色学校"的重要抓手，也是创新拔尖人才工作的突破口。"卓越学院人才培养计划"是二附中在已有"六个百分百"育人模式基础上，融合理科实验班、科技创新实验班等办学经验后推出的为拔尖创新人才奠基的培养战略，是卓越教育从实验班开始外延到全校的一个重要步骤。

卓越学院分为内、外两院。外院面向全校学生开放，以学生自觉自愿申请参与卓越课程的学习为主要培养方式，实行"学分制"管理。内院试行申请审核入学，只有在外院课程学习中达到规定学分并持续表现优异的学生才能入选，实行"学分制"＋"导师制"的动态管理，重点是导师个性化培养。卓越学院将建立科学的学生遴选机制，注重考查学生的综合能力、学术兴趣和发展潜质，实行自愿申请、多次选拔、目标考核、动态进出机制，将最主动、最优秀的学生选入卓越学院进行培养。

卓越学院设置了"走近科学课程—走进科学课程—走进科研课程"的渐进性课程体系，强化个性化培育，实行按学科知识领域板块及学生能力基础的双向全面选修制度，使学生在基础学科课程领域享有高度的课程选择权。

总体看来，根据已有研究成果显示，我国部分大学附中与大学合作培养人才集中在各种冠以"创新""科技""理科"等实验班之名的创设上。部分大学附中与大学合作开展实验班情况见表3-1①。

表3-1　部分大学附中与大学合作开展实验班情况

| 校　名 | 所属省市 | 实验班名称 | 合作大学 |
|---|---|---|---|
| 人大附中 | 北京 | 早培班 | 中国人民大学 |
| 清华附中 | 北京 | 创新实验班 | 清华大学 |
| 北师大附中 | 北京 | 钱学森班 | 北京师范大学 |
| 复旦附中 | 上海 | 人文实验班<br>科技实验班 | 复旦大学<br>上海交通大学 |
| 华师大二附中 | 上海 | 科技创新实验班 | 复旦大学<br>上海交通大学 |
| 上海交大附中 | 上海 | 科技实验班<br>金融实验班 | 上海交通大学<br>同济大学 |
| 华中师大一附中 | 湖北 | 科技实验班<br>人文实验班 | 上海交通大学 |
| 西南大学附中 | 重庆 | 创新实验班 | 重庆大学<br>西南大学 |
| 东北师大附中 | 吉林 | 理科实验班 | 东北师范大学 |

　　上述大学和附中以实验班的形式，从课程、资源、教学、管理等方面开展合作，取得了较好的合作效果。高中阶段的创新人才培养仍然处于初期尝试阶段，而且创新人才的培养原本就是一个由点到面、逐步深化的过程。许多改革措施不宜立即全面铺开，只能以实验班为试点，在行之有效后加以改进，再考虑大范围推进。这些学校从系统上变革培养方式并贯穿高中三年的完整过程，把具有创新潜质的学生集中起来进行专门培养十分必要，只有这样才有可能深入探索创新人才的培养路径，这些学生也才能够得到较快的发展，并在将来取得创新性成果。

---

　　① 徐向东：《大学附中培养创新人才的研究——与大学深度合作的视角》，华东师范大学2016年第47页-第48页。

2. 创新人才培养计划

我国各省区将培养创新人才列为教育工作重点，相继启动了各级各类的高中生创新人才培养计划，创新人才的培养主要合作单位是各地大学和相关科研院所，以下为我国部分省区和机构开展的创新人才培养计划。

（1）中国科学技术协会——英才计划

中国科学技术协会（以下简称"中国科协"）和教育部于 2013 年开展了中学生科技创新后备人才培养计划（以下简称"英才计划"）。该计划目前合作试点高校增加到 20 所，其主要任务是选拔一批品学兼优、学有余力、具有创新潜质的中学生走进大学，在自然科学基础学科领域的著名科学家指导下参加科学研究项目、科技社团活动、学术研讨和科研实践活动等。在为期一年的培养过程中，感受名师魅力，体验科研过程，激发科学兴趣，提高创新能力，树立科学志向。

（2）北京市——翱翔计划

2007 年起，北京市教委酝酿成立"北京青少年科技创新学院"，这是北京市落实人才强国战略，从高中阶段入手探索培育现代化发展急需的创新型人才的开拓之举。2008 年，北京市教委和北京青少年科技创新学院共同启动了北京市创新人才培养的"翱翔计划"。该计划的主要承办方为北京市部分中学、高校学科基地和部分大学或科研院所的实验室，目标为"在科学家身边成长"。"翱翔计划"现已被纳入北京市部分高中的研究性学习课程，自高一年级第三学段至高二年级末，计普通高中的学分。

（3）天津市——朝阳计划

2010 年，天津市教委和天津市青少年科技活动领导小组联合制定了《天津市青少年创新人才培养通盘规划》，规划指出由天津市部分优质中学和若干高校承担培养创新人才任务，称为"朝阳计划"。此计划面向天津市内学有余力且对科技活动有浓厚兴趣的学生，对其进行针对性培养。在导师的培养和指导下，学员进入大学和科研院所进行学习，不断提高自身的科学研究能力，激发个体的创新精神，为学生进入大学学习奠定基础。

（4）上海市——创新素养培育项目

从 2008 年开始，在上海市教委的组织下，上海市 4 所市教委直属学校、3个区县、24 所实验性示范性高中和若干大学及科研院所开展了"上海市普通高中学生创新素养培育实验项目"（简称"创新素养培育项目"），探索高中阶段对拔尖创新人才早期培养的办学机制、课程设置、教学途径、学习管理与综合评价办法。高中学校参照义务教育阶段学生成长的相关记录，在考查学生综合能力、兴趣和发展潜质的基础上，选拔满足要求的学生进入实验班学习。

项目通过开设自创课程、学生参与课题研究或创意项目开发等形式，培养学生的创新素养，为部分有潜力、特长突出的学生搭建更好的探究实践舞台，为全面推进创新人才培养提供经验。

（5）江苏省——普通高中创新人才培养试点

江苏省教育厅于 2011 年推行"普通高中创新人才培养试点"计划，在全省范围共遴选普通高中创新人才培养试点学校 14 所，充分利用省内外教育、文化与科技资源，突破现有培养方式，加强普通高中与高等院校和科研院所的合作，创新人才培养的模式，激发和增强学生的科学精神、创造性思维和创新能力，努力使一批素质全面、基础扎实、学有余力的优秀高中学生的优势潜能得到更好的发掘、培养和发挥。

该计划的主要工作任务是在试点学校选拔具有创造潜质的高中学生，对其进行整体设计、系统培养；努力创新拔尖学生培养模式，利用综合实践活动课程时间和节假日，使学生进行兴趣和任务驱动下的体验式、探究式研究；积极探索在大学和科研院所的专家及中学优秀教师联合指导下，学生个性化学习的方式方法；通过项目引领研究性学习，完成具有一定探索创新意义的研究课题，增强创新意识，提高创新能力。

（6）陕西省——春笋计划

"春笋计划"是陕西省教育厅于 2010 年 7 月启动的一项创新人才培养计划，该计划通过选拔少数具有创造性潜质的高中学生进入大学实验室参与课题研究和专家科普报告，指导高中学校为学生开设选修课、开展研究性学习等方式，培养高中学生的科学素养、科学兴趣和创造性思维能力，拓宽基础教育阶段创新型人才培养途径。

承担课题研究学生的成果将纳入中学阶段的研究性学习考核，赋予相应学分，并在有关创先评优活动中优先考虑。对于研究成果突出的学生，省内相关大学在自主招生时可给予优先推荐。此外，参与该计划的中学需按要求为各自承担的课题配套提供研究经费。

# 第 四 章

# 大学附中办学特色的现状调查报告

为了解大学附中办学特色，进一步加深大学与附中办学之间的联系，提升大学附中办学质量，首都师范大学附属中学"大学附属中学办学特色研究"课题组于2014—2015年对全国知名大学附中进行了问卷调查。共回收教师问卷1283份、校长问卷13份。本章将对上述问卷调查结果进行分析和探讨。

## 第一节 大学附中与大学合作关系的情况

参与调查的知名大学附中里有38.5%在建校时即为大学附中，其余在建校后（2年至92年不等）与大学合并，成为大学附中，图4-1所示。

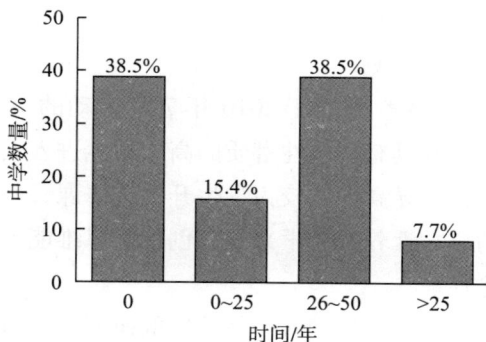

**图4-1 中学建校至合并为大学附中时间**

本课题组对参与调查的附中办学规模进行了初步调研，从职工人数、骨干教师人数以及学生人数三个维度进行考察。研究发现，大部分附中职工人数处于101~200人次，骨干教师人数处于26~50人次。41.7%的学校学生人数在1500人以下，25%的学校学生人数为1501~3000及3001~4500，如图4-2所示。

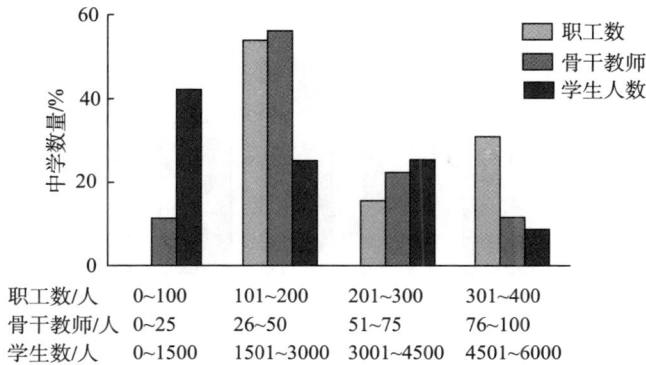

| 职工数/人 | 0~100 | 101~200 | 201~300 | 301~400 |
| 骨干教师/人 | 0~25 | 26~50 | 51~75 | 76~100 |
| 学生数/人 | 0~1500 | 1501~3000 | 3001~4500 | 4501~6000 |

**图 4 - 2 大学附中办学规模**

参与调查的附属中学所属大学类别统计如下，共69.3%的大学属于985或211工程大学，46.1%属于师范类大学，如图4 - 3所示。

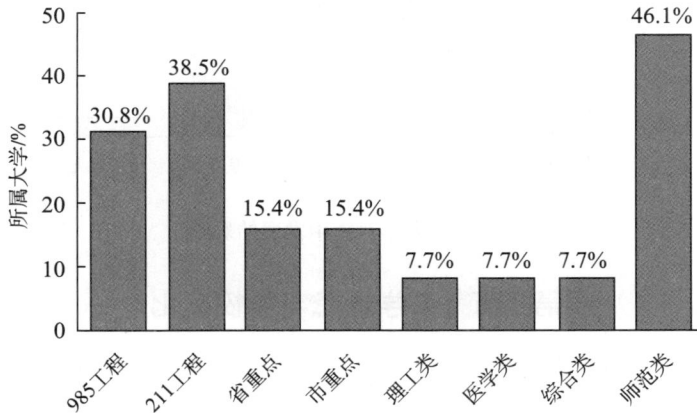

**图 4 - 3 附中所属大学类型**

30.8%的附中位于所属大学校园内，其余位于所属大学校园外，与所属大学距离1~5千米不等。

调查结果显示，大学在多方面对附中给予支持，主要包括师资培训、课堂教学、学生培养及办学理念（如图4 - 4所示），对附属中学的发展具有一定影响（如图4 - 5所示）。

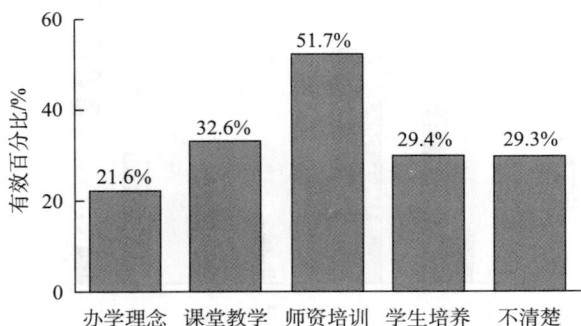

图 4-4 大学对附中的支持

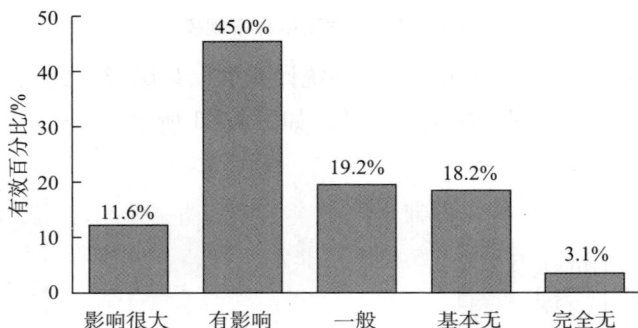

图 4-5 大学对附中发展的影响

## 第二节 办学理念与学校文化

参与本次调查的附中里，办学理念在成为大学附中后有所变化的比例为66.7%，其中50%的附中办学理念改变与所属大学相关。调查结果还显示，54.8%的教师基本了解中学目前办学理念，但34.3%的教师基本不了解所属大学的办学理念。大部分教师对学校目前的办学理念较为认同，在如何培养学生、培养什么样的学生方面基本达成共识（如图4-6所示）。

对学校目前及所属大学办学理念的了解：1档表示非常了解，2档表示基本了解，3档表示一般，4档表示基本不了解，5档表示完全不了解。

对学校目前办学理念的认同：1档表示非常认同，2档表示认同，3档表示一般，4档表示不认同，5档表示完全不认同。

对如何培养学生达成共识的程度及培养什么样的学生达成共识的程度：1档表示完全达成共识，2档表示基本达成共识，3档表示一般，4档表示基本没达成共识，5档表示完全没达成共识。

— 44 —

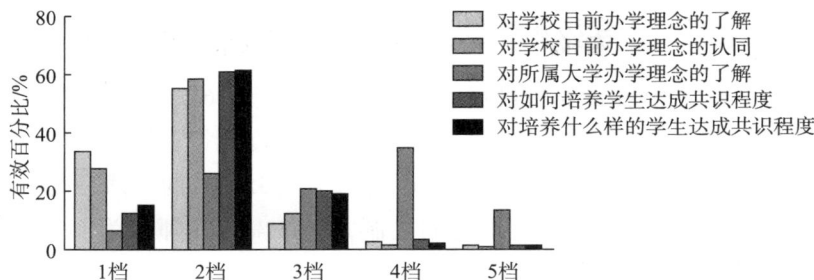

图 4 - 6　对大学附中办学理念的理解

在学校文化方面，53.5%的教师认为学校师生的精神风貌良好，64.5%认为学生认同学校的办学理念，58%认为教师认同学校的办学理念，59.2%的教师认为学校教师之间关系良好。51.6%的教师认为校园物质环境能够体现学校的教育理念，46.5%的教师认为学校的标志、校训及校歌有明显的显示度。关于学校文化与所属大学的关系，33.1%的教师认为相关，32%的教师认为相关度一般。

学校师生的精神风貌及教师之间的关系：1 档表示非常好，2 档表示好，3 档表示一般，4 档表示不好，5 档表示非常不好。

学生对学校的认同程度及教师对学校办学理念的认同程度：1 档表示非常认同，2 档表示认同，3 档表示一般，4 档表示不认同，5 档表示完全不认同。

学校物质环境对教育理念的体现程度：1 档表示非常能体现，2 档表示能体现，3 档表示一般，4 档表示不能体现，5 档表示完全不能体现。

学校标志、校训及校歌的显示度：1 档表示非常明显，2 档表示明显，3 档表示一般，4 档表示不明显，5 档表示非常不明显。

学校文化与所属大学的关系：1 档表示非常相关，2 档表示相关，3 档表示一般，4 档表示不相关，5 档表示完全不相关（如图 4 - 7 所示）。

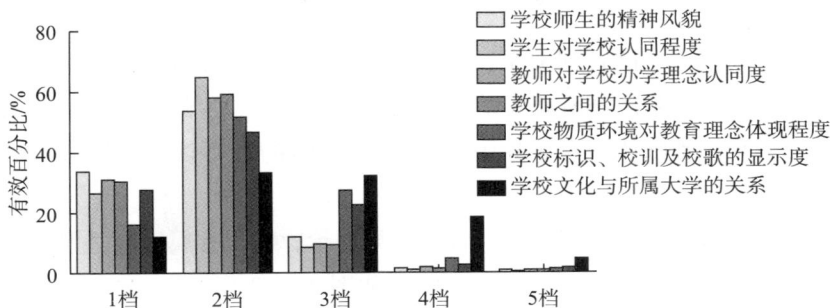

图 4 - 7　对大学附中学校文化的认识

## 第三节 学校组织结构及与教育行政部门的关系

本课题组对学校组织结构进行了调研，结果显示，61.6%的教师认为学校组织结构基本完善，57.2%的教师认为学校规章制度执行良好；42.7%的教师认为学校有一些专门人员或部门负责与大学接洽，35.5%的教师对此表示不清楚。关于学校有无与大学定期沟通的机制，23.3%的教师认为有该类机制，63.3%的教师表示对此不清楚。

学校组织机构完善程度：1档表示非常完善，2档表示基本完善，3档表示一般，4档表示有缺陷，5档表示非常不完善。

学校规章制度的执行情况：1档表示非常好，2档表示好，3档表示一般，4档表示不好，5档表示非常不好。

关于学校专门人员或部门与大学接洽情况：1档表示有很多，2档表示有一些，3档表示没有，4档表示不清楚。

关于与大学定期沟通的机制：1档表示有，2档表示没有，3档表示不清楚（如图4-8所示）。

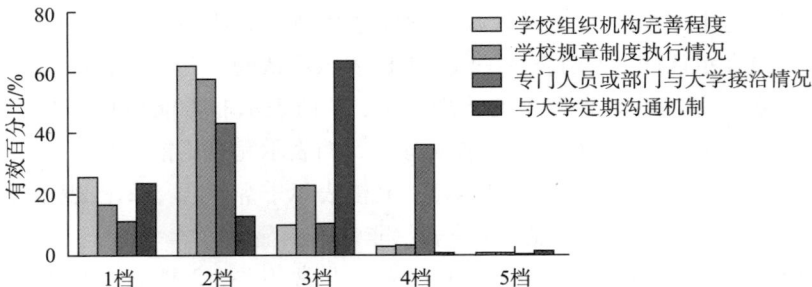

**图4-8 对大学附中组织机构的认识**

关于学校与大学的管理关系，52.7%的表示不清楚，其余调查结果如下：32.5%的教师认为附中与所属大学具有人事关系，25.0%的教师认为具有组织关系，13.4%的教师认为有业务培训关系，9.8%的教师认为有财政拨款关系（如图4-9所示）。

关于附中所隶属的管理机构，调查结果显示，42.7%属区教委管理，其余分别属省教育厅、市教委、大学等管理（如图4-10所示）。51.3%的教师表示学校具有自主招聘教师的权利（如图4-11所示）。22.8%的教师表示除常规经费外，上级部门仍提供专项经费支持学校发展，9.9%表示没有，65.5%

对此表示不清楚（如图 4 – 12 所示）。

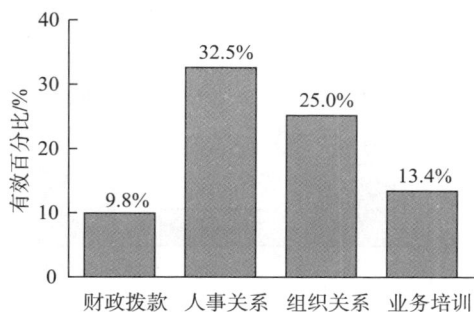

**图 4 – 9　附中与大学的管理关系**

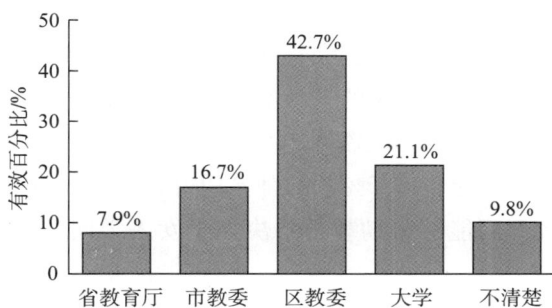

**图 4 – 10　附中所隶属的管理机构**

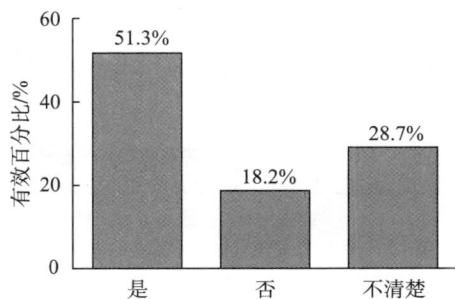

**图 4 – 11　附中是否有自主招聘教师权**

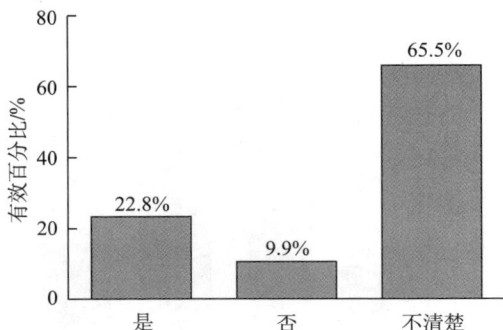

**图 4 - 12　除常规经费外，附中是否获得专项经费支持**

回收的校长问卷显示，附中希望从教育行政部门获得招生政策、人员编制、经费等方面的支持，提高附中办学自主权，推进大学支持附中的力度，帮助附中进行硬件更新和师资培训，完善课程建设，促进教师的专业发展。

教师调查问卷显示，56.5%的教师希望从教育行政部门获得财政方面的支持，包括一般经费、提高教师工资待遇及用于校园建设等；38.2%的教师希望获得业务方面的培训指导；11.6%的教师希望得到招生政策的支持；13.0%的教师希望教育行政部门能够帮助教师解决如子女入学问题等后顾之忧（如图4 -13所示）。

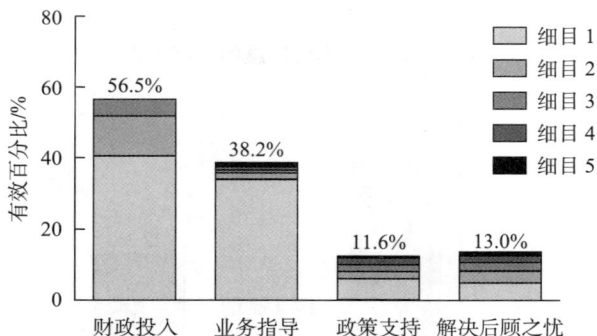

**图 4 - 13　附中教师希望教育行政部门支持的项目**

财政投入方面，细目1表示一般经费，细目2表示教师工资待遇，细目3表示校园建设。

业务指导方面，细目1表示教师培训，细目2表示教学资源，细目3表示交流沟通，细目4表示教育学生。

政策支持方面，细目 1 表示一般性政策，细目 2 表示提高生源质量相关政策，细目 3 表示公平性政策，细目 4 表示提高学校或教师自主权相关政策。

解决后顾之忧方面，细目 1 表示理解、体谅教师群体，细目 2 表示解决教师编制问题，细目 3 表示解决教师子女入学问题，细目 4 表示加快职称评审进度，细目 5 表示维护教师群体的权益。

## 第四节　课程教学

课程教学是学校的立身之本，也是大学与附中合作的主要方面。调查结果显示，76%的教师认为附中的课程建设具有鲜明特色；10.1%的教师表示附中与大学在课程教学方面频繁合作，43.0%的教师表示偶尔合作（如图 4－14 所示）。

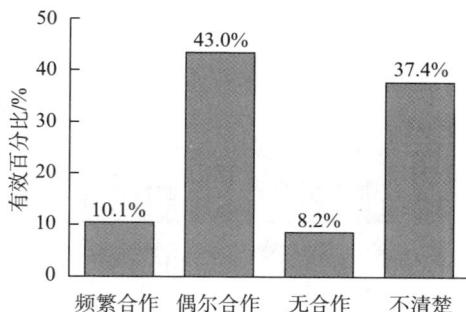

图 4－14　在课程教学方面附中与大学合作情况

回收的校长问卷显示，附中与大学的合作主要体现在中学聘请大学教授进行系列讲坛课程培训、开展教师培训、进行课堂教学诊断、组织中学生参观大学特色博物馆及实验室，以及为中学生活动提供场地。附中作为所属大学的实习基地，帮助大学进行本科生和研究生的实习培养；附中与所属大学合作开发校本课程，开设图书馆实验室等教学设施。

调查发现，76.9%的附中为大学生及研究生提供实践基地，46.1%的附中在大学职工子弟入学时提供优惠政策，23.1%的附属中学开设大学先修课程，61.5%的所属大学为附中提供教师培训，76.9%的所属大学教师参与附中课堂指导，69.2%的所属大学允许中学生参与大学活动，76.9%的所属大学与附中合作进行教学科研活动。

教师调查问卷显示，33.2%的教师表示所属大学以开设讲座等形式为教师提供培训机会；13.4%的教师表示大学与附中进行教学科研类合作；12.4%的教师表示附中为所属大学提供实习基地，帮助本科生及研究生进行教育教学实习（大学生实习上课、中学教师给大学生进行示范课等）；11.9%的教师表示大学与附中合作创办实验班（主要为理工类）、帮助附中进行尖子生培养；11.4%的教师表示中学生有参观大学校园的机会（如解剖楼、实验室等）；10.4%的教师表示大学教授参与指导校本课程。除上述资源外，被调查者表示所属大学还为附中提供活动场地（如体育馆、操场、演出礼堂等），与附中进行文化交流与宣传，开展朋辈教育，向附中学生开放高端实验室，指导中学生活动，进行项目合作（如国学、英文、体育训练等），让中学生参与大学课程学习（如职业规划、铁路课程、电动汽车课程等），与附中共享图书馆的数据库资源等（如图4-15）。

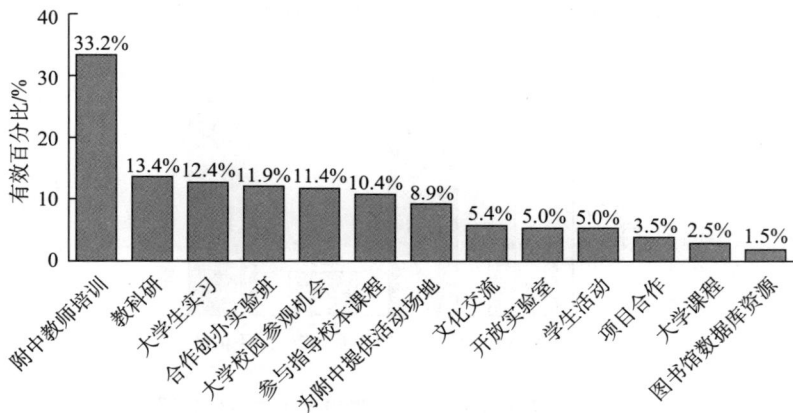

图4-15　大学与附中的合作情况

## 第五节　德育及社区关系

回收的校长问卷显示，41.7%的附中德育工作与所属大学相关。79.9%的被调查者表示附属中学开展了系列化的德育工作，83.1%表示该校学生活动特色鲜明、学生自主（如图4-16）。

37.1%的被调查者认为学校周边社区对附中非常认可，52.6%的被调查者认为社区对附中持认可态度（如图4-17）。9.8%的被调查者表示附中与周边社区有很多合作项目，43.3%的被调查者认为有一定合作，35.5%的被调查者对此表示不清楚（如图4-18）。

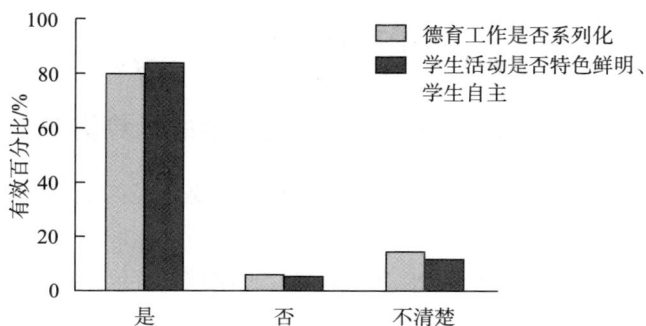

**图 4 – 16　附中德育工作情况**

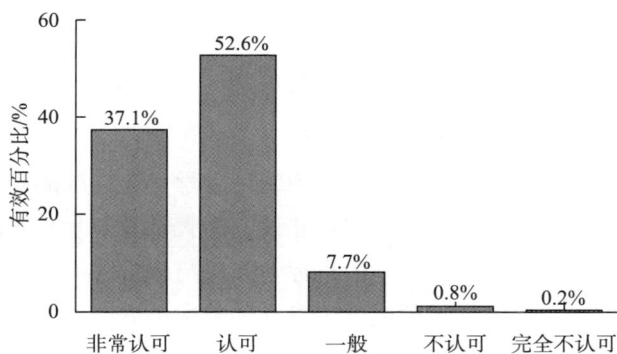

**图 4 – 17　附中社区认可度**

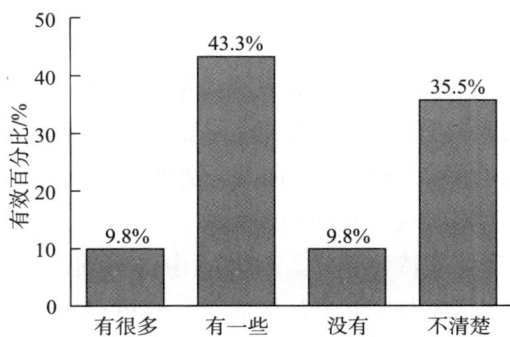

**图 4 – 18　附中与社区的合作情况**

## 第六节  小结

### 一、合作主要体现在大学附中利用大学的优势资源

大学能够为附中提供丰富的资源，采取的主要途径如提供学者讲座、教师培训课程；协助开发校本课程；开放硬件设施、拓展国际交流渠道、提供大学生志愿者服务等。以上海地区 28 所大学为其附中提供的服务情况为例，其中，为附中开放学校硬件设施的有 17 所，占 60.7%；协助附中开发校本课程的占 71.4%；提供学者讲座的占 92.9%；提供教师培训课程的占 78.6%；拓展国际交流渠道的占 46.4%；提供大学生志愿者服务的占 32.1%；派出专业教师执教的占 35.7%。① 可见，以上所述大学附中利用大学优势资源的途径不仅已付诸实践，而且部分措施已经相对普及与成熟。

#### （一）利用大学优势资源的途径

综合已有的调研结果发现，大学附中利用大学优势资源的有效途径大致可以分为以下八个方面：一是基础型课程建设，即大学教师参与到附中基础型课程的实施建设之中，如对课程实施的目标、方法与评价等提供意见和建议；二是拓展型课程建设，即大学教师或学生参与到附中拓展课程的规划、设计、实施和评价之中；三是高中生社团建设，即大学教师或学生参与到附中学生的社团组建、管理和资源支持之中；四是通识性学术讲座，即大学教师进入附中校园，举办面向附中师生的通识性讲座；五是高中生生涯指导，即大学教师参与到附中学生的心理辅导、专业选择和生涯规划工作中；六是主题文化活动，即附中充分利用大学的文化特点和资源开展大型主题活动；七是专用教室建设，即附中利用大学资源增建促进学生多元发展的专用教室，特别是实验室建设；八是大学设施利用，即附中利用大学向其开放的硬件设施开展教育教学活动。

1. 附中利用大学资源进行基础型课程改进

各大学由于本身办学特色不同，对其附中的基础课程改进方式也各具特色。部分师范类大学通常为其附中开展的教学改革提供教育理论支持和指导，帮助附中形成特定教改理念，并在学科基础型课程中进行试验和探索。部分办学基础较好的大学，其附中经常开展大学与中学教学衔接的研究并以此作用于

---

① 冯明：《大学附中的合作现状、价值、优势与发展——基于上海市大学附中办学现状的调研与思考》，《教育发展研究》，2013 年，第 4 页。

基础型课程的改进。例如复旦大学附中在数学学科开展数理逻辑与运用的研究；上海师大附中开展语文精读、外语经典阅读等研究。还有一些专门类大学的附中将大学专业特色转化为教育理念，并用于附中基础型课程改进，如华政附中邀请华东政法大学法学教授到学校课堂听课，大学教授与一线教师共同研讨体现法学教学特色的课堂教学风格与模式。

2. 附中利用大学资源开展拓展型课程建设

大学参与开发的拓展型课程往往具有浓厚的专业特色，如政法类、科技类、外语类、艺术类等。这些特色鲜明的拓展型课程不仅丰富了附中自身的课程种类，而且对增强某一地区所有普通高中课程的多样性具有潜在的价值。与此同时，附中在开发拓展型课程时不仅关注相关大学的核心专业特色，而且关注利用大学综合资源优势，满足学生多元发展的需求。大学在拓展型课程开发过程中的角色最主要体现在对课程理念和立意的把握，以及知识系统性和科学性的保证上。大学教师和大学学生都是参与的主体。当前大学参与附中拓展型课程开发的主体是大学教师，但部分附中也积极利用大学的研究生资源。除学科和综合课程外，一些大学为附中提供社会实践活动的资源。例如大学在暑假期间组织大学生进行社会实践考察，其附中会选派部分学生与大学生组成团队，一同设计考察调研项目，共同参与考察和事后总结。这些活动具有较好的教育价值。

3. 附中利用大学资源进行学生社团建设

当前有接近一半的大学附中有大学支持学校社团建设的情况，其中大学生社团与附中社团的共建是最主要的形式。大学生社团参与附中社团建设的价值不仅体现在大学生对高中生的示范和活动指导方面，而且也体现在大学各种特色的介入方面。

4. 附中利用大学资源开设通识性学术讲座

总体而言，大学提供的学术讲座质量和效果较好，受到了附中的肯定。

5. 附中利用大学资源提供学生生涯发展指导

大学参与学生生涯发展指导的主要形式是"提供专业实地观摩和考察""提供专业信息和择业指导"。这与大学自身的优势和特点有关，一是因为大学拥有众多专业，可以为学生提供现场感受的条件；二是因为大学拥有就业指导中心，相关教师在择业指导方面有丰富经验。附中利用大学相关资源能够显著提升生涯发展指导的成效。例如一些附中专门开展校园活动，大学派遣大学辅导员与高中生近距离对话，帮助其了解大学专业的设置、学习内容以及就业前景等信息。

6. 附中利用大学文化特点和资源开展主题活动

这些主题活动的合作形式大概有三种情况：一是附中积极参与大学的重大文化活动，如大学校庆活动中有其附中积极参与的身影，附中通过乐团、合唱团等方式成为大学校庆活动的一部分。二是利用大学校园开展中学德育活动，如附中通过组织学生参观学习大学校史，开展文化传统教育。三是附中深入剖析大学文化特点，创新本校校园文化活动。

7. 附中利用大学资源增设专用教室或实验室

虽然这些实验室基本上由上级教育主管部门出资建设，但具体的设计是在大学相关学院和教师的指导下完成的。

8. 附中利用大学硬件设施开展教育教学活动

大学硬件设施主要包括图书馆、实验室、实训中心、活动中心、体育场所等。图书馆的开放使用不仅有助于教师提升专业素养，也有利于学生拓展视野、增长见识。活动中心和体育场所的共享支撑了附中文体课程和活动的开展，对于附中学生综合素养的提升至关重要。

（二）利用大学资源的意义

首先，借助与大学的合作，附中创建办学特色的成效比较突出，且社会声誉、课程建设的品质、学校文化特质等方面都得到了一定的提升。同时，学校的教学质量、学生的综合素质、教师的专业水平都得到显著的提升，学生的个性发展也更加鲜明。

其次，附中利用大学优势资源有助于提升中学教育的现代性。普通中学发展的最终指向是教育现代化，即促使教育目的、教学、课程、文化、环境的更新与发展，为中学生的未来生活做好准备，并更好地实现基础教育与高等教育的衔接。在这个过程中，大学附中具有得天独厚的条件。大学附中可通过与大学的紧密合作，引入大学资源，主动融入大学文化，开展全方位的教育教学改进。这些改进举措并非为附中学生进入作为母体的大学做准备，或者是大学专业教育的前置，而是通过提升课程的学术含量、开阔学生的知识视野、强化探究与实践的学习过程、丰富学生的在校生活、感受大学及学者的精神气质，进而促进附中学生综合素质的提升。这正是普通高中教育现代性的核心诉求。通过与大学的合作，部分附中在学校文化、学科教学、课程开发、社团建设、生涯辅导、硬件设施等方面实现了更新与改革，并不断探索和提升普通高中教育的现代性。

最后，相对于普通中学，大学附中具有更多独特的发展优势。大学附中相比普通中学往往具有一种更强烈的身份感，更加注重了解和融合大学文化。有了大学文化的融入，附中办学理念更加丰富，进而提升了学校发展设计与实施的系统性和自觉性。大学拥有极为丰富的教育资源，这些资源都可以通过合适的途径让附中进行集约化使用。另外，大学与大学附中之间的沟通协调人员能够提升资源利用的有效性。这些沟通协调人员对大学内部资源较为了解，能帮助附中筛选满足附中发展需求且能适应附中学生学习特点的相关软硬件资源，从而显著提高附中利用大学资源的有效性。

（三）问题与改进策略

大学附中在利用大学优势资源的过程中，仍然存在一些问题。首先，大学附中与大学之间合作的宽度与深度存在较大差异。有些大学附中着力于思考和探索依托大学办出学校特色，但也有一些附中仅停留在浅层次的合作，或者仅仅是为了通过挂名的形式提升学校知名度。其次，教育行政部门支持力度有待加强。有些附中成立之后，教育行政部门对学校发展新的定位与期望不明确，相关配套的后续举措缺乏系统性，如专项经费支持、督导评价、人员配备等方面，系统性的缺乏造成部分附中成立之后处于自发运行的状态。另外，有限的利益互惠基础在于合作双方的愿景认同。如果大学与大学附中的合作仅是基于利益上的互惠，那么这种合作模式很难有持续的效应。大学积极投入附中的建设不应基于利益交换，而应该与附中建立起理念与愿景的认同，传播大学文化，形成为民族、国家培育英才的办学使命感。这种愿景认同的建立，需要合作双方的共识和投入。最后，附中与大学合作，不仅是将大学资源引入学校，而是要促进附中利用大学的特色文化与资源进行自主的特色建设。在这个方面，很多附中校长和教师感到缺乏相应的建设能力，如对大学特色的理解和转化、相关课程的开发和实施。

透过上述问题可以发现，大学附中将潜在优势转化为办学实效并非易事，需要在文化、制度与技术等方面加以提升。

首先是文化提升。附中的健康发展，有赖于附中与大学双方的文化交流。附中与大学的文化交流主要包括两个方面：第一，附中需具有鲜明的办学目标，并且能将该目标升华为全校师生的共识，成为学校的教育理念。第二，附中需要具备对大学文化的理解力和转化力。所属大学的学科或专业特色、学生和校园文化等内容，都可以成为大学与大学附中文化交流的基点。大学附中要努力将大学的文化理念内化为基础教育中的亮点，长远来看，这会比机械的应试教育获取更好的效果。大学理念总是带有理想主义的色彩，体现出一种对国家社会发展、人类文明进步的自觉追求和主动担当。在双方文化交流过程中，大学应该尽力支持附中建设，把它作为传播大学文化、实践大学社会责任的重要途径。

其次是制度提升。附中发展离不开相关制度的保障。一方面，上级教育行政部门应该对附中发展给予指导和支持，帮助附中明确办学特色，并以此为依据构建起学校发展的评价体系，为附中发展营造良好的外部环境。另一方面，附中自身的内在发展机制也需要完善。中学人力资源、财政支持和硬件辅助的合理安排，都有利于鼓励全体教师的积极参与，进而促进学校发展。此外，附中与大学之间的沟通和交流需要制度化，以此保障双方沟通的持续性和稳定性。双方交流过程中，需要强调体系化、制度化，弱化个别领导、个别人的作用，这是交流持续进行的保障。

最后是技术提升。根据以往调研结果发现，附中建设在宏观层面往往高屋建瓴、特色鲜明，但是落实到具体的实施过程中却容易偷工减料、事倍功半。附中真正植根于教学、学生综合素质和个性发展等细节层面的成效通常不突出。这说明未来附中发展需要从关注合作实践的形成深入到合作成效的达成。这必然涉及学校育人目标的重新设计、课程开发与教学改进、高校资源的本土化、学生素质发展的评价等技术的改进和发展。

## 二、师范生实习问题

随着知识经济时代的到来以及科学技术的迅猛发展对高质量人才的迫切需求，我国开展了新一轮的基础教育课程改革，这次改革是一个意义深远、面向整个基础教育的系统过程，它给我国的基础教育带来了全方位的冲击，也给基础教育工作者带来了更大的挑战。其中，教师具备的综合素养是决定其能否顺应此次改革浪潮的重要因素。而各综合性大学及师范院校承担着培养与输送未来师资的重要责任，因此，师范生的教育和培养就显得尤为重要。目前，在师范生培养的具体实践中，如何对接基础教育改革、创新师范生培养模式、提高师范生的专业竞争力、为中小学培养和输送优秀的师范毕业生，仍是师范教育亟须解决的重大问题。

教育实习是师范生在具备了一定的理论知识基础后，深入到教学实践一线组织开展教育教学活动、将理论与实践相结合、提升教学技能的重要环节。但是就目前的国内师范生培养形势来看，我国师范生教育实习存在时间短且安排集中、实习形式单一、指导不到位、管理评价不科学和缺乏实效性等问题，这些问题是制约师范生向一名合格教师转变和提升的重要症结。①

　　根据我国教育部的规定，师范生的实习时间为 6~8 周，时间安排相对集中，一般是在毕业前的最后一学期。研究表明，发达国家教育实习时间均长于我国，且实习方式和内容都灵活多样。如美国把在校师范生的教育实习时间分散在各个年级阶段，最后一个学期再去集中实习，且实习时间一般为 15 周左右；德国的教育实习采用两段式，分三次大约 12 周的实践时间。欧美国家的教育实习安排能够为师范生提供更多的时间与机会去了解教育教学工作的本质，从而更有效地掌握教学技能。总体来看，发达国家教育实践的时间约占课时总数的 12%，而我国教育实践的时间仅占课时总数的 3%。相比之下，长时段的教育实习可以为师范生全面、深入和真实地理解"教学"的含义提供时间上的保证。同时，形式丰富多样、时间分散的教育实习安排既有利于师范生不断从实践中深入发现问题，又为他们返校后的反思学习和消化吸收提供机会，有利于真正实现实践与理论的融合。②

　　为了强化师范生实践技能的形成、改革教师教育，国内各高等师范院校也从不同层面进行了一系列积极的探索。例如，北京师范大学的"4+2"模式，陕西师范大学、东北师范大学以及河北师范大学的顶岗实习支教，南京晓庄师范学院的顶岗实习置换培训等，这些模式都有效地改善了师范生的素养结构，显著地促进了师范生教学实践技能的发展。由此可见，在师范生实习环节上既要适当增加时间，也要在教育实习的结构和体系上进行改革，将渐进、综合、训练和实践作为我国教育实习模式的重要组成部分。

---

　　① 王志广：《师范生培养过程中存在的问题及应然策略》，《教育理论与实践》，2014 年，第 29 期。

　　② 王志广：《师范生培养过程中存在的问题及应然策略》，《教育理论与实践》，2014 年，第 29 期。

# 第 五 章

# 大学附中与大学深度合作的实例探究

## ——以首师大附中为例

首都师范大学附属中学（以下简称"首师大附中"）在多年的发展建设中，十分注重德育、校园文化建设以及现代教育技术的应用，在教育教学各环节充分体现学生的主体性。学校秉承一以贯之的"成德达才"的办学理念，率先试行教育教学新制度，并在课程改革中勇于创新，培养出了许多高水平的人才。

## 第一节　课程共建——深度合作的实践突破

首师大附中借获批全市招生"创新教育实验班"，"自主排课和自主会考"学校和"遨游计划"项目实验校之机，搭建"四修"课程体系框架，通过基础通修和专业精修来夯实学科基础，促进专业发展，提升学生的基础素养和专业能力，避免以分数作为评价人才的唯一标准；以兴趣选修和自主研修激发学生志趣，让学生形成自主能力来促进其自主发展。立足首都、依托大学，将专家请进来、让学生走出去，开启集团化办学，各个区县承办分校。充分借助和发挥大学教育资源，提高学生自主学习能力。以"四三二一"教育教学综合改革模式为主体，"学长学部制、固定班级制、分层走班制"稳定运行，"基础通修、兴趣选修、专业精修和自主研修"的四修完整课程体系全面成熟；以青牛创客空间为代表的学生自主研修项目和"全国部分大学附中协作体"等协作模式在全国产生稳定影响力；高中综合实践课程开启，实施效果良好；学生自主实践能力提升体系搭建完成。

特色课程开发，既包括基于高校教育资源的国家基础型课程的校本开发，又包括基于高校教育资源和学校特色的校本课程开发。大学附中结合自身特点与发展需要，利用高校教育资源动态生成特色课程，在动态生成过程中寻找大学专业文化知识与普通高中文化知识的结合点。

## 一、课程建设目标

首师大附中历经了近百年的历史变迁，改变的是校址、校名，不变的是"成德达才"的育人理念。课程建设是学校办学理念的集中体现，也是落实培养目标的重要载体。打造精品特色校本课程是培养厚德博学创新人才的需要，也是学校实现可持续发展、提高核心发展力的需要。2011 年，首师大附中开始构建课程体系，从大课程观角度，把德育纳入课程体系中，目的是让教书与育人相统一，更好地全方位育人。

首师大附中课程建设的总目标是以国家课程的高质量校本化实施为基础，以精品特色校本课程的开发为补充，以落实学科核心素养作为学校课程建设的宗旨，以递进式的"四修"课程体系为框架结构，满足不同潜质学生的发展需求，促进学生自主发展、全面而有个性发展和可持续发展，进而培养学生自信坚毅的品格和责任担当意识、勇于探索精神、团队合作精神、自主学习能力、动手实践能力和创新思维能力，同时促进教师专业化发展。递进式"四修"课程体系的搭建是从为每一位学生的发展出发，从学生的内在需求出发，以激发学生志趣为核心，兼顾学生的全面发展和学有特长，为学生每一步发展搭设台阶。

## 二、设计原则与思路

作为北京市首批示范性高中之一，首师大附中高中生源质量属于一流水平。在长期的课程建设实践中，我们对课程的设计与开发始终坚持"五统一"。

### （一）课程设置与学生内在发展需求相统一

兴趣是学习的源泉，是推动学生求知的一种内在力量，自我发展需求更是学习的持久不竭的动力源泉。我国学生与欧美学生一个相当大的差异在于，中学时代缺少对自己未来的规划与发展的思考，他们更多的将学习聚焦在学科知识本身或升学上，而对人的自我兴趣、志向以及未来发展的方向少有深入思考，学习成了应付性的外在任务。这就使得学生难以从学习中获得愉悦的心情，更谈不上去享受学习的快乐，甚至会产生焦虑、厌烦等负面情绪，出现各种各样的心理问题。实践证明，只有构建与学生内在发展需求相一致的课程体系，才有可能彻底解决这一问题。为此，我校特别增设了发展指导课程，根据各年级学生不同的发展需求给予必要的帮助与指导。例如第一学年的发展指导课程以"生涯规划、心理辅导、学法指导、表演艺术、领导力提升"为主要内容。

我校首先通过生涯规划课程启发引导学生寻找并确立自己的发展方向，规划自己的发展之路。然后根据学生的兴趣爱好和未来的专业规划，设置了各具特色的实验课程。目前已开发出高中创新实验课程、理工实验课程、人文实验课程、中美 AP 课程等特色实验课程。不同专业方向的学生，在完成国家规定的基础通修课程基础上，都适度增加了专业课程的精修和校本选修内容，有利于促进专业的深入发展和综合素养的提高。

（二）"全面发展"与"学有特长"相统一

高中新课程改革的一个核心目标是促进学生全面而有个性的发展。通修课和选修课，指向于学生基础素养的发展。其中"基础通修"课程保证学生全面发展、多种素质的达标要求，使学生获得共同的基础学历，达到国家规定的基本要求。"兴趣选修"课程旨在开阔视野，扩展知识领域，培养学生多方面的兴趣、爱好。如将人文与社会、科学领域中的政治、历史、地理、物理、化学、生物学科的选修课程，设计出不同的排课方式，满足不同志趣的学生个性化修习需求。"专业精修"课程指向于学生专业特长方面的发展，体现学生的学科专攻方向，体现不同学生对课程的不同选择需求，为学生升入高一级学校打下坚实的基础。

（三）课程建设与校本化特色相统一

首师大附中课程体系的校本化特色，首先体现在对国家课程的高质量校本化实施上。在现有教材的使用过程中，我们发现：同一学科内必修和选修教材的部分内容有一定的重复，在不同学科的同领域知识上，也有一定的交叉和重现，这无疑影响了教学效率的提高。要彻底解决这一问题，就需要相关学科教师相互协作、整合资源，形成具有首师大附中特色、充满活力的课程体系和教学模式，促进学生发展，提高教学效益。

首师大附中课程体系校本化特色，还体现在精品特色校本课程的开发上。首师大附中的校本课程建设始终以学生为本，一切从学生的发展需要出发，一切从促进学生个性化的发展出发。

目前学校已形成许多成熟的品牌化校本课程和几十门深受学生喜欢的实践型校本课程，这为学校特色发展奠定了基础。例如博识课：以"博闻广见、卓有通识、知行统一"为理念，培养学生创新精神和实践能力，培养学生提出问题、分析问题、解决问题的能力，对提高学生综合素质起到积极的促进作用。"语文阅读试验课"在师生的共同努力下效果明显、成果显著，深受学生喜爱。学校开设自主研修课程，将更多的时间还给学生。自主管理、自行消化，是我校培养学生自主学习理念的最好体现。

（四）课程改革与教师专业化发展相统一

由于部分课程内容的整合和大量校本课程的开发，教师角色发生了改变。由过去单纯被动使用教材发展到自主开发校本教材，每一位教师会具有更为强烈的课程主体意识，同时课程的系统意识、目标意识、参与意识、资源意识、创新意识也会落到实处。课程内容整合和校本课程开发必将成为教师成长与发展的平台，最终促进教师专业化发展。

（五）学生学业发展与综合素质提升相统一

学生的综合素质评价是课程改革的重要内容，附中积极推进综合素质发展性评价，在综合素质评价中充分听取教师的意见和建议，引领和指导学生全面而有个性地发展，同时注重评价的多元性，突出过程性评价、发展性评价和激励性评价，促进自我评价、同伴评价、教师评价和家长评价的整合，努力使学生综合素质评价的过程成为学生、教师及家长共同参与的教育活动，从而充分体现综合素质评价在学生发展过程中的激励作用。

## 三、递进式的课程体系建构

首师大附中的递进式"四修"课程体系包括基础通修、兴趣选修、专业精修和自主研修，将"全面发展"与"学有特长"相统一，达到"通修"夯实学科基础、"选修"激发学生志趣、"精修"促进专业发展以及"研修"形成自主能力的目的。根据学生的实际情况，首师大附中依据三级课程整体规划和实验项目设计了"四修"课程体系，如图5-1所示。

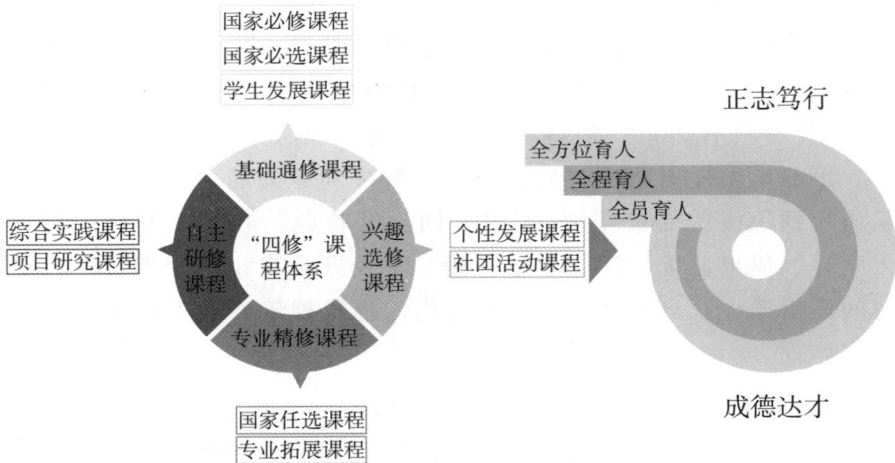

图 5 - 1 "四修"课程体系设置

总体来讲,"四修"课程体系是指通过基础通修来夯实学科基础;通过兴趣选修来提高综合素养,激发学生的兴趣,强调课程的选择性和差异性,以自由选课为核心,给予学生充分的选择权和自主权;通过专业精修强调深入学习、批判性思维,以促进专业发展;通过自主研修培养学生形成自主学习的能力。

## 四、课程实施模式的创建

教育以发展学生的个性和特长为价值追求,尊重学生自主愿望和自由选择,无论是"选课走班"还是"一年多考",无论是"生涯规划教育"还是"综合素质评价",都给学生提供了高度的选择性,以及更加多元化的发展空间,改变当前中学阶段"课程资源过于单一、课程管理过于封闭""常规分层走班教学造成的硬件设施建设以及教师和课程资源严重缺乏"、学生自主发展力量不足、教育资源分布不均、共建共享不足的现状,建立一套能为"学生生命注入自主发展的力量"的学校教育制度,这成了目前基础教育亟待解决的核心问题。

首师大附中 1914 年建校以来始终秉持着"成德达才"的育人理念,在坚守中不断创新,不断丰富着"成德达才"育人理念的内涵。这一理念是学校构建育人模式、搭建课程体系、资源配置整合的总纲,与国家近年来倡导的"立德树人"的人才培养指导思想高度契合。成达教育的本质就是始终将"人"的培养放在核心的位置,遵循教育规律和人才成长规律,培养品德优秀、才能通达的创新人才，让每个孩子都能自主发展、全面而有个性发展和可持续发展。自 2007 年起，学校在"成德达才"的育人理念引领下，整合现有资源、不断探索、深化实践"四三二一"教育教学综合改革，在不改变现有的教学资源、不增加额外负担的情况下，依托学校的三维管理体制创新，通过学部内的小规模分层走班教学实践，实现了新课改背景下的分层分类走班，适应了新中高考改革的需求，开辟出一条符合首都基础教育现实和未来特色发展的学校发展之路。

"四三二一"教育教学综合改革是首师大附中近年来改进教学模式、培养综合素质的重要举措。改革内容涉及课程设置、管理体制、育人模式、运行机制多个方面，是首师大附中育人理念和办学特色的集中体现。其中的"四"是指"四修"课程体系，"三"是指三维管理体制，"二"是指两项育人原则，"一"是指"让每一位学生都成德达才"的核心目标。

"四修"课程体系包括基础通修、兴趣选修、专业精修和自主研修，将"全面发展"与"学有特长"相统一，达到"通修"夯实学科基础、"选修"激发学生志趣、"精修"促进专业发展、"研修"形成自主能力的目的。

三维管理体制包括学长学部制、固定班级制、分层走班制。实行学长学部制，根据学生的个性差异和发展需求设立四个学部——创新学部、理工学部、人文学部、国际学部，采取学生和学校双向选择的方式，将有共同兴趣爱好或学科专长的不同年级的学生组成一个团队，培养学生的自主研修能力和团队合作能力，发挥学长的"传帮带"作用。学部中仍然有行政班，保留了固定班级。基础通修部分通过双向选择在学部制内进行分层走班教学，每个学部的主要学科根据不同学力水平的学生设置不同层级的课程，但难度差异不大的学科仍按固定班级授课。为给学生提供更多的选择性，学校的兴趣选修、专业精修和自主研修打破学部界限，实行由学生自主选择决定的跑班教学。分层走班教学尊重学生的个性差异，实行因材施教，为每个学生提供适宜的课程，以满足不同潜质学生的发展需要，促进学生的专业发展和成长，同时也能更好地加强教学的针对性和实效性。

两项育人原则是指尊重个性差异和注重因材施教。附中的教育以人为本、面向未来，努力开办适合每一个学生可持续发展的教育，应做到在起点时有教无类，过程中因材施教，尊重鼓励学生的个性发展和特长培养，让每个学生都能适得其所地发展。

一个核心目标是让每一位学生在附中都能够成德达才。改革也要尊重教育规律和学生身心发展规律，目的是让学生真正成为学习的主人，促进每个学生主动地、生动活泼地发展。通过量身定制的学习计划，灵动的个人课表和专属导师的悉心指导，让每位学生都能找到属于自己的学习空间和成长点，都能在附中快乐地自主发展。

"教育供给侧"的改革关键在于让优质教育资源更加有效配置。首师大附中的一系列改革更注重资源的整合与结构的调整，学校在未增加一间教室，未增加一名教师，也没让国家为此承担额外的经费的情况下，完全可以应对新的中高考改革，可见学校的改革实践既立足国情校情，又体现了创新精神和附中人的智慧。

## 第二节　教学活动——附中与大学深度合作的日常抓手

### 一、"四修"课程

#### （一）"通修"夯实学科基础

教育的核心是促进人的发展，课程要实现人的情意（情绪、感情、态度、价值）发展与认知（理智、知识、理解）发展的统一。人类用有限的时间面对无限的知识，显然不能穷尽学习所有的知识，设置的课程既要满足于学生后续进一步学习的基本知识、基本技能和能力所需，还要与学生的兴趣、爱好和要求相适应。通修课程，指向于学生基础素养的发展。其中"基础通修"课保证学生全面发展、多种素质的达标要求，使学生获得共同的基础学力，达到国家的基本要求。

基础通修课程面向全体学生，实现国家必修与必选课程的校本化实施，包括学科内的课程整合以及学科间的内容整合，把相关学科的内容进行拆分和重组，突出整体效果，实现课程内容的自主。首师大附中被批准获得自主排课和自主会考资格之后，进一步打破年级乃至学段的界限，结合分层走班教学模式，为每位学生量身定制学习计划。语文、英语均实行 x + 1 + 1 课时制，其中第一个"1"为阅读课，第二个"1"语文为传统文化课，英语为外教课。此外，学校特色课程"发展指导课"是附中独立开发的必选通修课程，以提升学生发展力为核心，涉及领域广泛，对高中学生开展人生规划方面的指导。为了更好地实施该课程，首师大附中组建了学生发展指导课教师研发和授课团队，由不同学科、不同部门的多位任课教师共同承担授课任务，深受学生喜爱。首师大附中的通修课程还强调文理兼修的观念，高中文理分科之后，侧文的学生物理、化学会考结束之后仍要继续学习没有考试的理科课程，讲生活中的物理和化学，深受学生欢迎；侧理的学生历史、地理会考结束后也不放弃文科课程的学习，历史、地理开设专题讲座，如遗失的文明、环球博览、应急避险等学习内容，由学校统一规划，教师自由设计，培养学生兴趣、提升学生综合素养。

## （二）"选修"激发学生志趣

一个人必须有足够的时间和空间去探索，才能发现潜能和兴趣。在人的成长历程中，中学阶段正是兴趣探索的黄金阶段。兴趣选修课程则是迎合学生"口味喜好"的可选择的课程，重在激发兴趣，理解学科间的广泛联系。

如果说，我们的必修课是以"认知为本"的学科教学，那么，兴趣选修课一定要以"兴趣为本"，开展丰富多样的兴趣课程和社团活动，实现学科融通，让每一个学生都能在课程中挖掘自己的兴趣，主动参与各种课程和活动。所以在课程建设上，必须给学生创造足够的探索时间与空间，同时要给学生发现与发展兴趣的必要机会，因此就需要开设丰富的兴趣类校本课程供学生选择。在该类选修课的教学方式与形式上应不拘一格，鼓励创新，积极创造学生喜闻乐见的教学方式和方法。

新中高考改革的一个重要目标，就是为学生的学习提供更多的选择。首师大附中的兴趣选修课程始终在尝试由学科导向转向学生导向，从学生兴趣出发，开设了丰富多样的选修课程供学生选择。通过课程、活动激发学生潜能，让学生发现自己的长处、发现自己的兴趣，为他们明确志向奠定基础。

10年原创音乐剧教学属于兴趣选修课程的典型代表，通过外请20多位专家和本校的7位音乐、舞蹈教师共同开设了《剧本创作》《戏剧表演》《歌唱表演》《歌曲写作》《播音主持》《朗诵》《配音》《相声》《midi音乐制作》《现代舞》《录音》《乐队演奏》《非洲鼓乐》等课程。多年来，师生们坚持原创，校园歌舞史诗——《摇篮》是由师生共同创作的史诗型音乐剧，是10年原创课程的结晶，其中剧本、音乐、歌曲及舞蹈都是老师及学生的原创作品，再现了附中百年教育的辉煌历程。校庆期间，《摇篮》的演出场场爆满，受到了师生及家长的欢迎以及所有观众的好评。

## （三）"精修"促进专业发展

专业精修课程就是满足学生未来专业学习与发展的需求，体现学生的学科专攻方向，体现个人特长发展的选择性专业课程。专业精修课程的培养对象主要是在某领域已经表现出强烈兴趣并在该领域有提高素养需求的学生。首师大附中专业精修课程的设置是学生的需要和高校的需求两个方面的综合考量的结果。专业精修课程，为学生搭建了个性化、专业化平台，让有兴趣专长的学生能够投入更多精力专注于自己专业水平的提升。精修课程加深了学生对专业知识的理解，也为未来大学的专业学习和学生的个性特长奠定了坚实基础。学校应在课程上能够满足他们专业发展的需求。结合国家选修课程和部分大学课程，进行适当的整合编写，为他们开发适合于中学生认知特点的相应领域的大学先修课程。

首先，专业精修课程满足了学生发展的需要。现在优秀的高中学生，随着知识面的拓宽，高中课本的内容根本满足不了学生的需求，开设专业精修课程正好可以解决这个问题，为有兴趣和专长的学生开设信息学奥赛、天文奥赛、机器人竞赛、航空模型竞赛、模拟飞行、青少年创客奥林匹克活动课程，帮助学生提升专业水平。

其次，专业精修课程满足了高校自主招生的需求。近年来，随着高考试题难度下降、考试科目的减少，理科突出学生升入名校难度加大，而大学在招收专业人才时也产生了问题——学生专业素养的下降，因此教育部2015年发布了高校自招政策，自主招生的对象就是专业突出、具有创新精神的学生。国际或国内五大学科竞赛获奖是自主招生资格的必备条件，包括数学、物理学、化学、生物学、信息学五个学科。专业精修课程能为高校培养专业素养比较高的学生。经过专业精修课程的熏陶，很多学生在高中阶段就可以达到大学本科生的部分专业要求，很多理科学生进入大学之后可以直接到实验室参与研究生的科研课题研究。

专业精修课程所教授的知识是高中内容的合理拓展点，有利于学生的高考学习，能够培养学生坚忍不拔的意志力，有助于培养学生的自主学习能力、团队精神和合作意识等影响一生的习惯。专业精修课程可以划分为文科类专业精修课程、理科类专业精修课程和艺体类专业精修课程。

文科类专业精修课程关注新课程标准中学习的人文性属性，旨在使学生具备文科类学科特有的品格与关键能力，注重发展学生的综合知识运用能力，强调提高思维品质和文化素养，提高学生的生活品位和精神体验层次，为培养有见识、有胸怀、有责任感的公民奠定基础。文科类专业精修课程针对高考改革的特点及趋势，辅以学校社团和兴趣小组平台，在课程与活动过程中对有兴趣专长的学生进行深入的指导和培养，通过专业阅读、听说读写、模拟实验、社会调查、专题讲座、案例研究、综合实践等形式增强学生的综合思维能力。

理科类专业精修课程开设了竞赛系列课程、大学先修课程、实验实践课程等形式的专业精修课，在进行理科类学科拔尖创新人才培养的同时，使一批具备学科潜力的学生加深对理科类学科的理解，得到更好的发展。在理科类专业选修课的课堂上，旁人看来高难度的、枯燥深奥的理科知识和实验，在老师和同学们相互配合、相互鼓励下，一个个难题得以破解，一个个实验取得成功，使学生充分体验了科学家的成长之路。

艺体类专业精修课程与学生艺术社团和体育类专业队伍紧密结合在一起，根据每个社团与队伍的专业特点，为学生开设了不同方向的专业课程。通过成达爱乐管乐团、欢乐合唱团、舞蹈团、非洲鼓乐团、篮球队、足球队、田径队、健美操队、烙画社团等社团和队伍的活动与训练，培育了大量优秀的音体美类专业人才，在各级各项比赛中均取得了优异的成绩。

在 2016 年学科竞赛中，首师大附中学生获全国初赛一、二等奖共计 72 人，且五大学科均有学生获一等奖；学生进入全国决赛共 8 人，其中 2 人获得金牌，6 人获得银牌，第一名进入国家集训队。学校的奖牌总数和进入集训队人数均位居北京市第四名。学校已连续两年有学生在初中阶段就被北京大学签约一本线录取。

### （四）"研修"形成自主能力

按照斯腾伯格的创造性智力理论，人的成功需要分析性智力、创造性智力和实践智力的共同发展，而常规的课堂学习主要是在培养学生的分析性智力方面有很好的作用。实践性智力大量地源于默会知识（tacit knowledge）的获得和应用，默会知识是一种程序性知识，它不是从明确的教授中获得的，往往只可意会，不可言传，但是人们要想在一个环境里取得成功就需要知道它。创造性智力是一种选择，能够帮助人把各方面的智力有效地应用于他们的生活之中。因此，对于学生的培养，我们需要改变目前过度注重认知学习的状况，这种仅重视分析智力而忽视创造和实践能力的局面必须得到改变。

首师大附中多年前就开始实验"高中研究性学习"，并逐步发展为成熟的自主研修课程体系。高中阶段，经过学校组织的开题论证后，学生自由选择并确立课题题目，自由组合并形成小组进行课外的自主研究学习，其间由学校或者校外的导师给予方法和理论知识的指导，最后形成报告、论文或其他形式的科研成果，由学校组成评审委员会进行答辩审议，对具有创新思维、具有较完整的调查或研究过程的报告或论文给予鼓励。自主研修课程让学习不再单纯以课堂教师的教授为主，学生对成长也有了更新的需求。创客课程和实践课程为学生的自主发展搭建了更广阔的平台。"自主、合作、探究"的新学习方式和项目式学习备受学生青睐。

新课程改革最大的亮点是设置了以主题式研究性学习活动为重要内容的综合实践活动课程。该课程可以使学生亲历数学建模、社科研究、科技活动实践，联系自然、联系社会、联系自我，动手动脑，获得直接经验，有利于创造性智力的培养。

自主研修是基础通修课程之外的必要补充，是学生利用自主时间在教师的指导下进行的，有目的、有意义的学习活动，是学生利用课余时间进行的探究类课程，包括综合实践课程和项目研究课程。在学好基础通修课程的基础上，学生通过兴趣选修课程发展自己的兴趣，通过丰富多彩的选修课程和兴趣社团活动拓展视野，发现潜能。对于确定自己专长的学生，可以通过专业精修课程进行延展性和拓展性学习，实现高中课程与大学课程的衔接。在此基础上，学生需要通过自主阅读、小组探究、动手实践、外出考察等多种自主研修课程巩固所学，将学到的课本知识运用到生活实际，从而达到学以致用的目的。

在学校课程之余，学生能够走出校园开展综合实践课程，对于他们视野的开阔、知识的运用等方面起着至关重要的作用。为了保障综合实践活动的顺利开展，学校开发了大量的校外资源基地，与中科院的专家团队合作，带领学生走出校园，奔赴北京市各城区或其他省市，利用基地资源开展各项活动，包括专家讲座、小组研讨、导师指导、实验操作、论文撰写、答辩展示等。

近年来，各学科根据学科特点建设了大量专业教室。2015 年，学校建成了青牛创客空间。专业教室和创客空间的建成为学生开展项目研究课程提供了保障。学生可以从自己的兴趣出发，以个人或小组的形式，在导师的指导下开展项目研究，为将来的专业发展奠定基础。

## 二、大学先修课程

开设大学基础课程，建立"普高衔接"的特殊通道，使大学和附中共同培养拔尖创新人完全可行且必要。大学基础课程有利于帮助部分学生为接受高中后教育做好准备，使其从高中平稳过渡到大学。

首师大附中针对不同年级、不同层次学生开设了大学基础课程中的数学、物理、化学、生命科学、环境科学、人文地理、计算机科学等大学先修课程，进行大胆探索和实践。下面以首师大附中开设的物理先修课程为例，介绍先修课程情况。

首师大附中物理教师对中学物理实验教学一直高度重视，教学理念超前、科研能力强。几年来，首师大附中物理教研组在物理实验设计、开发等方面成绩突出：《探究加速度与力和质量的关系》《影响摩擦力大小因素的精细化研究》《电容充放电曲线的研究》《探究向心加速度》《计算机模拟仿真实验集锦》等实验教学设计及论文多次在国家级、市级比赛中获奖。为配合日常教学需要，首师大附中物理实验室设计制作了超过 200 件自制教具及实验仪器。此外，我校分别在 2000 年和 2005 年已建成了当时在北京市比较领先的气垫导轨实验室和数字化实验室。结合现代化信息技术，开发了 10 多门拓宽学生视野、激发学生兴趣的拓展延伸类选修课程，为很多具备物理潜质的中学生开发了众多基于传感器的物理实验和计算机仿真模拟实验课件等。目前，这些成果长期、大量地应用在日常物理教学和选修课程中，为激发学生兴趣、拓展视野、突破传统实验的局限、提高学生探究能力发挥了重要作用。首师大附中物理教研组长期聘请大学学术导师指导实验室及大学先修课程的开发、建设和发展，基本构成情况见表 5 - 1。

表 5 - 1　大学学术导师指导实验室及大学先修课程的开发、建设和发展情况

| 学校及院系 | 职　位 | 姓　名 | 职　称 |
|---|---|---|---|
| 首师大物理系 | 主任 | 张岩 | 博士生导师 |
| 首师大物理系 | 副主任 | 郭剑宏 | 博士生导师 |
| 首师大物理系纳米中心 | 主任 | 方炎 | 博士生导师 |
| 首师大物理系纳米中心 | 教授 | 王培杰 | 硕士生导师 |
| 北京市重点实验室 | 副主任 | 赵国忠 | 博士生导师 |
| 首师大信工学院 | 院长 | 关永 | 博士生导师 |
| 首师大信工学院 | 副院长 | 吴敏华 | 硕士生导师 |

首师大附中物理实验室可开展的实验项目分为两大部分：常规型实验和创新型实验。常规型实验包括高中阶段必须掌握的基础性实验，以及高中课程以外的一些经典的延展性实验，包含运动的捕捉与测量、热力学定律的验证、电磁场的描绘与测量、声速与光速的测量、光谱的观测、霍尔效应的研究、激光全息照相、电池放电特性的对比研究、频闪法测定转速、闪光照片的拍摄、电桥法测电阻、阻温曲线的测定、声波的衍射与干涉等。实验室为学生提供力、热、电磁、光、声学等领域的基本实验仪器和测量工具（含传感器实验系统），即搭建通用型的开放实验平台，重点培养学生的实验能力、拓展知识领域。创新型实验主要包括学生的自主课题研究所涉及的实验，以及数模电路实验。如数字电路的设计与搭建、基于 Labview 的程序开发与自动化控制、虚拟仿真实验、小发明、小制作等，突出创新能力的培养和实践动手能力的养成。

首师大附中物理实验室开设的核心课程见表 5 - 2。

表 5 - 2  首师大附中物理实验室开设的核心课程

| 课程类型 | 课程名称 | 主要教学内容 | 课程形式 |
|---|---|---|---|
| 常规型物理实验 | 物理实验基础 | 通过学习主要实验仪器的使用方法，掌握一些基本的实验数据分析手段，学会撰写实验报告，使学生了解该实验室的仪器设备，具备基本的实验技能 | 选修课<br>教师讲授 |
| | 高中物理实验 | 完成高中物理要求的演示或分组实验 | 选修课<br>学生自主实验研究 |
| | 高级物理实验 | 开展延展性物理实验，拓展学生知识领域，与大学先修课程衔接，进一步提高学生的实验能力，丰富实验手段，促进学生对部分大学课程知识的学习 | 选修课<br>在教师指导下的学习和实验 |
| 创新型物理实验 | 自主课题研究（物理） | 学生自主选题、自主设计实验方案、在指导教师的指导下完成实验，并形成研究成果 | 选修课<br>在教师指导下的学习和实验 |
| | 研究性学习课题研究（物理） | 学生在生活中发现问题，设计研究方案，完成实验研究，并形成研究成果 | 学生自主研究 |
| | 数模电路技术 | 学习数模电路基础知识。能在教师指导下搭建和设计一些简单的功能电路。学习 Labview 的基本功能，能够通过编写软件，实现虚拟仿真实验、自动化控制。设计制作出一些具有一定应用价值的小发明、小制作等。如科研论文、多媒体作品、电子产品、发明专利等 | 选修课<br>在教师指导下的学习和实验 |

另外，在实验室开放过程中，课程建设也从多渠道开展。一方面实施多名

学校物理教师参与的"创新人才课程共同开发计划"，相互取长补短，针对创新人才培养的需求开设更多的特色创新课程；另一方面，积极聘请大学、科研院所的物理教授和高级物理实验人员到本实验室为学生开设高端的物理课程，深入探索高中与大学物理课程的衔接，从物理竞赛和大学物理先修等角度建设丰富的高端物理课程资源。

## 三、博识课程

博识课以"博闻广见、卓有通识"为基本理念，以建构学习、情境教学、综合探究等理论为指导，"走出去"与"请进来"、校内外教育相结合，每周安排半天（约 4 学时），带领学生走进各类场馆，进行现场教学活动，使校外资源课程化。通过参观访问、专家讲座、交流探讨、实践操作、论文撰写等环节，是融自然科学与人文科学为一体，兼有学科融合、研究性学习、社会大课堂性质的综合校本课程；是让学生走出学校，不断接触祖国深厚的文化积淀和科技发展成果，丰富学生的文化积累、社会实践，拓宽学生的人文、科技视野，培养学生的社会责任感、合作精神、创新精神等，进而为学生建立良好的素质结构打下坚实基础的课程。

根据学生特点和课程资源，博识课选题包括基于专题教育的、学科教学的、研究课题的、项目学习的、综合探究的等，设计成十大主题共 30 个课程：历史长河、自然之旅、艺术之旅、文化之旅、绿色生活、名人故事、科技之旅、军事之旅、收藏系列、时代之旅。每次博识主题以不同的场馆资源为中心，分为选题论证、课前准备、实施参观、展示交流四个阶段。流程包括地点选择——现场考察——教学设计——知识铺垫——行前组织——现场课堂——总结展示——评价反馈等环节。保障学生了解各学科知识的综合应用状况，掌握在实践活动中解决问题的一般方法，通过有针对性的现场考察教学，使学生理解中国文化的博大精深，开阔学生视野，拓宽知识领域。

### （一）课程背景

现今的基础教育阶段，学生囿于书本和课堂，学习方式单一，被动接受多，知识获取途径少，课业负担重，无暇关注社会，以致学生探究实践能力弱，"眼高手低、高分低能"现象较为普遍。1998 年，教育部颁发的《关于深化教育改革，培养适应 21 世纪需要的高质量人才的意见》提出了人才培养模式的改革。

在这样的教育背景下，首师大附中于 2001 年成立了初中创新教育实验班，创造性地开设了特色校本课程——博识课。

15年来，这一创新课程日臻成熟，有效实现了首师大附中素质教育的"123"培养目标：一种意识（责任担当意识），两种精神（勇于探索精神、团队合作精神），三种能力（自主学习能力、动手实践能力、创新思维能力）；同时贯彻了《国家中长期教育改革与发展规划纲要（2010—2020年）》提出的"面向全体学生、促进学生全面发展，着力提高学生服务国家服务人民的社会责任感、勇于探索的创新精神和善于解决问题的实践能力"的教育战略思想。

时至今日，首师大附中的博识课已然成为基础教育界颇具影响力的优质品牌课程。

1. 课程着力解决的问题

第一，转变学生的学习方式，提升学生的实践能力：现行学校教育以固定在校园内的课堂教学为主，形式以课堂教师的讲解传授为主。学生的学习方式相对单一，长期习惯于接受式的学习方式，个人主动获取知识的途径少，尤其是实践性、体验性学习机会缺乏，学习动机不足，求知欲不强烈，缺乏探索精神和创新精神，从而导致知识应用能力不足。

第二，促进学生有个性的全面发展：传统灌输说教式的教育难以走进学生内心，而课程和教育教学手段的单一化也缺乏有效的教育途径，导致学生的发展不全面。

如今已不是闭门造车的时代，不应让有形的校门成为学生获取知识的障碍，博识课从人才培养模式方面拓宽了渠道，改变人才培养模式的单一问题，开放课堂走向社会这个大课堂，充分利用了社会资源。

2. 课程的目标定位

新课改以来，以学生为主体、变讲堂为学堂的教育理念日渐深入人心。首师大附中校本课程的设置过程中，一直贯穿着这样的课改理念。课程内容的建设目标始终紧密结合学生的实际情况，适应学生的成长需要，矫正现有学校课程体系中存在的问题，促进学生既学有个性化特长，又可持续地全面发展。

博识课以"博闻广见、卓有通识；内外兼修、知行合一"为基本理念。取名"博识"，博指的是广博、渊博，识指有知识、认识、见识等，旨在培养学生多看、多听、多思考、多实践的习惯，在此基础上积累常识、习得知识、增长见识、锻炼胆识、学会赏识。

博识课是一门"走出去"与"请进来"、校内外教育相结合，通过参观访问、专家讲座、交流探讨、实践操作、论文撰写等环节，融自然科学与人文科学为一体，兼有学科融合、研究性学习、社会大课堂性质的综合性校本课程；是一门让学生走出学校，不断接触祖国深厚的文化积淀和科技发展成果，丰富学生的文化积累、社会实践，拓宽学生人文、科技视野，培养学生社会责任感、合作精神、创新精神等，进而为学生建立良好素质结构打下坚实基础的课程。

### （二）理论基础

#### 1. "全面发展观"理论

夸美纽斯在《大教学论》一书中提出了泛智教育的理想，希望所有的人都受到完善的教育，使之得到多方面的发展，成为和谐发展的人。《国家中长期教育改革与发展规划纲要（2010—2020 年）》中提出了"面向全体学生，促进学生全面发展"的目标，确立了"社会育人，育社会人"的教育理念。

博识课正是在这样的教育理念引领下，既注重知识的获得，更注重情感的熏陶和价值观的引领，从而挖掘学生的潜力，促使其人格素养全面发展的课程。

#### 2. "做中学"理论

杜威认为，让学生"从做中学"的时候，要排除外部的强制或命令。因此建议多采用实践活动式的教学。陶行知提出的"教学做合一"，也是强调学生要做生活中的事，做社会中的事。"博识课"正是通过学生的实践性学习达到"知行合一"的教学目的的。

#### 3. 情境教学法与建构主义理论

情境教学法是指在教学过程中，有目的地引入或创设具有一定情绪色彩的、以形象为主体的生动具体的场景，以引起学生一定的态度体验，从而帮助学生理解教材，并使学生的心理机能得到发展的教学方法。情境教学法符合科学的知识建构，符合建构主义提倡的以学生为中心，让学生积极主动学习的理念。

博识课就是把课堂放到具体真实的场馆情境中去，在真实的情境中激发学生主动探索的欲望，全面提升学生的文化素养。

### （三）核心理念

#### 1. 校内与校外相结合

校内外教育在内容、形式、方法和时间上是存在差异的。校内教育由于学生认知水平、阶段学习目标设定、教学资源有限等因素的制约，学习形式相对单一，甚至僵化。

"走出去"与"请进来"，校内外教育相结合，校外教育由于资源的新颖丰富和学习形式的鲜活开放，对学生认知和情感的冲击更为强烈。各类场馆丰富的资源，教学形式的丰富多样，使学生开阔了眼界，求知欲得以激发，探索精神得以培养。

作为校内教育形式的有益补充，博识课有利于调动学生的学习积极性，提高学生调查研究、解决实际问题的能力，以便将来更好地适应社会。

2. 理论和实践相结合

由社会分工所致的理论和实践一定程度的疏离或错位在所难免。"博识课"的设置自觉地避免了这一问题，旨在理论与实践的有机结合。既选择先进的理论来指导，又到实践中亲自体验，"知行合一""全面发展"，努力让学生做到博闻广见、卓有通识。

（四）课程特色

1. 一个地位的凸显——学生主体地位

课堂的真正主体必然是也应该是学生。从某种意义上说，博识课颠覆了传统课堂教学的固定模式，真正使学生成为学习的主人。在博识课上，从课前学习小组的自主结合到学习重点内容的确定，从分工协作到参观学习，从收集资料到汇报展示等环节，无论是学习时间的分配还是学习地点的确定，抑或是学习目标的设置，学生都享有充分的自主权。

2. 两种能力的强化提升——课内学习能力与课外实践能力

学生的课内学习能力得到强化。博识课中的社会实践课，使学生从中真正体验到了做学习主人的感觉，逐渐养成了"我的课堂我做主"的主动学习的意识，而这种意识再迁移到校内的课堂学习中，学生的思维就会更加活跃，积极思考、大胆质疑、勇于挑战的精神就会被充分激发出来，课内学习能力自然得到了强化。

学生的课外实践能力得到提升。在博识课里，参观天文馆，结合地理知识，学生小组合作制作了"天体运行模型"；参观科技馆里的静电现象和法拉第笼，结合物理知识，学生学会了用金属盒屏蔽手机信号；参观建筑博物馆，学生完成了各种"轴对称"图形的绘制……久而久之，潜移默化，这些动手能力就会在学生身上自然而然地内化为不断增强的实践能力。

3. 三个维度的有机结合——知识、能力、体验

博识课将知识、能力、体验三个维度有机地结合在一起，使学生在体验中

理解并运用知识,在体验中提升素质能力,而知识与能力又反过来丰富学生的体验（如图5-2所示）。在这种循环往复的交互作用中,学生最终获得可持续发展的能力。如果说书本知识是机械的死知识,那么通过博识课体验得来的知识则是活知识。这些知识是学生在动态体验中获得的,不仅理解深刻透彻,而且记忆准确长久。

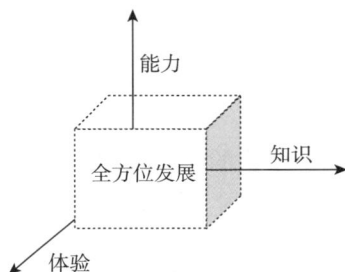

图5-2 三个维度的有机结合

4. 四个特色的呈现——"课程常态化""主题系列化""指导专业化"和"学生自主化"

经过多年的实践,首师大附中博识课逐渐形成了明确成熟的"四化"课程思路,即"课程常态化""主题系列化""指导专业化"和"学生自主化"。课程常态化是指把博识课作为一门校本的必修课程排入学生的正常课表,周周都有博识课;主题系列化即所有年级的博识课程按不同主题有计划,有针对性地开展,避免课程的随意性和盲目性;指导专业化是指博识课在专家专业化的指导下进行,确保博识课各环节的科学、高效;学生自主化是指博识课实施过程及其成果展示环节,所有工作由学生自主设计安排,给学生以充分展示自我的多维平台。

5. 学科整合,体现学科实践特色

博识课另外一个特色就是与学科教学整合,既有单一学科专业教师策划实施,也有几个学科的教师同时参与的综合性学习活动。前者体现具体学科特色,后者则注重综合性,专业性与综合性相辅相成,共同激发学生的学习兴趣。15年来,已经形成了一套比较成熟的博识学案,构建出比较成熟的博识课程。

2015年,《北京市实施教育部〈义务教育课程设置实验方案〉的课程计划（修订）》明确规定:"中小学校各学科平均应有不低于10%的课时用于开展校内外综合实践活动课程。"其实，我校的"博识课"早已超前实施了这一课程规定，并积累了一系列成功的经验。

（五）课程创新点

博识课最大的创新点就在于教育培养模式的创新。主要体现在以下几点：

首先，学习情境的创新。课堂由固定封闭变为动态开放，由校内搬到了社会上的各类场馆中。场馆里的展品、仪器、文字、工作人员、环境氛围甚至其他参观者，都给学生提供了特殊的学习情境，使学生在特定的情境中得到真切的学习体验。

其次，学习方式的创新。学生的学习由课堂上的静态记忆式学习变成了动态体验式学习，由被动倾听变成了主动践行。学习模式由个体学习为主变成小组合作学习为主，在小组成员相互配合的模式下，学生们由原来的竞争关系转化为合作关系，从而形成了生生互动、团结协作、多向交流的良好局面。在增长知识、锻炼能力的同时，学生们也学会了对不同观点的包容，懂得了对别人才华的欣赏，进而提高了与人交往的能力。

最后，多元评价方式的创新。由单一的终极结果性分数评价转变到全方位过程评价。评价分为教师评价、学生自评和互评，这种评价不再是评价者对被评价者机械的单向评判，而是评价者与被评价者、被评价者与被评价者之间的互动过程。学生在评价时进行对照和比较，既看到优点也看到不足，激发了学生内在的潜能，提高了学生自我调控能力，促进了学生的主动发展。

（六）课程内容

经过多年的研究与实践，首师大附中博识课的具体内容确定为：

在初一、初二两学年共安排 70 次（约 280 学时）课程，开展约 30 个主题的博识教学内容，每周安排半天（约 4 学时），带领学生走进各类场馆，进行现场教学活动。

目前与首师大附中签订合作协议的博识资源单位近 20 家，学生们可以在全市 70 多个场馆开展各类博识学习活动。每次博识主题以不同的场馆资源为中心，围绕场馆主题开展讲座、参观、课题研究和成果展示等教学活动。对各类场馆的参观和研究，使学生了解很多课本知识是如何在生活中产生的，了解很多学科知识在生活中的综合应用情况，梳理出一些在实践中解决问题的有效方法。这些有针对性的参观学习，也使学生进一步了解了中国文化的博大精深，从而开阔了他们的文化视野，拓宽了他们的知识领域。

博识课的师资主要由两部分构成：对于一些与学科内容贴近的学习主题，通过学科整合的方式，由学科教师进行相关的教学设计和活动设计；对于一些专业性很强的知识内容，专门的课程工作组会提前聘请校外专家前来做针对性的讲座指导。目前，每学年博识课聘请到学校的各行各业专家已有 20 多位，有的已经成为博识课堂的特聘指导教师。

首师大附中在多年实践的基础上，已经陆续开发出《博识课开发指南》《博识课程教学设计案例》《博识课宣传简介》《博识学案集》《博识课手册·行走在北京》等课程资源。

在博识课的开发和实施过程中，学校领导高度重视教育、教学等各个部门通力配合，积极整合各方面的教育、教学资源。课程开发小组制订了详细的工作计划并明确责任分工（见表 5 - 3），确保博识课在首师大附中初中顺利实施。

表 5 - 3　博识课工作组织分工

| 小　组 | 工作职责 |
|---|---|
| 博识课建设领导小组<br>组长：沈杰<br>副组长：张国平 阮翠莲 丁伯华 | 负责课程开发与实施的组织、安排、指导协调工作 |
| 资源开发小组<br>负责人：丁伯华 | 对外联络各类博识场馆、专家，建立基地 |
| 策划实施小组<br>组长：丁伯华<br>成员：初中年级组、班主任、学科教师 | 负责博识课开发过程的具体策划、实施，过程设计、组织 |
| 专家指导组<br>成员：特聘专家、家委会代表 | 负责咨询、审查、提供帮助 |

## （七）课程实施步骤

每个场馆的博识过程通常分为：课前准备、实施参观、成果展示与评价三个阶段。在实施博识工作的过程中，每个博识主题的课程准备通常分为以下八个阶段具体实施（见图 5 - 3）：

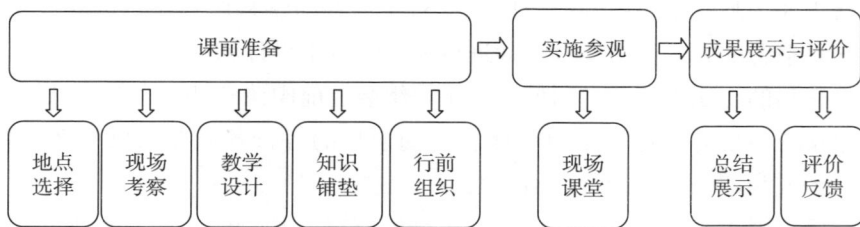

图 5－3　博识课过程及其八个阶段

（1）地点选择。注重挖掘校外场馆资源不同于校内课堂教学的教育功能。年级组通常会根据场馆性质对博识课程进行主题设计和分类，确定合适的博识场所。根据场所形式，课程可分为：博物馆类、科技馆类、人文故居类、展览馆类、纪念馆类、拓展基地类等。不同的年级可以符合本年级特点和需求形成特色的场馆设计（见表 5－4）。

表 5－4　2012—2013 初一年级博识课系列化主题设计

| 序　号 | 主题系列 | 活动场所 |
|---|---|---|
| 一 | 军事之旅 | 中国人民解放军三军仪仗队 |
| | | 中国人民革命军事博物馆 |
| | | 中国航空博物馆 |
| | | 学校：军事专题博识课讲座与小结 |
| 二 | 自然之旅 | 北京世界花卉大观园 |
| | | 北京天文馆 |
| | | 北京自然博物馆 |
| | | 学校：自然专题博识课知识竞赛 |
| 三 | 历史长河 | 故宫博物院 |
| | | 国家博物馆 |
| | | 学校：历史长河年级演讲比赛 |
| 四 | 民俗之旅 | 北京农展馆——非物质文化遗产生产性保护成果大展 |
| | | 首都博物馆 |
| | | 学校：手工艺制作课程 |

续表

| 序　号 | 主题系列 | 活动场所 |
|---|---|---|
| 五 | 绿色生活 | 节水馆 |
| | | 中国气象局 |
| | | 玉渊潭公园 |
| | | 学校：绿色生活总结展示 |
| 六 | 艺术之旅 | 陶然亭 |
| | | 北京植物园写生 |
| | | 中华世纪坛英国现代绘画展 |
| | | 学校：艺术专题交流展示 |
| 七 | 收藏系列 | 中国钱币博物馆 |
| | | 大钟寺古钟博物馆 |
| | | 学校：收藏系列交流拓展 |
| 八 | 名人故事 | 恭王府 |
| | | 北京宋庆龄纪念馆 |
| | | 北京宣南文化博物馆 |
| | | 学校：名人故事小结展示 |
| 九 | 科技之旅 | 中国航空博物馆 |
| | | 大钟寺古钟博物馆 |
| | | 中国科学技术馆 |
| | | 汽车博物馆 |
| | | 学校：科技之旅总结展示 |
| 十 | 时代之旅 | 地铁六号线花园桥站 |
| | | 首都钢铁公司遗址公园 |
| | | 电影博物馆 |
| | | 学校：时代之旅交流展示 |

（2）现场考察。正式确定场馆后，需要对场馆进行全方位的现场考察，考察内容包括：行车路线及所用时间，场馆布局及展品分布，参观展品的选择，参观注意事项等。考察后，将情况整理成书面材料，配以图片、场馆参观

指南等相关素材。

（3）教学设计。教学设计分为教案设计和学案设计。教案设计不仅包括一般课程教学设计的所有元素，同时包括场馆的分布及参观注意事项。学案的设计紧扣学习主题，围绕参观场馆设置问题，注重激发学生自主探索学习的意识。

（4）知识铺垫。知识铺垫主要从两个方面实施：一是根据教学设计，由学科教师在课堂上进行相关的知识讲解，为博识参观做好知识铺垫；二是参观前利用校内课时，通过邀请博物馆专家或相关工作人员或志愿者为学生开设讲座，讲解场馆的设置、功能、特色、最佳参观路线、馆藏珍品等，帮助学生做好前期知识储备。

（5）行前组织。从安全角度出发，通常在行前教育过程中每个班被划分为5~6人组成的多个博识"行动小组"，设立组长和责任老师。并给每位学生下发"博识外出学生须知表"（见表5-5），表上设有博识过程中的必要信息和常见问题处理方法。

表5-5　博识外出学生须知表

| 博识地点： | | 博识日期： | |
|---|---|---|---|
| 出发时间： | | 集合返回时间： | |
| 年级负责人电话： | | 班主任电话： | |
| 小组指导老师电话： | | 所乘车辆司机电话： | |
| 所乘车辆牌号： | | 博识场馆咨询电话： | |
| 博识的注意事项： | | | |
| 参观本馆的观众应该有什么样的参观礼仪？ | | | |
| 要留意博物馆内各类提示牌 | | | |
| 本次博识哪些地方禁止拍照；哪些环节禁止使用闪光灯？ | | | |
| 哪些环节有场馆讲解人员？ | | | |
| 场馆内的路线图 | | | |

（6）现场课堂。在参观过程中鼓励学生通过自主研究、小组讨论、询问讲解员或其他参观者等方式进行探索式、合作式学习。

（7）总结展示。学生可以通过撰写论文、制作 PPT、设计手抄报、知识竞赛、拍摄短片、手工制作等多种形式和开放性的方式来评价博识的学习成果；每学期结束，通过博识课论文、博识课小报评比，演讲比赛或作文比赛等形式对博识成果进行宣传和评比。

（8）评价反馈。博识课的评价主要有三个方面：

①每次博识后班主任老师根据学生学案任务完成的情况进行评价。

②博识展示课上，年级组对学生的各种展示成果进行评价。

③每次博识课后学生利用"博识课学生自评表"进行自评总结（见表 5－6）。

表 5－6　博识课学生自评表

| 姓名： | | 博识主题： | |
| --- | --- | --- | --- |
| 你完成本次博识课学案上老师要求的任务了吗？ | | | |
| 本次博识课你觉得年级、老师和场馆的哪些工作环节还可以改进？提出你的建议 | | | |
| 如果要给没有去过该博识场馆的同学一些推荐，你的建议是什么？ | | | |
| 本次博识课你最大的收获是什么？ | | | |
| 本次博识课你对自己的表现满意吗？最令你难忘的是什么？ | | | |

每学期结束后，教师统计每个博识主题，学生在三个维度的评价综合，评选出"博识小能手"等奖项，另外对博识课程效果不好的学生进行单独的沟通指导。

（八）课程效果

首先，学生培养成效显著。从 2001 年开设博识课以来，截止到 2019 年，已有十八届学生受益。历届学生对博识课的认识高度一致：无比喜欢，终身受益。

在承担教育部课题"初中校本化课程开发与研究"过程中，在对博识课程实效性的问卷调查中，课题组研究发现：首师大附中初中两个年级共计十二个班 96% 的同学对博识课的开设表示很感兴趣，几乎所有家长都对博识课表示认同和肯定。在首师大附中承担的国家级教育体制改革项目"探索拔尖创新人才的培养模式"的课题研究过程中，针对该校高一年级本校生源（开设过博识课）和外招生源（未开设博识课）所做的创新思维和创造性人格量表多维度测试结果显示：本校生源在创造性思维和创造性人格特征多个维度的指标显著高于外招生源。

走出封闭的校园课堂，在广阔的社会大课堂中博览、实践，学生们眼界大开。该课程对培养学生创新精神和实践能力、提高教育品质发挥了重大作用，也日渐成为学生们在附中学习生涯中最深刻的记忆：2001级学生王肇宁曾说，"在斯坦福大学面试时被问及中学阶段受益最大的课程是什么时，毫不犹豫地说'博识课'"。2006级学生王宇豪曾说，"每次上博识课的时候都是同学们最兴奋的时候，因为一次次的博识课是同学们难得的经历，在每次活动中，同学们获得了学校课堂无法获得的知识、能力"。2008级学生张世辰的感受是，"博识课的实践活动使得我们受益匪浅，不仅开阔了我们的视野，也让我们充分体会到了同学之间酣畅淋漓的友谊与淋漓尽致的团队协作精神，让我们体会到了团结的力量和快乐"。

其次，课程示范辐射面广。"博识课"开设17年来，无论是首师大附中的四所分校还是"大学附中协作体"中的其他七所中学，抑或全国各地前来首师大附中参观交流的兄弟学校，无一例外，都对首师大附中博识课表现出浓厚兴趣，纷纷要求从课程开发、课程实施、课程评价、成果展示、资源共享等方面介绍经验，提供支持。

最后，社会影响广泛深远。首师大附中博识课的开发和实施得到了良好的社会反响。

2007年6月25日中央一套，6月26日少儿频道播出电视专题片首师大附中《新鲜"博识课"》，引起社会广泛反响。

2009年4月9日《北京晨报》等媒体报道了首师大附中博识课的实施。

2010年12月28日《北京考试报》、中国教育在线专题报道首师大附中"博识课"。

2011年3月7日新华每日电讯14版报道专题文章：《首师大附中以培养学生"博闻广见、卓有通识"为目标，推进素质教育》。

2012年4月9日《现代教育报》报道专题文章：《北京中学开设博识课，将课堂搬进博物馆》。

博识课在十多年的实践中也获得了很多的荣誉和成绩：2002年起首师大

附中承担教育部"十五"重点课题"初中阶段校本课程开发与校本化课程实施行动研究"下辖子课题——"博识课的校本化开发"的研究任务。教育部基础教育司高中教育处刘月霞处长、中央教科所教育理论部主任方晓东、北京市教委基础教育处李弈处长充分肯定首师大附中"博识课"。

2008 年 9 月，北京市中小学启动社会大课堂建设，首师大附中积极响应，创新地以校本课程"博识课"的方式开展。

2011 年、2013 年首师大附中因"博识课"荣获海淀区社会大课堂工作优秀单位。

2011 年 11 月首师大附中"博识课"的开发与实施获"北京市基础教育课程建设优秀成果"评选二等奖。

2013 年 9 月获得第四届基础教育教学成果奖二等奖。

## （九）学术影响及社会效益

### 1. 学生培养成效显著

走出封闭的校园课堂，在广阔的社会大课堂中博览、实践，学生们眼界大开。该课程对培养学生创新精神和实践能力、提高教育品质发挥了重大作用。

### 2. 教师教学科研工作的创新发展

首师大附中教师在承担博识课教学任务过程中，课程开发能力得以提升，成果提炼、资源整合和学科融合能力逐步提高，形成了独具特色的课程资源，如《博识课程教学设计案例》《博识学案集》《博识课手册·行走在北京》等，不少教师的教学课例获得北京市及全国奖励。博识课的开发得到了上级教育部门的大力支持和指导，该课程被确定为教育部重点课题"初中校本化课程开发与研究"子课题，2011 年首师大附中承担了海淀区《探究拔尖创新人才的培养模式》国家教育体制改革项目研究任务，研究结果直接用于指导该课程的实施。

### 3. 课程示范辐射面广

博识课已成为教育教学效果独特的综合性课程，并发挥着示范辐射作用。无论是首师大附中的四所分校还是全市乃至全国各地前来参观交流的兄弟学校，无一例外，都对"博识课"表现出浓厚兴趣，纷纷要求我们从课程开发、课程实施、课程评价、成果展示、资源共享等方面介绍经验，并提供支持，不少学校开始实施。

### 4. 社会影响广泛深远

"博识课"的开发和实施得到了良好的社会反响，多家媒体争相报道我校

"博识课"的开设情况，许多教育专家和领导对"博识课"给予了高度的评价和认可，2011 年 11 月"博识课的开发与实施"获"北京市基础教育课程建设优秀成果评选"二等奖。2013 年 9 月，"首都师范大学附属中学初中校本博识课程的研究与实践"获得第四届北京市基础教育教学成果奖二等奖。

（十）困惑与思考

（1）学校学生人数的不断增加带来组织难度的日益加大。由于首师大附中初中办学规模不断扩大，参与博识课的人数越来越多。人数的增多对于集体外出的组织协调难度越来越大。

（2）安全问题日益突显。由于初中学生都是未成年人，自我保护能力相对较弱，遇到突发事件应急处理能力不足，所以大规模学生的集体外出存在一定的安全隐患。

（3）场馆接待能力有限。博识课所选取的参观地点既要考虑到场馆的历史积淀、文化品位又要满足知识性、趣味性、体验性的要求，但目前北京市此类场馆多地处城区，规模较小，很多无法同时接待 300 人以上年级活动。

（4）如何更好地整合学科教学，或者学科教学怎样更好地利用博识课进行综合性实践教学活动，是下一步学校教学和教研部分要着力思考的问题。

此外，由于学校教学任务繁重，教学与教科研部门的教师都承担着繁重的教学任务，教材研发的条件、能力和精力都有限。因此，如何构建一套系统的综合实践活动课程教材以进一步增强这一课程的教学实效，依然是一大难题。

尽管面对诸多困难，但是，对于这门校本课程的有效实施，对于这门校本课程的进一步完善优化，首师大附中人都具有足够的信心。

"纸上得来终觉浅，绝知此事要躬行"，十七年的尝试实践有力地证明了：博识课这门综合实践活动课程，既具有先进课程理念又具有卓越教学效果，既具有超前的创新性又具有扎实的可行性，具有可持续发展的辉煌前景。《北京市义务教育课程设置实施方案》也佐证了我们十七年的努力探索是积极的、有前瞻性的。

十七年的探索，十七年的积累，十七年的收获。一路走来，历经坎坷，但首师大附中全体教职员工将进一步总结成功经验，扬长避短，再接再厉，将这一优质课程不断推向更高的境界。在新一轮课程改革如火如荼的当下，博识课将在更加广阔的教育教学区域内发扬光大，不断绽放出熠熠光彩，不断凝结出累累硕果。

### 四、校长邀你听讲座

《诗》云："高山仰止，景行行止"，所谓师者，传道授业解惑也，德才兼备的大师本身就是一笔得天独厚的教育资源。大师讲座，原本是大学校园里一道亮丽的风景，如今却在首师大附中的校园里以全新的面貌生根发芽。"领略大师风采，共飨知识盛宴"，首师大附中，以百年老校的姿态，打造出全新的教育模式，开设"校长邀你听讲座"活动，把各行各业的名家吸引到中学校园，叩响教育的行板，谱唱教育的高歌。

教育作为铸人塑魂的伟大工程，从根本上说是为了实现人自身的全面发展，《国家中长期教育改革和发展规划纲要（2010—2020 年）》确定了"优先发展，育人为本，改革创新，促进公平，提高质量"的教育工作方针。中学教育，除了要做好传统的正规教育之外，也要把教育的天地拓展到三尺讲台之外，充分利用丰富的教育资源，为学生的终身发展打下良好的基础。十年树木，百年树人，在时代演进的大幕前，首师大附中抒写了近百年的育人华章。成德达才，社会中坚，面对新的时代背景，结合百年沉淀，学校以"国内领先，国际一流"为办学目标，坚持育人为本，锐意创新，积极拓展教育视野，开设"校长邀你听讲座"活动，采取多元的培养方式，让名师、名人们走进校园，走进课堂，也走进学生们的心里。

为了扩大学生视野，丰富校园文化，首师大附中创办了特色品牌活动"校长邀你听讲座"。活动邀请社会各领域的专家学者、名家大师来校开展主题讲座，与学生零距离接触。活动开展以来，深受学生和老师的喜爱，起到了良好的效果。借着首师大附中创新人才培养和课程改革的契机，"校长邀你听讲座"活动的管理也逐步科学规范化，并统一纳入首师大附中的自主排课体系。每学期的讲座尽量提供不同类型的主题，兼顾文理科不同学科和初高中不同年龄段学生的需求。

这项活动具体由学校的专门团队组织实施。活动前每周有集中的专题海报、配套的网站宣传和校园广播，学生能在专题网站上提早看到下期讲座的嘉宾及宣传并能进行座位预约等。每次讲座活动后，师生还可以利用网络重复收看讲座的视频和文字图片资料。

活动以了解社会前沿、拓宽知识视野、感受大家风范、提升思想境界为目的，结合学生学习的实际情况，聘请科学、艺术、文学、军事等社会各界专家、名人走进校园做讲座。演讲者都用通俗的话语表达观点，选择的事例不仅生动，也能令学生信服。名家们走进校园，带来最前沿的社科信息，丰富了学生的头脑，开阔了学生的视野，更提升了学生的认识水平。在讲座的自由空间里，学生们有机会分享专家、学者们潜心研究的成果，聆听他们的观点和见解，了解他们学术人生的平凡与伟大……这一切对于处于成长高峰期的孩子都是一笔宝贵的财富。此外，活动以校长的名义向学生发出邀请，形式新颖，不仅把名家大师请到学校，还吸引学生前来听讲座，名家大师用亲切、平等的口吻鼓励学生积极钻研，独立思考，其实这在某种意义上也是一种教育。

首师大附中进行的部分"校长邀你听讲座"活动安排见表 5 - 7。

表 5 - 7  首师大附中进行的部分"校长邀你听讲座"活动安排

| 序　号 | 题材类型 | 嘉宾 | 嘉宾简介 | 讲座题目 |
|---|---|---|---|---|
| 1 | 科技前沿 | 王培杰 | 首师大物理系教授，清华大学高等研究中心博士 | 混沌理论与分形初步 |
| 2 | 科技前沿 | 梁泽环 | 中科院遥感地面站研究员，航天科普科学家 | 人类的探月之路 |
| 3 | 军事题材 | 房兵 | 国防大学教授，著名军事评论员 | 百年航母 |
| 4 | 励志心理 | 张涌 | 北师大"学习优势"课题组副秘书长 | 学习优势教育 |
| 5 | 人文艺术 | 李刚 | 中央芭蕾舞团芭蕾大师 | 走近芭蕾 |
| 6 | 科学普及 | 邓陪媛 | 北京市药品不良反应监测中心主任 | 药品安全与健康 |
| 7 | 人文艺术 | 孙毓敏 | 著名京剧艺术家，京剧荀派传人 | 京剧艺术与传统文化 |
| 8 | 人文艺术 | 梁晓声 | 当代著名作家 | 思考与想象 |
| 9 | 科技前沿 | 郑哲敏 | 中国科学院、工程院院士 | 钱学森的科学技术贡献和他的工程科学思想 |
| 10 | 励志心理 | 卢勤 | 著名主持人知心姐姐 | 从理解谈感恩 |
| 11 | 社会时政 | 郎永淳 | 央视著名新闻主播 | 如何做一个新时代的媒体人 |

续表

| 序 号 | 题材类型 | 嘉宾 | 嘉宾简介 | 讲座题目 |
|---|---|---|---|---|
| 12 | 社会时政 | 梁志鹏 | 国家能源局新能源和可再生能源司副司长 | 我国的能源危机和新能源战略 |
| 13 | 科学普及 | 张腾岳 | 央视著名科教节目主持人 | 科学探索之路 |
| 14 | 科技前沿 | RIVIO | 《愤怒的小鸟》游戏发明者 | 分享愤怒的小鸟的成功:"创新与快乐" |
| 15 | 社会时政 | 苏文洋 | 《北京晚报》主编 | 听苏文洋评水煮论语 |
| 16 | 励志心理 | 俞敏洪 | 新东方教育集团董事长 | 我的高中生活励志演讲 |
| 17 | 科学普及 | 刘来福 | 北京数学学会会长、北师大数学教授、博导 | 生活中的数学 |
| 18 | 军事题材 | 陈虎 | 著名军事评论员 | 大棋局下的钓鱼岛 |
| 19 | 社会时政 | 王永平 | 首师大历史系教授、博导 | 中华文明在世界文明史上的地位 |
| 20 | 励志心理 | 张成晓勇 | 喜剧演员,雷子乐笑工厂总裁 | 我们一直在路上 |
| 21 | 科学普及 | 位梦华 | 著名科普作家,科考探险家 | 南北极与人类未来 |
| 22 | 社会时政 | 高树茂 | 中国驻蒙古大使 | 我的外交生涯与中蒙关系 |

俄国著名作家陀思妥耶夫斯基说:"人活在树木和水塘之间,活在劳动和精神的自由之中,活在诗歌和艺术的边缘,活在有尊严和挚爱的生活之中,定然会活得更舒服些。"学校作为教育的主阵地,要努力为学生营造一汪涵养气质、促进学生全面成长成才的文化深潭,让学生沐浴其中,成德达才。"校长邀你听讲座"活动,让学生在思想的盛宴上汲取营养,在艺术的殿堂中追寻梦想。我们相信,异彩纷呈的讲座内容在中学生的特殊生命阶段荡起的层层涟漪,也必将会在他们以后的生命历程中搅动起更大的波澜。

以"讲述长征故事"为例,学校邀请了开国少将359旅左齐将军的长女左凌,为学生讲述长征路上的故事。左凌老师首先从家庭角度切入,介绍自己的父亲——独臂将军左齐的生平。以讲解图片背后故事的形式,从长征说起,从瑞金讲到延安，从土地革命时期讲到抗战时期，从战斗故事讲到革命意志，并着重介绍了 359 旅著名的三位独臂将军的事迹。彭清云、左齐、晏福生是359 旅的主要干部，在抗战时期英勇战斗，在与日军血战过程中，身先士卒、不怕牺牲，先后负伤，在医疗条件非常简陋的情况下，九死一生并先后失去右臂。但他们均在艰苦条件下，不畏艰难险阻，以极强的革命乐观主义精神，战胜困难、战胜敌人，鼓舞将士们取得一次次战斗胜利。

左凌老师谈到当代青年也应该重走长征路，回到当年红军战斗和生活的地方重温当年的激情岁月，激励学生学习长征精神，将长征精神代代相传。

学生在听过讲座后，感受到了那个年代长征精神的巨大鼓舞作用和对后人的激励，深深感到当代青年也要具有强烈的历史使命感和责任感。只有发扬长征精神，继承革命先辈的遗志，当代青年才能端正学习态度，努力刻苦学习知识，走好属于自己的新时期的长征路。

## 五、综合实践课程

随着教育改革向纵深推进，课程改革也进入新的阶段。课程形式不再单纯以教师的教授为主，"自主、合作、探究"的学习方式和方法成为主要形式。鼓励学生用在课堂中习得的知识解决生活中遇到的问题，才能真正锻炼学生生活的能力，还学生平等、和谐、探究的学习过程，从而从根本上提高教学效果，实现促进学生全面发展的教育目标。为此，党和国家颁布了一系列意见、纲要等教育政策，其中提到了优质教育资源共享和提高社会教育资源的利用水平，公共事业管理部门和行业组织积极开发社会实践基地，教育部门安排相应实践活动等措施。《北京市基础教育部分学科教学改进意见》等文件进一步落实指出，综合实践活动旨在使学生通过亲身实践，综合培养人文、科学素养，培育和践行社会主义核心价值观，提高综合运用知识解决问题的能力、交流与合作能力、创新意识和实践能力。通过与社会大课堂、社区等校外教育机构相联系，通过亲身实践，密切联系生产、生活实际；以实验、观察、制作、调研、实地观察等活动形式，调动学生发挥主体作用，鼓励学生合作学习、自主学习和体验学习，来实现学生全面、和谐和可持续的发展。

基于时代背景与政策支持，首师大附中与中科院、北京世纪汇华教育文化交流中心等学校、机构合作，正式启动了高中综合实践课程，课程以北京市及周边地区的自然、历史、人文、科研资源为背景，以学生的直接经验或实验为基础，以教师指导下的学生综合实践活动为载体。

　　综合实践课是首师大附中"四三二一"课程体系的自主选修的重要组成部分。在四修课程体系中，学生在学好基础通修课程的前提下，通过兴趣选修课程发展自己的兴趣，通过丰富多彩的选修课程和兴趣社团活动拓展视野，发现潜能；确定自己专长的学生可以通过专业精修课程进行延展性和拓展性学习，实现高中课程与大学课程的衔接；在此基础上，自主选修是让学生通过自主阅读、小组探究、动手实践、外出考察等多种自主研修课程巩固所学，将学到的课本知识运用到生活实际中，从而达到学以致用的目的。

　　综合实践课程分为前期准备（包括明确主题、合作立项、实地调研、制定计划、组建团队）、组织与实施活动、总结反思三个环节。每个地点的活动内容最终都设计成一本研究手册，学生需提前阅读手册内容，了解基本知识，并完成每个环节相应的研究内容、研究报告等。过程中，学生亲历数学建模、社科研究、科技活动实践，联系自然、联系社会、联系自我，动手动脑，获得直接经验，有利于创造性智力的培养。学生深入科研院所，真实参与科研活动，多方面促进其综合素质的提升，通过空间的变化、学习环境的开放，引发学生学习方式的变革；感受爱国教育和体验非物质文化遗产的魅力，徜徉人文之海。综合实践课程主题多样，包含人文素养与科学素养的多方面能力锻炼，学生们可以根据自己的兴趣和特长自由选择、自主探究，真正实现了尊重个性差异和因材施教的育人原则。

　　综合实践课程有中科院及各领域的专家、行家共同参与，带领学生们走进未知世界。充分发挥学生在活动中的主观能动性，激发他们的研究兴趣，锻炼他们的研究技能；通过引导学生在实地科考中探究知识，教会他们解决实际问题的方法，培养他们实事求是的科学态度。素质教育，水到渠成。

　　学生累计完成研究200余篇，思想感受30万字，在实践中学习、锻炼了学生发现问题、提出问题和解决问题的能力；收集、筛选和加工处理信息的能力；激活知识储存，尝试运用相关知识的能力；积极参与研究和探索，获得创新能力；学会与他人沟通和合作的能力；培养实事求是的科学态度与克服困难的坚强意志品质；培养关心社会进步、人类发展、环境保护的责任感。

　　高中综合实践活动具有学习内容的综合性与开放性、学习主体的参与性与自主性、学习过程的创造性与多样性、学习评价的多元性与社会性等特点，为学生营造了民主的、自由的、宽松的、向上的学习氛围，帮助其建立了开放型的知识结构体系，引导学生更理性地了解科学、更客观地认识世界，从而有助于学生创新精神的培养、创新能力的提高和完美人格的塑造。

为了推进课程改革，首师大附中实施了"高中研究性学习"，并实行研究性学习结业证制度；为了培养学生的自主学习、创新思维和动手实践能力，首都师大附中联合中科院等单位开发设计了多学科综合实践课程，同时在文科班开展一系列社会实践活动。这些课程为学生个性化发展提供了平台和指引，深受学生和老师的喜爱，收到了良好的教育效果。

## （一）人文素养课程

人文素养是人的内在素质和文化底蕴。当今社会物质文明高度发达，精神文明也应跟上时代的发展，提升人文素养显得更为重要。首师大附中在自主课程实验中，非常重视学生人文素养的培养，除了在日常的教育教学中注意人文教育外，还在高中文科班开展一系列的社会实践活动，引导学生们在走进社会、了解社会、服务社会，培养他们的人文素养和社会责任感，提升他们的综合实践能力。

连续 6 年的社会实践活动中，首师大附中逐渐形成了独具特色的活动项目，这些社会实践活动使学生了解我国国情，接触到各种群体，体验到劳动的艰辛和意义，学会与人沟通相处，学会关心、尊重别人，树立了法律意识、公德意识和社会责任感。

### 1. 英语实践吧

英语实践吧活动是英语学科中广受学生欢迎的综合实践课程之一。课程活动主要面向高一和高二学生，由学校联合校外公司组织完成。学生参加时长半个月的游学活动，主要是去英语语言国家进行实践学习。课程活动有具体而丰富的游学行程和教师以及导游的导学，并根据学生的年龄特点和所学的学科知识进行设计。

在英语实践吧活动中，主要有如下三大主题：

（1）英语母语国家（如美国）家庭体验。学生入住美国家庭，体验真正的美国生活，参加其周末家庭活动，如登山、去教堂祷告。英语在学中用，在用中学。

（2）美国教育体验。学生团队参访知名大学，深入学校图书馆、教室、学生活动中心等，了解名校特点、优势专业、录取政策；插班中学体验一周，走进美国课堂，体验美式教育。

（3）美国娱乐体验。学生游玩于迪斯尼乐园、好莱坞环球影城、海洋世界等，在快乐中探索和学习。

以行程为主线，在导学老师的带领下，学生开展自主研学的英语实践活动。在活动中学生每日写日记，写心得或总结，及时和老师及接待家庭分享沟通。在学习过程中，学生有完整的七天进入当地学校学习生活，和在校学生一起走班上课和参加课后各种活动，感受趣味与互动，感受自主和合作，体验不一样的教育。这些真正浸泡在全英语氛围的学习经历不仅提高了学生的英语综合能力和英语自信心，提高了学生独立的生活能力和良好的社会交往能力，也与美国学生和接待家庭建立了良好的友谊，促进了中美文化交流。

英语实践吧活动也专设参观美国知名大学如加州大学和哥伦比亚大学等，对国外名校的了解触动了学生原本就有或旁系的梦想，使愿望强烈、清晰，从而更坚定了学生的学习和人生奋斗目标。

在课程中，学生还参观了许多美国著名城市和代表性景点，尤其在博物馆中，学生在陈列的珍宝中渴求着知识，欣赏着唯美，缅怀着历史。不仅见识了经典，更是开阔了视野，对世界的理解注入了新的意义。

2. 河流的开发和治理

2016年4月首师大附中高一、高二年级的文科班通过综合实践活动走入了大美甘肃和秀美成都，对当地的自然环境与社会文化进行了较为深入的考察和学习。在活动出发前，地理教师对学生进行了简单的研学培训，学生需遵循"明确选题→设计研究方案→实地考察→总结成果→交流讨论"的原则进行问题研讨。由于兰州与成都的自然地理环境有明显差异，城市的形成与河流关系密切，因此指导学生围绕着"河流开发与治理"专题展开深入研讨。

在活动出发前，学生从网络上进行专业文献检索，对两城市河流开发的现状有了初步的认识。在实践活动中分别到现场观察兰州的水车和成都的都江堰工程，并聆听当地专家和大学教授的介绍，通过观察、采访、讲座等形式获取信息。实践活动结束后分别总结各自小组的研究成果，一周后两位任课教师组织高一、高二年级文科班学生同上一堂分享课，在课堂上学生交流各自的研究成果，开阔眼界，相互借鉴。在课堂上，随着教师设问层层深入，将实践所见的感性认识上升到理性认识，从而树立起河流开发与治理需因地制宜、因时制宜，最终实现河流的可持续发展目标的认识。

首先分别由高一和高二两个年级的研究小组汇报兰州水车和都江堰水利设施概况，包括修建时的自然及人文环境特征、水利设施的结构和功能等。通过汇报交流，分析水利设施建设与地理环境的关系，进一步梳理地理实地考察的一般步骤和方法。

接下来引导学生深入思考：随着中华人民共和国成立后两地区域地理环境

的变化，人们对水利设施的利用状况有何变化？对已有的水利设施进行了哪些方面的改造？学生可以进行小组间讨论，也可以用教师提供的平板电脑进行相关资料的收集整理，分别简述两地随着时代的变迁以及技术水平的提高，对水利设施改造和利用的状况。此环节主要是引导学生理解水利设施建设和改造需因地制宜和因时制宜，并初步了解河流开发和治理要遵循自然规律，谋求人地的协调发展。

在此基础上，归纳区域"河流开发与治理"的研究思路及实践方法，明确在实践活动中进行研究和学习的基本方法。最后请学生结合综合实践活动浅谈个人的收获、感悟或反思，回顾综合实践活动，总结提升，感受地理实践活动的重要意义。

### （二）科学素养课程

为了拓宽学生视野，培养学生的自主学习、创新思维和动手实践能力，引领学生更好地走向社会，首师大附中联合中科院等单位开发设计了物理、化学、生物、地理等多个学科的高中综合实践课程，课程时长为一周。

此课程是学校"四修"课程体系的重要组成部分，为高中阶段必修课程。课程采用中科院专家现场授课与课外实践活动相结合的形式，充分发挥国立科研院所和科学大家智力库的资源优势，帮助学生建立开放型的知识结构体系，培养学生的科学价值观，引导学生更理性地了解科学、更客观地认识世界。

综合实践课程有中科院各学科领域的专家共同参与，带领学生们走进未知的世界。与知名科学家"面对面、手拉手"，深入交流，使得学生们心中的科学理想得以树立。在探究和求索的过程中，每一个环节都由学生自己设计，每一个难题都由学生自己处理。综合实践课程通过充分发挥学生在科技活动中的主观能动性，激发他们的科学兴趣，锻炼他们的科技技能；通过引导学生在实地科考中探究知识，教会他们解决实际问题的方法，培养他们实事求是的科学态度。

在综合实践课程中，学生互助互信，互帮互助，朋友之谊愈发深厚；严守纪律，心系他人，团队意识愈发增强；自我管理，自我保护，独立精神愈发彰显。这些提升都将为他们日后成长为全面发展的创新型人才打下坚实基础。结课后，丰富多彩的体验汇报和优秀团队展示活动，让综合实践课程的收获得以延续，学习成果得以巩固。

作为学校四修课程体系的重要组成部分，首师大附中的综合实践课程帮助学生建立了开放型的知识结构体系，引导学生更理性地了解科学、更客观地认识世界。同时，走出课堂，学生切身感受到不同地区异彩纷呈的文化和生活，视野得以扩宽，见识得以丰富，旅途中的点点滴滴成为美好的青春记忆。

为了让学生从实践中学习，培养学生的科学文化素养，首师大附中组织刚刚升入高二的学生到北京交通大学（简称"交大"）进行了实验之旅。高二的学生已经学习了高中力学的全部知识，对于力学的认识有了一定的提高；对于电磁学，已经学习了相关静电场的知识，特别是对静电感应现象、尖端放电现象、静电屏蔽等现象的围观解释有很好的理解；而对于电磁感应现象和一些光学的干涉、衍射等现象，还没有涉及，将在高二下学期学到。力学、电磁学是高中物理的重中之重，特别是一些电学的应用，尖端放电的雷电实验、法拉第笼等危险、大型实验，对于学生的学习、认知是非常有帮助的。

对于雷电的形成、灶台的电打火、火花塞的点火原理等物理学中相关知识的涉猎，对学生将物理与生活实际相关连有很好的帮助。让学生在生活中认识物理，应用物理，使物理学不脱离生活实际，是现阶段物理教学的一个发展方向。如果学生能够理解相关的物理知识，并实际应用，对于物理学在生活中的拓展是十分有帮助的。

首师大附中交大实验分为力学、电磁学、光学三个实验分组。

对于力学，首先涉及了一些振动、摆等相关的实验，让学生认识到了一些相关的振动、共振的实际应用，如共振鱼盆等。然后，学生学习了一些大学的角动量守恒的相关实验，如直升机的工作原理等。虽然学生没有学习相关的角动量守恒的知识，但是，通过实验，学生运用所学有关动量守恒的知识，进行"知识的迁移"，能够理解有关角动量守恒的一些浅显的知识，对于学生的知识建立有很大的帮助。

对于电磁学大型的实验，还有危险的实验，特别是法拉第笼实验、雷电实验等，在实验室是无法完成的。但是此次在交大实验室，让学生亲身体验了一组这种实验。首先激发了学生的兴趣，其次亲身体验让学生对知识的掌握和理解更加牢固。像法拉第笼实验，一些精彩的实验现象让学生不但充满兴趣，而且印象深刻。

对于光学实验，虽然学生还没有学习相关知识，但是精彩纷呈的光的干涉、衍射、偏振等实验，还是给学生留下了深刻的印象，对于高二下半学期的光学教学起到了很重要的作用。

交大实验之旅是从学生本身出发，与一般的普通课堂的灌输式学习方法截然不同。本次实验之旅针对相关的物理知识所准备的实验有很多种，当教师演示实验结束之后，学生可以自行选取感兴趣的实验进行进一步的研究。指导教师可以在旁边进行解释和帮助，解答学生的疑问。因此学生的学习是自主性的，对于知识的内化更加有益。

## 第三节　教师互动——附中与大学深度合作的基本保障

### 一、邀请大学专家培训讲座

专家指导，课程建设——首师大附中青教研组织青年教师参加培训讲座。

首师大附中与首都师范大学的教师之间开展了密切的合作，如首师大附中青教研组织青年教师参加培训讲座，在首都师范大学专家的指导下共同探讨追寻卓越教师之道。

2017年10月，首师大附中组织入职3年内的青年教师参加了由青教研组织的培训讲座：成为卓越教师之道——追寻有原理的教师之教。来自首都师范大学学科教学哲学专业的胡萨老师为青年教师讲述了如何在教师发展之路上追求卓越。

胡老师从"当老师为何需要有原理"的角度切入，引导青年教师思考"教学的依据是什么""用什么教材""什么样的课堂教育方式"，进而讲到教师要重新理解教育，站在教育、学科和课程的高度看待教学，打破原有的固化思维。胡老师又讲述了"学科教育的意义究竟何在""为何而教"等困扰许多青年教师的问题。刚入职的青年教师往往忙于教学实践而忽视教育理论学习。首师大专家的讲座使青年教师们再次思考教育的真正意义，将理论应用于实践，激励了青年教师在成为一名卓越教师的道路上砥砺奋进。

### 二、附中与大学教研员共同参与教研活动

除了邀请首都师范大学专家之外，首师大附中还积极利用其他高校资源，如首师大附中英语组与二附中英语组联合举办了以"让文学阅读帮助学生成长"为主体的联合开题报告会，共同研讨如何通过文学阅读帮助学生提升英语学习能力。课题组邀请了北京外国语大学《典范英语》课题组专职研究员伍恬老师、首师大附中教研主任李军华老师和二附中科研主任宋永健老师作为指导专家，听取开题报告，并做相关指导。在听取附中教师的开题报告后，来自北京外国语大学的伍恬研究员根据当前的学科发展趋势进行点评，指出优秀与不足之处。此外，伍恬研究员还从研究理论支持、研究方法、学科核心素

养、各年级组研究问题几个方面提出建议。她提到，研究实践经验丰富，但缺乏理论支持，各年级组研究问题之间还需更有层次。通过高校专家的指导，开题报告会举办的十分成功，促进了附中教师科研能力的发展。

### 三、邀请大学专家进行教学技巧指导

为更好地践行习近平总书记重要讲话，做好合格的人民教师，12月7日上午8∶30，在教学楼五层15号公共教室，首师大附中语文组邀请首都师范大学张彬福教授为语文组新老教师做说课指导，并进行深度交流，举办了题为"语文大教研暨语文支部'两学一做'"的实践活动，吸引了来自集团校和本校的50多位语文组教师参加。

马刚玉老师简短的开场白和介绍后，来自初中部的林丹老师和高中部的潘亚欣老师分别就《幽径悲剧》和《诗经·采薇》做现场说课展示。张彬福教授根据两人的说课情况，进行现场指导，并结合自身对说课的理解，给予在场教师更多的建议。张彬福教授强调，说课最需要注意的是为谁说课，其本质是备课组集体备课的一种形式，同事应该是被说课的对象；同时，由于自身说课展示的时间和学生课堂时间的限制，要尽量在展示的过程中呈现出最重点的内容。他指出，教学流程应和学生认知过程一致，在教学设计的过程中，处处要体现对学生学习规律和认知规律的把握，整体感知、局部把握、再整体理解应该是教学的基本过程。在语文教学方法上，张彬福教授重视模仿、重复、梳理和运用，他还结合《小石潭记》这篇文言文做了具体的教学设计说明。这些给在场的教师以深深的启发。

说课比赛通过比赛提升教师的教育教学方法，帮助教师不断自我提升，丰富学识。对说课比赛的研究和学习有利于提升教师的专业素养，使其成为一名合格的教师，更好地为党和人民的教育事业不懈奋斗。

### 第四节　资源互通——附中与大学深度合作的支撑条件

师范大学承担着为中小学培养教师的重要任务，与中小学联系密切，师范大学参与建设或管理中学对推进中学管理模式的改革也具有重要的现实意义，同时也是中学办学模式的一种创新体现，而师范大学附属中学的产生与发展也印证了这种办学模式的现实意义。《北京市中长期教育改革和发展规划纲要（2010—2020年）》也提出"探索高中和大学的合作途径，开展创新人才培养基地建设试点，为学有余力的学生开展拓展性学习提供资源支持"。师范大学

附属中学的产生正是政府、大学及中学三者间新型关系的体现，其在发展过程中也呈现出别具一格的学校特色。作为非政府部门、非营利机构并具有独立法人资格的大学以第三部门身份通过自身具有的优势参与中学的办学势必给中学的发展注入新的活力。在特殊的外部管理模式下，师范大学附属中学在教育教学质量上也创造了要好于一般中学的成绩。校外教育综合实践基地是保证学校综合活动有内容、有载体、有效果实施的重要课程资源。学生在校外综合实践基地的参观、访问、考察及课题研究，都有助于学生将校内所学与社会生活建立紧密联系，对课内的知识综合运用并加以实践，提高自己的动手实践及创新能力。

首都师大附中与中国科学院京区科学技术协会合作，与科学院的多个院所的实验室联合开发了一批旨在培养学生科学素养的高中综合实践课程，课程所涉及的学科领域有物理、化学、生物、地理等多个学科。此外，学校还充分利用周边的教育科研优势，借助首都师范大学、北京农林科学研究院、北京市青少年科技创新学院翱翔计划的翱翔基地配置的大学实验室的专家资源和科研实验室资源，聘请校外专家指导等开展研究性学习，培养科技后备人才。

学校每年会选派一批优秀的高中学生走入这些科研机构和高校的实验室，参与课题研究。通过聆听专家报告、科学考察及实践活动，使部分学有余力、有兴趣从事科学研究和探索的青少年获得多种机会和途径接触科研，启发他们的科学思维，锻炼他们的动手能力，借此培养具有创新精神和创造能力的高素质青年人才。

# 第 六 章

# 大学附中与大学深度合作的成果展示

## ——以首师大附中为例

## 第一节　教师教学成果展示

### 一、教学模式的创新

#### （一）分层走班教学

分层教学即因材施教，教师针对不同层面的学生进行有针对性的教学或作业布置。从形式上来看，可以开展分层走班教学，也可以在不走班的情况下进行分层教学和指导。

文科类课程在分层教学的实践中，对基础较好、学有余力的学生，在培养时注重教学材料的多样化，拓展视野，提升思维品质；对基础薄弱的学生，立足高考、大纲，在夯实基础的基础上提升学科能力。文科类课程一方面由授课角度开展分层，根据学生的学科综合能力分层级进行授课，通过不同的授课风格和内容，让不同基础和现状的学生都能充分发挥自主性和能动性，获得适宜的学习环境；另一方面，对能力不同的学生要求完成不同层面的作业，作业分为检查巩固、深化提高、体验发展三个层级，侧重点不同，对学生的要求也有所不同。文科类课程的分层教学充分面向全体学生，尊重学生个性差异，紧密围绕文科类各学科的核心素养，不断提升学生参与社会生活的各方面能力，培养现代社会的合格公民。

理工类课程坚持"因材施教，循序渐进"的原则开展分层教学工作，针对不同层次学生在思维发展水平、智力和认知结构方面存在的差异，确立不同的教育目标，采用不同的教学方法，既照顾了优秀学生"吃不饱"的现象，又解决了一般学生"吃不了"的问题,同时也为学生个性发展与选择学习创造了良好的环境,使每一位学生都能发挥其最佳水平。对于基础较好的学生,教师会充分调动学生的积极性,在进行日常教学的基础上,尽量多引导学生进行研究性学习;对于基础较弱的学生,教师会在认真落实基础知识、基本技能的基础上,让学生学会学习并喜爱理工类课程。

艺体类课程针对不同学习层次的学生确立不同的培养目标,提出相应要求和设置不同难度的作业。音体美类课程分层教学特点首先体现在"因材施教"方面:一部分学生掌握最基础的知识,具有初级技能,基本完成课堂学习任务;一部分学生能够较好掌握基础知识和基本技能,独立思考并具有一定的分析和解决问题能力;还有一部分学生拓宽视野,发散思维,能创造性地完成学习任务。此外,还体现在"以生为本"上:尊重学生个性差异与学习水平差异,促进每个学生学习能力的提高;异质教学、异步共进,让每一位学生获得成功的音体美学习体验。

学校开展多样化的走班模式探索,根据学科的性质、特色和师资特点,结合不同学生的学习特征,创造性地探索出如下走班模式(见表6-1),逐渐形成不同类型课程的实施策略。分层走班教学是基于尊重学生的个性差异和更好的因材施教,为每个学生提供适宜的课程,以满足不同潜质学生的发展需要,促进学生的专业发展和成长,同时也能更好地加强教学的针对性和实效性。

表6-1 首师大附中的走班模式

| 课程类型 | 学 部 | 走班模式 |
|---|---|---|
| 基础通修课程 | 创新学部<br>理工学部<br>人文学部<br>国际学部 | 主要学科实行学部内的小规模分层走班制,部分差异不大的学科实行固定班级制 |
| 兴趣选修课程 | | 基于学习兴趣的走班,学部间贯通,学生自主选择的混龄课程 |
| 专业精修课程 | | 基于学习兴趣及起点差异的走班,学生自主选择 |
| 自主研修课程 | | 基于学习兴趣及方式差异的走班,学生自主选择 |

## (二) 学科融通课程

融通课程指本学科和其他学科的整合,即学科间或跨学科整合课程。

生活本身是复杂、融合、不分领域和专业的，源于生活的文科类课程各学科内部有着紧密的联系。文科类课程在教学中积极开发学科融通课程，开展了卓有成效的尝试。文科类课程与音乐课程、创客课程等其他方向课程进行整合，共同教授中华传统文化，在文化的交流、沟通、借鉴中促进青少年的情感态度价值观的形成与提升；融合理工类课程相关知识内容，帮助学生更深层次地理解教学内容。在文科类课程内部，打通学科之间的联系，打破学科固有的疆界，主动开展合适的、有针对性的跨学科知识整合，开阔学生的视野，综合培养学生的各方面能力。在学科融通课程的教学中，教师对课堂上所用的跨学科知识把握准确，分析明晰，找准了知识之间的关联点，不牵强附会，不影响正常教学。

理工类课程内部联系紧密，相互融通，综合性极强。根据教学内容特点，理工类课程可以与信息技术、通用技术类课程进行有效融通，分析蕴含的理工类课程内容思想，以具体的案例阐明原理并通过计算机语言等信息技术载体实现。理科类融通课程可以让学生在实践活动过程中通过对自身生活的感受以及对社会生活实际的调查了解，体验另类学习的轻松愉快；通过对科学、技术、社会、环境等方面的认识，增强其社会责任感，培养其可持续发展的观念；通过经历科学探究的过程，体验成功的来之不易和成功之后的甜蜜与喜悦；通过对科学方法、科学态度、思维习惯的感受，培养其热爱科学的思想情感。所有这些使得学生在情感体验的基础上实现了理工类课程与其他课程的融合，同时又潜移默化地建构了理科知识体系。

音体美类课程与人文学科内容有很多交叉，与语文、历史、地理、英语甚至物理学科都有大量整合内容。开展音体美类课程的学科融通，有助于学生更细致、更深层次地了解课程内容与相关背景材料，同时反哺其他交叉学科，带给学生直观的视听体验。同时，音体美类课程注重德育，引领学生在名作中感受音乐家、艺术家对于社会和生活环境的深刻观察，感受作品中体现的爱国主义精神。当代新媒体艺术、VR技术等代表科技前沿的成果也体现出音体美类课程与科技领域越来越紧密的联系。"有容乃大"的音体美类学科正不断在跨学科领域取得新成绩，做出新贡献。

## 二、评价模式的创新

为了提升学生学习的主动性和积极性，首师大附中采用终结性评价和过程性评价相结合的评价方式。

终结性评价指首师大附中自主进行的学业水平考试。自主进行学业水平考试（以下简称"自主会考"）是开展自主课程实验的重要组成部分，是落实课程计划、检验和评价课程实验、达成实验目标的重要工具。

首师大附中自 2012 年 9 月被北京市教委批准开始实行自主会考。首师大附中普通高中自主会考以教育部《基础教育课程改革纲要（试行）》和北京市《普通高中课程改革实验工作方案（试行）》《关于普通高中新课程会考制度改革的意见（试行）》及海淀区《普通高中课程改革实验方案》为指导，以教育部《普通高中课程方案（实验）》和各学科课程标准为依据，旨在全面落实素质教育方针，完善首师大附中"四修"课程体系建设，促进学生学业素养全面提升，培养学生的动手实践能力和创新精神，更好地发挥首师大附中在基础教育领域的示范和引领作用。

在新课程改革实验的背景下，首师大附中作为优质高中校，构建灵活多样、自主开放、充满活力的课程体系，逐步形成学校的办学特色。对会考的考试时间、考查内容和方式等方面也做出了相应调整和改革。高中会考自主安排，有利于推进学校自主安排新课程实验，有利于加强学校教学管理和质量监控，有利于高中会考与高考招生的逐步协调，有利于促进学校教育事业的可持续发展。

首师大附中自主会考的时间设置如下：

高一年级第二学期结束时完成物理、化学、历史、地理、信息技术和通用技术六科的自主会考，完成物理实验和化学实验的考查工作。

高二年级第二学期结束时完成生物、政治两科的自主会考，完成生物实验的考查工作。

高三年级第一学期结束前完成语文、数学、英语三科的自主会考。

高三年级第二学期完成体育学科会考（体育学科参加北京市统一会考）。

过程性评价是指各学科针对学科特点对学生进行学习过程中的评价。由于学生之间兴趣偏好与精力投入的广泛差异，不同学科的分层情况必然不可能一致，从而给教学管理活动提出了新的课题。正是由于分层走班教学的实施打破了传统的年级、班主任管理的模式，对课程安排、成绩管理等方面都提出了新的要求，这就需要学校创新"智慧教育"管理模式，解决新形势下的新问题。在此情况下，首师大附中充分利用学校已有的教学网络平台，通过整合新课改系统的应用，对分层走班的年级试行了过程性评价管理。

文科类课程教学的主要任务是对学生进行人文素养的教育，综合性、开放性和实践性强，因此不能简单地以考试成绩作为唯一的评价标准，评价既要关注学生的知识学习情况，还要对学习的过程与方法、情感态度与价值观领域进行评价。经过多年的探索，文科类课程主要采取过程性评价和结果性评价（或测试评价）相结合的方式检测平时学习和阶段性学习情况，具有重视激励性评价、重视过程性评价、评价主体多元化、评价内容多元化、评价尺度多样化等显著特点。根据学科特点，综合使用课前演讲、口试、小论文等具有学科特色的课程评价方式开展过程性评价，同时大胆创新，采用灵活多样的作业、考试方式，让尽可能多的学生展示特长，体验成功，激发潜能。

理工类课程重视对学生学习成果和学习过程的细致量化评价，注重以形式多样的教学评价引领和指导学生的学习过程；同时让学生主动参与教学评价，以利于学生的自我检测和自我完善，利于学生之间的良性互动和相互激励。理工类课程的自主评价实行终结性评价与过程性评价相结合、定性评价与定量评价相结合、学生自评互评与他人评价相结合的方式，努力将评价贯穿于学习的全过程。其中，课程活动表现评价是一种很重要的评价方式，这种评价是在学生完成一系列任务（如调查、实验、设计等）的过程中进行的，通过观察、记录和分析学生在各项学习活动中的表现，对学生的参与意识、合作精神、实验操作技能、探究能力、分析问题的思路、知识的理解和应用水平以及表达交流技能等进行综合评价。

艺体类课程的自主评价是和学校艺术活动紧密结合在一起的，要求学生参加学校每年举行的"春之声原创合唱节"等传统活动，根据班级整体表现给出学生的自主评价成绩。音体美类课程的自主评价体现出个体性、情感性、灵活性和阶段性四大特点，尊重学生在学习中体现出的个性差异，使教师评价和学生互评都呈现出关注个体表达和感受呈现的特点；学生在观看、鉴赏的过程中体会到情感，从而产生共鸣；教学内容的多元、学习任务的多样，必然使评价呈现出"多层次、多维度"的灵活多样的评价方案；学生的认知水平和学习程度是不断变化的，在自主评价时关注学生的阶段提高，做相应的客观中肯的评价。

## 三、教师研究案例分享

终身学习、不断进步，这是新时期对教师的要求，也是新时期教师的重要业务内容之一。在与高校合作办学的过程中，中学教师应基于自身实践和资源优势，整合大学教师学科、研究背景优势，不断优化教学理念与实践，变革教学方法。下面以教师论文为案例进行说明。

## 案例分享

### 中国古代经典名著对学生创新能力培养的特殊作用

首都师大附属中学语文组

江红霞　孙伟　姜晓燕

#### 一、创新能力内涵

虽然国内学者对创新能力的理解各不相同，但他们对创新能力内涵的阐述基本上可以概括为四种观点：第一种观点认为创新能力是个体运用一切已知信息，包括已有的知识和经验等，产生某种独特、新颖、有社会或个人价值的产品的能力。它包括创新意识、创新思维和创新技能三部分，核心是创新思维。第二种观点认为创新能力表现为两个相互关联的部分，一部分是对已有知识的获取、改组和运用；另一部分是对新思想、新技术、新产品的研究与发明。第三种观点从创新能力应具备的知识结构着手，认为创新能力应具备的知识结构包括基础知识、专业知识、工具性知识或方法论知识以及综合性知识四类。第四种观点认为创新是一种用充满想象力的方法来解决问题的能力。上述四种观点，尽管表述有所不同，但基本上将创新能力的内涵解释得较为清楚。

#### 二、培养创新能力应具备的条件

（一）先进教育理念是培养创新能力的依托

不妨先阅读下面的三则新闻：

新闻一：

据2010年6月13日中国之声《央广新闻》报道：上海市教科院公布了针对上海、天津、重庆、南京、杭州和南昌6个城市中小学生创造力发展现状的调查，调查显示，老师对孩子们的奇思怪想容忍度极低，不少新奇的创意在萌芽中夭折。

此次调查共涉及6个城市106所中小学校，共有11098名中小学生参与了调查。其中，学生对老师能够"耐心解答，共同探讨"的认同度是54.7%，仅仅有15.5%的学生对老师能够"肯定学生的思想，鼓励大家提出自己的见解"表示认同。85%的学生在自由地发表了自己的见解之后，得不到老师的赞赏。另外，越到高年级越不利于培养孩子的创新能力。

新闻二：

《2012中国SAT年度报告》显示，参加美国高校入学考试SAT的中国高中生中，只有不到7%的人成绩达到1800分"及格线"，达到美国优质大学普遍要求的2000分以上成绩的只占2%。SAT考试由美国大学委员会主办，其成绩是世界各国高中生申请美国名校学习及奖学金的重要参考。

有专家分析称，中国高考的阅读题主要指向逻辑性思维，一切判断都要依据文本；美国SAT的阅读题有六部分：解释、分析、评估、推论、说明、自我校准，这些都明显指向批判性思维，说明中国教育的批判性思维不足。

新闻三：

据2012年5月17日《广州日报》报道，清华大学教育研究院近日发布的一份研究报告，引起教育界人士以及广大网民的注意。这份研究报告，从包括清华大学等985高校在内的23所本科院校中，收集2万多份调查样本，对中国的985院校和美国研究型大学做了一番比较。调查数据表明，985院校学生在"课上提问或参与讨论"一项上，有超过20%的中国大学生选择"从未"，而选择这一选项的美国大学生只有3%；只有10%的中国学生选择"经常提问"或"很经常提问"，而选择这一选项的美国大学生约为63%。

我们无须质疑三则新闻的权威性，管中窥豹，可见一斑，根据这三则新闻的被调查群体来看，我们不难发现：中国各个学段的学生无论是在创新能力还是质疑能力、批判能力方面均存在不足，甚至可以说在学生时代学生这些能力受到了限制。那么，他们日后走上社会怎可能具备创新能力，又怎可能成为创新型人才？一个国家创新型人才储备不足，怎可能实现创新型国家的目标？又怎可能向世界输出有价值的观念？又怎可能有真正的竞争实力？这样的表达绝非危言耸听。除了正视现实，我们更得深入思考。

到底是什么原因致使我们的学生没有自己的思想与见解，批判性思维不足？有的学生即使有了独到的见解也常常得不到认可，长久下来各个学段的学生都不会有独立思考的欲望，没有这样的欲望又怎可能产生创新的行为？我们不妨再看一个流行较广泛的笑话。

老师出了一道开放性问题：你对其他国家的食物短缺有什么看法？非洲学生问：什么叫食物？欧洲学生问：什么叫短缺？美国学生问：什么叫其他国家？中国学生问：什么叫自己的看法？

虽然这只是一个笑话，但不能不引起我们的重视，特别是在一线从事具体教学工作的教育者的反思，为什么我们的学生会不知道什么叫"自己的看法"，这其中固然有夸大的成分，但我们都知道，这也是现实生活的折射，是我们没给学生表达自己看法的机会，还是学生不具备表达自己见解的能力？我想这其中的深层原因与我们的传统文化有着密不可分的联系。

1. 传统的价值观念束缚了个体的独立认知与思想

在我们长久的文化价值体系中，儒家思想的影响十分广泛深远，更多地强调"上本位""中央集权""大一统"的思想，在相当多的情况下，并不是人的能力、贡献决定人的地位、权利，而是人的先天地位、权利决定了人的能力与尊严，没有地位的人便很难有话语权。

2. 传统的思想观念限制了创新的思想与欲望

祖宗之法不可变，先王之道不可变，这是儒家思想观念对后世的消极影响。"言及先人，理当感慕"甚至"咳唾唯诺"（《颜氏家训·风操》），上至国家政策法令，下至乡规民约，都不能与先前相悖逆。凡与古制不合的，都要遭到严厉的斥责。诸如天下未集，国家不治，是因为没有遵循先王之道，以至阴阳失调，灾异频发。甚至某种制度的建立也要"稽诸往古"（《汉书·武帝纪》），此外，文学无论要揭露黑暗、针砭时事，还是力陈己见，都是以古圣先贤的观点作为自己的理论支撑。这种循古法古的思想观念上的教务与陈腐制约了人们变革的思想与欲望，长期的"顺从"泯灭了人的个性和进取精神，使人们失去了自信力和创造力，因而缺乏主动精神，缺乏人格的独立和个人的意志，而多是被动地服从。相当长的时间内，由于传统的思想观念而造成的沉重的自卑感压抑了人的本能的进取精神，表现为一种习惯于听命于他人的奴性的病态。没有独立的人格怎可能有独立的精神？除此之外，长期以来，我们在评价他人时常以老实顺从为最高标准，不恪守"礼"的人，不仅在政治上会受到重创，甚至生命都会受到威胁，从而造成了封建社会历史上百家争鸣的时候少，万马齐喑的时候多。

3. 传统的教育方式限制了创新人才的出现

不可回避的现实是，我们国家人口众多，每个教学班的平均人数远高于国家规定的人数，教师在有限的教学时间内又要完成大量的教学任务，又要面临升学的巨大压力，无法将时间分配给更多的学生，最容易操作的模式就是以教师讲解为主，以学生参与为辅，这样既节约了时间，又保证了教学内容的完成，当然无法保障的是学生参与的积极性，在长久"满堂灌""填鸭式"的教学模式下，学生没有实践与思考的机会，只需要有极强的执行力即可，又怎可能在日后成为社会所需要的创新型人才？

幸而这种情况已经引起了教育主管者的思考，并在政策上做出了相应的调整，1996年颁布的《中共中央国务院关于深化教育改革全面推进素质教育的决定》指出："智育工作要转变教育观念，改革人才培养模式，积极实行启发式和讨论式教学，激发学生独立思考和创新的意识，切实提高教学质量。要让学生感受、理解知识产生和发展的过程，培养学生的科学精神和创新思维习惯，重视培养学生收集处理信息的能力、获取新知识的能力、分析和解决问题的能力、语言文字表达能力以及团结协作和社会活动的能力。"

2010年发布的《国家中长期教育改革和发展规划纲要（2010—2020年)》中亦有这样的文字：国运兴衰，系于教育；教育振兴，全民有责。在党和国家工作全局中，必须始终坚持把教育摆在优先发展的位置。按照面向现代化、面向世界、面向未来的要求，适应全面建设小康社会、建设创新型国家的需要，坚持育人为本，以改革创新为动力，以促进公平为重点，以提高质量为核心，全面实施素质教育，推动教育事业在新的历史起点上科学发展，加快从教育大国向教育强国、从人力资源大国向人力资源强国迈进，为中华民族伟大复兴和人类文明进步作出更大贡献。

以上的文字，关乎宏观的教育，要想实现建设创新型国家的目标，必须在教育实践中培养出有创新能力的人才，唯有如此，才能实现中华民族伟大复兴，进而为人类文明进步作出贡献。而在具体的学校微观教育中则更需要有先进的教育理念作为依托。

首都师范大学附属中学是一所有着近百年历史的名校，除了有传承近百年的传统的"成德达才"的育人思想，也有先进的素质教育的培养目标：一种意识、两种精神、三种能力。一种意识即责任意识，使学生懂得报效祖国、服务社会、尽孝父母的责任；两种精神即集体主义精神和刻苦学习的精神，培养学生相互帮助、肯于付出、勤奋好学；三种能力即自学能力、动手实践能力和创造性思维能力，使学生善于联系实际，具有实干精神，勇于开拓创新。

正是因为首师大附中有着这样先进的办学理念，才会在具体的教育教学活动中努力创造创新的氛围。语文组的老师也正是利用了各种契机不遗余力地培养学生的创新思维与创新能力。

（二）良好的教育氛围是培养创新能力的平台

学校的创新环境的建设是创新人才培养的必要条件。语文组的老师充分发挥自己的特点，充分开展第二课堂，定期举办各种学术讲座、读书报告会，出版学生读书文集，鼓励学生参加学术交流活动，进行不同学科之间的交流，从而学习其他人如何创造性地解决问题的思维和方法，以强化创新意识；鼓励学生大胆创新，通过研究性学习的活动开展扎实有效的读名著、悟名著的活动，引导学生自己在阅读时寻求感兴趣的话题选定研究课题，老师们对学生的科研课题进行定期检查和评定，培养了学生的创新毅力和责任心，拓展了学生们的视野，也充分发挥了他们的创造才能。除此之外，老师们还引入竞赛机制，定期举办各种评比活动，对在创新方面有突出表现及贡献的学生进行表彰与奖励。

（三）合理的教学安排是培养创新能力的保障

创造能力来源于扎实的基础知识和良好的素质，仅仅掌握单一的专业知识是不够的。因此，加强学生基础教育的内涵更新和外延拓展及构建合理的课程体系就显得非常重要。

阅读是语文课程中十分重要的学习内容，它既是学生实现自身精神成长的主要途径，也是语文各种能力得到发展的基础。在《义务教育语文课程标准（2011年版）》中，关于阅读目标与内容的确定，遵循了以下一些基本原则：

（1）重视对现代阅读理念的吸纳。

（2）重视情感态度和价值观的渗透。

（3）重视阅读过程的展开和阅读方法的培养。

（4）重视知识在阅读中的实际运用。

《义务教育语文课程标准（2011年版）》从第三学段开始，出现了与文体相关的阅读目标。其中有文体上的分类，一是把文章分为两类：文学作品为一类，其他非文学作品，如说明性文章、议论文、科技文、日常应用文等可归为实用性文章，是另一类。以科技作品为例，要求的目标是"阅读科技作品，还应注意领会作品中所体现的科学精神和科学思想方法"。

根据这样的要求，我们在教学实践中，除了完成国家的课程计划安排必修的内容与阅读的篇目，还依据学校的教学计划，在初中阶段开设了语文阅读课，每周有两课时专门用于学生读书，读书的范围包括古今中外的经典名著。

中华民族是具有伟大创造力的民族，在悠久的历史中创造了灿烂、丰富的古代文化。这其中有我国古代四大发明及其对世界的贡献，还有古代教育家孔子、军事家孙武、史学家司马迁、数学家祖冲之、天文学家张衡等一大批古代科学家，以及他们对世界的贡献。无论在历史的长河中，还是社会飞速发展的今天，我国古代文化都具有极强的凝聚力，它对国家的统一，民族的团结，社会的进步，都起着重要的推动作用。正如钱理群先生说："要读名著，就是因为每一个民族、每一个时代精神的精华都凝聚于其中，人类最美好的创造都汇集于其中，人类精神文明的成果就是通过各类学科的名作、经典的阅读，而代代相传的。"

中华文明源远流长，文化的繁荣与起伏深刻影响着科技的发展，其中一些重大发现和发明深刻地影响了人类文明的进程，许多成就至今还令我们感慨和赞叹。特别是我们的先哲在认识自然现象中归纳整理出来的整体视角、辩证思维、因地制宜等认识方法，不仅为我国天文学、医学、农学、工学等的发展提供了思想和方法基础，而且在今天仍然表现出令人叹为观止的后现代性。从先秦诸子的天人之辩，到汉代董仲舒的"天人合一"，再到宋明理学家的"万物一体"论，整体、和谐、统一的思维方式始终贯穿于中国古代思想史的全过程。因此，我们在给学生制订读书计划时并没有将学生的阅读重点囿于文学经典名著，而是鼓励学生广泛涉猎。

在我们的语文教学中，无论是教师还是学生，都不能只沉醉于我国灿烂的古代文化，而忽视从中汲取智慧和营养。教师应在具体的教学实践中注重培养学生的创新意识、创新精神和创新能力。

（四）理想是学生培养创新能力的动力

《基础教育课程改革纲要（试行）》和课程设置中有如下的文字："在各学科课程及其实施的全过程渗透德育教育，培养爱国主义、集体主义，热爱社会主义祖国，热爱中国共产党，自觉维护国家尊严和利益，继承和发扬中华民族的优秀文化传统和革命传统，有为民族振兴和社会进步做贡献的志向和愿望"，只有有了理想，学生在创新的路上才会有无尽的动力，才会感受到创新带来的无尽的快乐。古希腊哲学家苏格拉底说："世上最快乐的事，莫过于为理想而奋斗。"许多从事基础创新科研的学者，对自己所研究的学问有真诚的喜爱、极大的兴趣、澎湃的激情、乐道的情怀，把治学作为人生最高价值来追求。科学巨匠们都有这样的心得：搞科研要有对科研的热爱。有了这种热爱，学者们才会对艰辛的研究工作甘之如饴，兴味盎然，产生创新的恒久动力，在创新之路上越走越远。

在中国五千年的历史上，对华夏民族的性格、气质产生最大影响的人，当属孔子。孔子是一个教育家、思想家，但他首先是一个品德高尚的知识分子。他正直、乐观向上、积极进取，一生都在追求真、善、美，一生都在追求理想的社会。他的成功与失败，无不与他的理想相关。他，几千年来影响着中国人，特别是影响着中国的知识分子。

在教授《论语八则》一课时，我们鼓励学生读《论语》，通过研读《论语》来了解先哲孔子，学习他的"知其不可为而为之"的坚持与执着。

（五）实践是学生形成创新能力的媒介

笔者在教学中注重知识学习与知识创新相结合，接受知识与智慧训练并举。创造力培养必须重视基础知识的积累和语文课本技能与习练，但不是把语文基础知识和技能作为教育的终极目的性价值来追求，而是把语文基础知识和技能作为实现教育目的工具性的价值来追求；不是把已习得的基础知识和技能储存起来，而是拿去应用，去获取新知，在获取新知中学习创造。基础知识的习得积累和学习创造，既是一个问题的两个层次，又是一个问题的两个方面，缺一不可。如果没有知识的积累和基本技能的习练，创造就失去了基础，学生的创造欲望即使被激发出来了也难以上升为真正的创造力，只能停留在儿童的水准上；如果只重知识的积累和基本技能的习练而不创造，则不但创造力无法形成，基础本身也不能真正建立起来。那么基础建立与学习创造怎样有机统一呢？首先，基础要从语言的特性出发去确定，从立足语言应用去构建。什么是语言的特性呢？于漪老师说得极科学，她说："语言文字不是单纯的符号系统，而是一个民族认识世界、阐释世界的意义体系和价值体系，它与深厚的民族文化联系在一起。"现行的中小学"语文基础知识"必须加以更新，因为它存在两大弊端：一是它不是从立足于语言的应用来确定的基础知识、技能系统，而是把大学的研究型课程中的那套基本知识加以简化和浓缩而构成的。二是它丢弃了"人文性"，所得出的一大套名词术语不能有效帮助学生掌握和应用语言。这些弊端极不利于创造力的培养，所以必须对现行的"语文知识"重新认定和构建。第二，语文教学必须围绕语文基础内容，花足够的时间和力气，使学生真正理解掌握它们，建立起学生自己的认知结构。学生理解知识如果没形成自己合理的认知结构，哪怕知识积累得再多，也无助于创造力的形成。正如杜威所说的："如果所沟通的知识不能组织到学生已有的经验中去，这种知识就变成纯粹言辞，即纯粹感觉刺激，没有什么意义。"第三，注意知识的应用，特别是在生活中的应用。至今我国的语文教学基本上还停留在学科知识和技能的传授层面上，忽视了知识的应用。教学中只有重视知识的应用，才能实现创造力的培养。从另一角度说，学生能运用所掌握的知识技能去独立解决问题，获取新知，这本身就是一种广义的创造。

苏教版七年级上册第五单元为"关注科学"，其中有《梦溪笔谈》二则、《以虫治虫》和《梵天寺木塔》。《梦溪笔谈》包括《笔谈》《补笔谈》《续笔谈》三部分。《笔谈》二十六卷，分为十七门，依次为"故事、辩证、乐律、象数、人事、官政、机智、艺文、书画、技艺、器用、神奇、异事、谬误、讥谑、杂志、药议"。《补笔谈》三卷，包括上述内容中十一门。《续笔谈》一卷，不分门。全书共六百零九条（不同版本稍有出入），内容涉及天文、数学、物理、化学、生物、地质、地理、气象、医药、农学、工程技术、文学、史事、音乐和美术等。在这些条目中，属于人文科学，如人类学、考古学、语言学、音乐等方面的，约占全部条目的18%；属于自然科学方面的，约占全部条目的36%；其余的则为人事资料、军事、法律及杂闻轶事等，约占的46%。

就性质而言，《梦溪笔谈》属于笔记类。从内容上说，它以多于三分之一的篇幅记述并阐发自然科学知识，这在笔记类著述中是少见的。因为沈括本人具有很高的科学素养，他所记述的科技知识，也就具有极高价值，基本上反映了北宋的科学发展水平和他自己的研究心得，因而被英国学者李约瑟誉为"中国科学史上的里程碑"，还称誉沈括为"中国整部科学史中最卓越的人物"。

除了研读《梦溪笔谈》这部经典名著，学生也可以通过阅读作品了解作者，特别是作者的研究精神，通过作者的成长经历启迪自己的科学精神。在介绍作者时，我们将沈括的生平与经历印成文字发给学生。

学生通过研读会发现，科学家不只具有单一知识，而是具有复合型知识，更重要的是能将知识转化为实践，而这正是当今社会学生所缺少的能力。

以《以虫治虫》为例，原文如下："元丰中，庆州界生子方虫，方为秋田之害。忽有一虫生，如土中狗蝎，其喙有钳，千万蔽地；遇子方虫，则以钳搏之，悉为两段。旬日子方皆尽，岁以大穰。其虫旧曾有之，土人谓之'傍不肯'"。

本单元为非重点教学单元，所涉及文言文不在中考考查范围之内，基于此，很多教师在处理此单元的教学内容时要么让学生略读，要么就直接删除，而我在处理此课时，除了教授一般的文言知识，如重点实词"岁""穰"，重点的虚词"之""以""其"外，更重要的是引导学生思考如何治理虫害，最根本且最有效的方式是什么。通过研读，学生不难发现，本文中的方法是用其天敌来消灭它。而文中的方法，在当今看来也是最符合自然规律的。此时还可以进一步引导学生面对农业方面其他问题时候，可以通过绿色生态的方法来解决，尽量避免非自然措施（如农药）。有效地保护自然资源，积极开展生物防治，充分发挥农作物害虫天敌的作用，降低农作物生产成本，促进农业增收，保护生态环境。自然界的万物是相生相克的，大自然的某些灾害也是可以战胜的。

除了在课上引导学生思考，我们也会将这一课所学的知识，进一步拓展到生活中，让学生在生活中运用本课所学的科学知识，学生既可以单纯收集以虫治虫的实例制作成手抄报，也可以去博物馆参观，或者利用假期去农村实践。

因为是初一年级的学生，其中大部分选择了收集信息，整合信息。信息如下。

学生一：

高大挺拔、枝叶茂盛的树木为喧嚣的城市增添了一道不可多得的风景。可是在自然界中却有一些昆虫专门以树木的叶子为食。

这几条正在贪婪吞食树叶的虫子是一种叫作美国白蛾的幼虫，它几乎能危害所有的阔叶树、花卉、果树和蔬菜，一旦大规模地爆发，成片的树林、果园、庄稼就难逃厄运了。

这种害虫的原产地本来在北美洲，可是随着包装箱、木材等物品在全世界范围的运输，附着在上面的美国白蛾也被带到了世界各地。

它适应性和繁殖力都很强，常常爆发成灾，因而被列为国际检疫害虫。世界各国都在寻找防治它的办法。

常规的化学防治办法虽然见效快，但是喷洒出去的化学药品既污染环境，又会杀伤其他有益的鸟类和昆虫，过上三年两载，美国白蛾的抗药性增强了，还会卷土重来。

其实，貌似凶恶的美国白蛾在自然界中也有天敌。但是它们大多生活在北美洲，遭受虫害的欧洲各国曾经从原产地美国和加拿大引进了10多种美国白蛾的天敌，但往往不能长期生存。

中国林业科学研究院的杨歧忠教授经过十五年的寻找和研究，终于在我国的陕西找到了一种以前从没有发现过的美国白蛾的寄生性天敌，并起名为白蛾周氏啮小蜂。

别看这种小蜂的个头很小，它的本事却不小。当啮小蜂找到美国白蛾的蛹以后，就用它腹部锋利的产卵器扎破蛹壳，把卵产到敌人的身体内部，一次就可以产卵 200～300 多个。

三四天以后，啮小蜂孵化成幼虫，这些蛆状的幼虫以美国白蛾蛹中的组织和器官为食，最后杀死美国白蛾，并在它的体内化蛹。再过20天，羽翼丰满了的啮小蜂就可以咬破美国白蛾的蛹壳，飞向四面八方，寻找其他白蛾的蛹产卵寄生去了。小个头的啮小蜂就这样打败了美国白蛾这个庞然大物。

现在，在天津市园林绿化研究所的繁蜂基地，科学家已经研究出来用柞蚕的蛹作为美国白蛾的替代物，大规模地培育白蛾周氏啮小蜂。

同时，根据啮小蜂的生物学特性，科学家可以利用控制温度、湿度等手段来人工控制它们的发育进度，一旦哪里遭到了美国白蛾的危害，他们就可以迅速繁育出足够量的啮小蜂，成为一支随时应召的生物快速反应部队，放飞到灾害严重的地区帮助消灭美国白蛾。

采访专家："其实，在生物多样性的情况下，害虫的数量由于受到天敌的制约，它们不会大发生，也不会造成危害，那么，我们所采用的生物防治的办法就是利用自然界的这一规律，发现、研究和大量繁殖了美国白蛾的重要天敌——白蛾周氏啮小蜂，从实际效果来看，已经达到了长期持续有效对美国白蛾的控制。"

由于利用这种以虫治虫的生物防治技术，既不会污染环境，又不需要太大的投入，而控制害虫的效果却持续有效，所以取得了显著的生态和社会效益。

除此之外，我们还开设"读书报告课"，"读书报告课"就是在学生自读、自研"课外阅读名著"或教材以外文章的基础上，写出读书笔记之后再作报告的。报告的内容一般包括主题思想、内容精华、德育收获、文体知识、欣赏析疑、谋篇布局、语言特色、作家风格、写作借鉴等方面内容。学生可写成文学评论，也可写成心得体会，各抒己见。这样做，既能锻炼学生分析、评价文章的能力，又能提高学生的整体阅读水平。

## 中国传统文化研修课程的开发与实践

马刚玉

### 一、课程依据

（一）国家对培养创新型人才的迫切需求

培养创新型人才是建设创新型国家的迫切需要。胡锦涛同志曾反复强调，增强我国科技自主创新能力，建设创新型国家。而培养创新型人才的前提是更新教育观念。教育目标是促进人的全面发展，积极推动学生的自主发展，使其成为积极适应社会的人才。教育的使命不再是简单知识的传递，而是使学生获得发展的能力。教育方式强调个体化、个性化，教育过程强调实践性的过程和创新。同时培养创新型人才的基本保证是培养塑造创新人格。第一，要确立社会责任感。对社会有无责任感，是检验人生境界高低的尺度。第二，要培养创新毅力。一个人事业要成功，特别是要做出比较大的创新贡献，需要有坚忍不拔的毅力，十年磨一剑的恒心，需要对真知执着不懈地追求，需要自强、自立、自信的奋斗精神，甚至还要面对失败的风险。第三，要培养创新激情。创新型人才要有干事业的激情。所谓激情，就是要面对机遇，敢于争先；面对艰险，敢于探索；面对落后，敢于奋起；面对竞争，敢于创新的勇气。第四，要培养团队精神。没有团队精神，协同攻关，集思广益，就很难产生很大的创新成果。个人只有融入到集体之中，才会有个人的全面发展。第五，要培养诚信品德。诚信是关系个人与个人、个人与社会之间相互关系的道德品质和行为准则。要引导学生诚信立身，诚信做人，诚信做事，使诚信成为他们走向社会的"通行证"。

（二）基础教育课程改革的契机

《国务院关于基础教育改革与发展的决定》颁布以后，基础教育课程改变了课程管理过于集中的状况，实行国家、地方、学校三级课程管理，增强了课程对地方、学校及学生的适应性，使学校有了一定的课程权利，并担负起相应的责任。如何抓住这个契机，创出学校的特色，打造出具有学校个性特点的课程，培养出创新型人才，成为课程研究的主课题。就语文学科而言，经过学校领导和教师的反复分析和研究，确定了"弘扬中华传统文化，促进学生全面发展"为创新拔尖人才培养课程的开发主题。

（三）文化全球化背景对传统文化的影响

在文化全球化背景下，不同的生活方式、消费方式、观念意识相互认同、相互渗透、相互吸收，其中不乏文化霸权与文化入侵的现象。受到西方经济发达国家的强势作用，中国这样具有悠久文化历史的国家，在传统文化领域也必然会面临文化全球化的冲击。我们的生活充斥的是麦当劳、好莱坞、国际品牌，形成物质消费的商业流行文化。然而我国传统文化的韵味正逐渐远离我们的生活，而语文课程是对文化的选择，是静态的承载，是传播文化的工具，肩负着传承中国传统文化的使命。因而培养创新型人才对传统文化的情感，使之成为传统文化的保护者、传播者和弘扬者，是语文课程的重要任务之一。

（四）传统文化对创新型人才的教育意义

首先，传统文化蕴含丰富的科学知识。这些远古文明的智慧虽然无法与现代高科技相匹敌，但是，在弘扬优秀民族文明的同时，能够兼顾科学知识启蒙与日常科学普及，可谓一举两得。如"传统民俗文化知识"的普及。同时传统文化是先民的智慧结晶，大多具有一定的活动形式，配备相应的技能，可供后来者学习。其次，传统文化能够培养学生的想象力与创造力。传统文化有别于数理化等学科的一般学习内容，它往往不具有单一而统一的答案，有足够空间允许学生自由发挥，驰骋想象，正是培养创新能力的一片沃土。最后，传统文化对学生情感、态度、价值观等非智力因素的培养至关重要。在漫长的历史发展中，中华民族形成了特有的文化习惯及文化积淀，其包含三种基本精神：①人文精神。人文精神重视人的道德修养，培育了中华民族的美德，如积极进取，坚忍不拔，敬老养老，救济孤残，勤俭节约等。这些美德是我们宝贵的精神财富。②"自然"精神。中国古代各个学派都从不同的方面探讨人和自然的关系，即所谓"天人"关系。"自然"精神推动了中国古代科学技术的发展，在天文历算、农学和中医学等领域取得了巨大的成就。另外，人们还可以从自然界吸取美感，以自然界的某些现象作为原型，进行艺术加工，给生活带来美的享受和高雅的情趣。③"会通"精神。中国优秀传统文化不是抱残守缺、故步自封的文化，它善于学习各种文化体系的长处，又能加以消化吸收，用以丰富自己，这就叫作"会通"精神。了解这些，有利于激发学生的社会责任感和历史使命感，感召他们胸怀天下，志存高远，勇担重任，建功立业。

## 二、课程目标

### （一）培养文化情趣，建立文化认同

针对学生民族意识淡薄的现实，通过开设中国传统文化研修课程渗透传统文化在中国的变迁，弥补学生对传统文化的了解的不足，帮助他们了解在现今社会或文学著作里面的传统文化现象，从而提升学生对自己民族传统文化的兴趣和保护意识。

### （二）了解传统文化，理解民族情结

一个民族的传统文化往往就保留在平时的生活中，对于生活性的文化现象和问题，我们的学生要么完全忽视，要么就是虽然注意了现象的存在但不能意识到这是一种意味深长的民族文化的体现，更无法对其有主观情感的投入。因此，通过这门课程，要使学生可以初步了解有哪些属于传统文化的东西，能够在生活现象中辨认出其文化象征，进而对自己民族的生存经验、智慧和独特的思维方法建立起一种民族情结。

（三）关注传统文化深厚的文化内涵

本课程通过课内外、生活内外甚至国内外各种文化现象互相结合，互相印证，学生不断参与讨论，强化联想，迁移认知，强化对深厚的民族文化内涵的关注。

（四）探究传统文化的现实意义

民族传统文化博大精深，引导学生学习中国传统文化的基本精神，学习和理解中国传统文化的丰富内涵及现代价值，获取相关文化知识，拓宽其人文视野，提升其文化品格，为其他课程的学习奠定必要的文化基础。

### 三、课程性质

本课程是基于学科拓展的校本开发课程，是结合本校学生的特点和需要对课标、大纲、通用教材等进行研究、拓展、延伸。既与学科课程有密切联系又不为学科课程所限制，既可以为学生在学科学习领域中自主发展创造条件，又能为一些学有余力又喜欢某门学科的学生提供更深入学习的机会。同时使更多的教师发挥自己所长，在各教学领域中有用武之地。

### 四、课程形式

本课程是以校本"微型课程"的形式呈现的。微型课程是相对于长期课程而言的，教师从学生的兴趣、需要出发，同时结合自身兴趣、能力和教学判断，自觉主动地为学生开发的目标明确、有一定深度，侧重学生在学习过程中的体验、能力的培养，并期望对学生价值观、行为方式等方面产生影响的课程。短则十几分钟、一个课时，长则几个课时，甚至更长，其本质是校本课程的微型化。它区别于以学科知识体系和逻辑体系来划分的课程，而是根据教师和学生的兴趣以及主体社会活动的经验、教师能力、社会发展的现状需求来编订的。它的好处在于灵活性、精练性、校本性。

### 五、课程内容

本课程分为理论类研修课程、活动类研修课程两大类别。力求从理论层面和实践层面对传统文化进行保护、发掘和创新。在继承的基础上，把传统文化推向世界，培养有民族性、世界性的创新型人才，真正做到民族性与国际化的融合。

理论类课程的设置是从社会需要的角度出发，强调理论的重要，重视系统知识学习，结合学科特点安排教学内容。从总体上看，理论类课程比较符合学生认知和教学的规律，能保证学生以较少的时间较为系统地认识世界。同时，此类课程又不同于课内必修课程，而以选修课程的形式呈现。侧重拓展学科视野，深化学科知识与技能，发展学生的特长、个性，特点是多样性和拓展性。在达到课内必修课程共同性目标的基础上，鼓励学生发展自己的个性特长，探究他们各自的兴趣所在，鼓励学生有个性、有创意地表达，使每个学生都能得到充分的发展和表达的机会。当然，这是理想化的目标，但也是我们的教学追求的方向。

作为传统文化课程的研修，当然首选方向为国学选讲。国学乃一国所固有之学术也。国学选讲课程设置的主要目的是，从浩如烟海的传统文化典籍中精选那些最具典型意义的（如《论语》《诗经》《史记》《古文观止》等）作为传授对象，促使学生阅读、熟悉和鉴赏经典，并深入地了解传统文化遗产，了解先人的思想及其在中国文化史上的巨大影响。国学选讲课程是中国古代文学和传统文化的延伸，既有利于继承、传播优秀的文化遗产，也有利于培养青年一代的人文素质。其次，针对学生的学习需求，兼顾学生的兴趣点，联系当下社会现实，选取某些与传统文化相关的主题设置自选课程。例如，古典小说、隐士文化、民俗文化等。

活动类课程也称经验课程，是从学生的兴趣、需要出发，以学生的活动为中心，为改造学生的经验而设计的课程。它与学科课程相对，着重直接经验的获得，从实践中去学习。例如学生自创诗歌编辑成集的活动、经典诗歌朗诵比赛的活动、观赏戏剧表演的活动、课本剧比赛的活动等。

**六、课程实施具体案例**

（一）《论语》选读课程

《论语》选读课程属于理论类课程——国学选讲课中的一门课程，为贯彻理科创新实验班文理并重的理念，在高一必选课的课程设置上，计划以中国古代传统文化为教学方向，以先秦儒家为重点展开教学，第一学期围绕《论语》开设选读课程。每周1课时，全学期开课16课时。《论语》选读课程的教学目标是培养学生正确解读和批判继承传统文化的能力。具体的学习要求是：①正确地理解课文内容，能进行分析和鉴别；②探究传统文化在现代社会的地位和作用；③提高个人精神品格；④体会并把握阅读文化论著的基本方法；⑤进一步培养文言语感，提高文言阅读能力。

本课程以主题教学为主，具体安排如下：

第一课时：先秦诸子概说

第二课时：孔子及《论语》概说

第三课时："学而"一则、"为政"两则

第四课时："八佾"二则

第五课时："公冶长"二则

第六课时："雍也"四则

第七课时："雍也"三则

第八课时："述而"五则

第九课时："先进"三则

第十课时："颜渊"三则

第十一课时："颜渊"二则

第十二课时："宪问"三则

第十三课时："季氏"三则

第十四课时："阳货"三则

第十五课时："微子"三则

第十六课时："子张"三则

《论语》选读课程的实施策略：

1. 整合内容，形成主题

在具体教学实践中，因为《论语》语录体的体例，内容散漫，导致学生无法抓住核心，因此教师对《论语》重新进行了整合，以突出核心内容，形成有序的教学。《论语》编次体例并无规定，篇章先后似无甚意义，内容分类亦难得正确标准，略举纲要，大致可分为以下各类：关于个人人格修养之教训、关于社会伦理之教训、政治谈、哲理谈、对于门人弟子及时人因人施教（注重个性的）的问答、对于门人弟子及古人时人之批评、自述语、孔子日常行事及门人诵美孔子之语。一二类内容，约占全书三分之二，其余六项约合占三分之一。

2. 围绕文本，有所拓展

为了促进学生更好地理解文本，增强他们对文本的体验和感受，在教学过程中教师不围于文本本身，随机将文本拓展融合在课堂教学的每一个环节中，服务于文本解读，充分体现了教师广博的学识和教学的机智。

例如讲解《公冶长二则》之一，"颜渊、季路侍。子曰：'盍各言尔志?'子路曰：'愿车马、衣轻裘，与朋友共。敝之而无憾。'颜渊曰：'愿无伐善，无施劳。'子路曰：'愿闻子之志。'子曰：'老者安之，朋友信之，少者怀之。'"

这是孔子和他的学生"谈志"的片段，而高一的学生还没有学习《侍坐》

篇，所以教师重点对颜渊（名"回"）这一形象进行了拓展。具体拓展如下：
颜回（前521—前481），字子渊，称颜子，人称复圣。孔子最得意的学生。孔子七十二门徒之首，是孔门中德行修为最高的人。他为人谦逊好学，不迁怒，不贰过，异常尊敬老师，对老师无事不从，无言不悦。孔子称赞他说："贤哉回也。""回也，其心三月不违反仁。"颜回入孔门时，在弟子中年龄最小，性格内向，沉默寡言。他才智较少外露，所以有人觉得他愚。《冲波传》有个关于他的故事。子路颜回浴于洙水，见五色鸟，颜回问，子路曰："荧荧之鸟。"后日，颜回、子路又浴于泗水，复见前鸟，复问由："识此鸟否？"子路曰："同同之鸟。"颜回曰："何一鸟而二名？"子路曰："譬如丝绸，煮之则为帛，染之则为皂。一鸟二名，不亦宜乎？"（鲁绢，用清水漂洗就是帛，用颜色染就是皂。）这个故事里，子路明显是拿颜回开玩笑，逗他玩，颜回则显得有些笨，有些愚，很忠厚。颜回的忠厚和内向，掩盖了他的聪颖善思，连孔子也一时难以断定他的天资究竟是哪个层次，经过一段时间的深入观察和了解，孔子才指出颜回并不愚。《论语·为政》："吾与回言终日，不违，如愚，退而省其私，亦足以发，回也不愚。"（说他从不顶嘴，不违逆孔子，有什么想法全憋在肚子里，好像显得愚。但是退而反省，能够提出新见。）颜回的天资极聪慧，就连能言善辩的子贡也坦率说不敢与颜回相比。《论语·公冶长》中，子谓子贡曰："汝与回也孰愈？"对曰："赐也何敢望回？回也闻一以知十，赐也闻一以知二。"子曰："弗如也，吾与汝弗如也。"但是《论语》对颜回的记载（具体事迹）几乎没有，历史记载也几乎一片空白，这就是所谓"学不知所从"吧，所以，颜回这人虽然在当时有那么高的评价，却又无所流传，凭空为他染上了些神秘色彩，令后人唏嘘不已。

通过这样的补充介绍，学生对颜回这一人物形象有了更充分具体的了解、更立体化的认识，特别是对孔子为何如此青睐他的这个学生有了答案，学生也更加钦佩颜回的德行人品，从而为形成自己的道德观找到了更明确的榜样。

3. 联系现实，领悟精华

《论语》作为中华文化经典之作，必然有其博大精深的文化内涵。许多语句虽然围绕主题编辑，但犹如一句句名言警句，只有联系现实生活的意义，才能找到学习的价值和魅力。例如："为政以德"中的"其身不正，虽令不从"，说的是关于管理国家的统治者内心修养的问题，但同样适用于生活中的许多领域。在教学时，教师要求学生联系现实说说其中包含的管理文化。有的学生联系到班级管理中，作为一个班长需要有公正、正直的人品，才能在全体同学中树立威信；有的联系到班主任管理学生，也需要有人格魅力，如果人品或道德存在问题，即使班级管理能力再强，也是"虽令不从"；有的联系到家庭中家长的人品问题、在孩子心中的威望问题等。

4. 读写结合，内化感悟

像《论语》这样的文化论著选读课，语言文字的理解和文化内涵的探究必须兼顾，以写促读，加深内容的理解，强化学生的表达能力。通过读写结合的方式，引导学生"入乎其内"，理解文章，启发学生"出乎其外"，形成感悟。

5. 学生的课程感悟

（1）我们每天都沉浸在数理化的世界中，很少能接受到人文教育。上学期的《论语》课堂给我们打开了接触中国文化的大门。

《论语》所蕴含的道理，是我们倾尽一生也无法完全领悟到的。"学而时习之，不亦乐乎。""学而不思则罔"这些语句教会我们如何虚心求教，反思自我。"克己复礼为人""非礼勿视，非礼勿听"是我们人生的信条和准则。然而，最令我印象深刻的，是"吾十有五，而志于学。三十而立，四十而不惑，五十而知天命，六十而耳顺，七十而从心所欲，不逾矩。"这句话。它让我们不再盲目地追寻、奔跑，而是在特定的时刻反思自己的作为，获得更多精神上的领悟。

我十分珍惜这次机会。田老师以他独到的见解为我们逐渐揭开《论语》的神秘面纱。在和谐愉快的氛围中，我们逐渐领悟到论语的真谛。我们不仅在课堂中收获了知识，而且了解了如何品读一本名著的方法。此外，我还懂得，不能再一味地埋头于数学物理的海洋中。必要的人文教育在我们的人生中就像是一盏明灯，在我们迷茫之时点亮我们的路途。

（2）《论语》作为一本中华传统的伟大著作，在我心中一直有着遥不可及的地位。一直觉得它写的都是一些高深难懂的大道理。然而在《论语》鉴赏课中，我渐渐明白了《论语》中并不复杂的道理和奥妙所在。

在课中，老师用他独特的见解给我们展示了《论语》并不只是局限于表面而是更深层次的含义。每一条的论语都是当时时代背景文化的映射，都有着自己的故事。当老师给我们讲解后，那些复杂难懂的话语都变得清晰和明了起来，作为学生的我们有一种恍然大悟的通透感。当然，老师也会为我们分析《论语》中每个学生的性格个性，这也是论语的一大妙处。仅仅通过学生的提问和反应便可以看出他们的性格，如子路的鲁莽、子由的谦逊、曾点的随性等。他们的人物个性在一问一答中充分地体现，让我们在这本一直以为是大道理的书中读出了别样的乐趣。最大的收获还是对于儒家思想和传统文化有了一定的认识，并深深为孔子在几千年前的智慧所震撼。从"己所不欲，勿施于人"中我明白了不强求他人的处世态度；从"学而不思则罔，思而不学则殆"中悟出了正确的学习方法；从"礼之用，何为贵，先王之道私为美"中懂得了礼仪的内涵。

虽然，《论语》鉴赏课的课时并不多，时间也不算长，但在每一节课中，我们都能领悟到新的哲理和为人处世的态度。在其他课中我们学到的是知识，但在《论语》鉴赏课中我们学到的是可以使我们受益终生的修养和文化。

（3）一提起论语鉴赏课，就想到了田老师

《论语》的内容在我们之中的很多人看来是非常晦涩难懂，在田老师的讲解之下，它们都变得非常易懂，又十分有趣，一句句古文绘制成一幅幅美丽的画面浮现在我们眼前，一句句话语汇集成富有道理的言论回响在我们耳际。

印象最深的是一次关于"非礼勿视，非礼勿听，非礼勿闻……"内容的讲解。老师将古代的忠孝礼义做了深入的诠释，对古代儒家看重的礼做了具体的解读。同时，引导我们以深刻的角度思考社会体制从古至今的变化，国人的哲理思辨与西方哲学的异同和相互影响。

《论语》鉴赏课在课本之外，给予了我们每个人对于中国源远流长的传统文化的了解，提高了我们的文学修养，也充实了我们的积累量，同时很好地提示我们阅读、积累的重要性，这对提升我们的文学水平，思考深度等大有裨益。

在语文学习中，我们不能局限于课内外知识和应试内容，而应更多地着眼于提升自身的积累量和修养水平。只有文学水平上提高了，才能在学习中得心应手。更重要的是，中华文化的深邃，也是十分值得我们深入钻研和思考的。它能给予我们的远不止成绩上的提高，更有意义的是，它作为人文科学的基础，可以给予我们做人上的指引，对于为人处世，对于成为一个具有社会属性的人，益处不可斗量。

总而言之，《论语》鉴赏课对于每一个同学都十分有益，我们都非常喜欢。

（4）在高一的时候，我们班的语文老师——田诚老师给我们开了一门关于《论语》的选修课，实际上《论语》对于我们来说并不陌生，因为我们生活中许多耳熟能详的语句都源于其中。而且很多文章书籍也是以《论语》中的思想扩展而成的。例如《弟子规》就是古人由"弟子入则孝，出则悌，谨而信，泛爱众，而亲仁。行有余力，则以学文"衍生而来的。可以说《论语》对于我们的影响是非常深刻的。但是我们对于《论语》和孔子的了解仅限于书本上的内容，而田诚老师给我们开的选修课让我们认识到了课本以外的、真正的《论语》和孔子。

我们能从《论语》中学到什么呢？《论语》包含的内容非常广泛，它告诉你如何做人，如何学习，如何从政，如何治国，如何保持健康。而且《论语》也并不像我们想象的那样神圣，其中有些思想在人们看来甚至有些不够光明，不够上道。但总的来说，《论语》告诉了我们人生的哲学。

给我留下印象最深的就是在孔子眼中要如何做人，这是最根本的东西。"弟子入则孝，出则悌，谨而信，泛爱众，而亲仁。行有余力，则以学文。"这句出自《学而》的话充分地表明了孔子的观点："第一，别当坏蛋。第二，别当笨蛋。即先当好人，再当知书达理的人。你先把做人整明白了，要是还有精力的话，再搞搞学问什么的。"那么在孔子看来，怎样才算是会做人呢？那就是"仁"！这也是《论语》的中心思想之一。

（二）《诗经》中的爱情诗选读课程

自从有了人类，爱情便来到了人间，人类追求爱情的脚步从此就没有停止过，中学生正处在情感初发且懵懂的年纪，对爱情的向往和追求也无可厚非。《诗经》作为我国第一部诗歌总集，收录了从自西周初年至春秋中叶大约五百年间的诗歌，以诗的形式记录了距今两千多年前的历史，透过它，我们看到了先民们的社会形态、生活状况，同时也体会到了他们的情感，看到了他们在啜饮爱情琼浆时的幸福与心酸。《诗经》中的情诗是诗集中最有生气和活力的，时至今日，只要我们开卷展目，便能感受到那些热情如火、缠绵似水的感情带着远古的质朴迎面扑来，通过选读《诗经》中的爱情诗帮助学生建立正确的爱情观和价值观是一件十分有意义的事情。

《诗经》中的爱情诗选读课程属于理论类课程。以主题教学为主，分为十大主题，第一讲为概论，其他九讲分别讲读与爱情相关的主题内容。每个主题2学时，共约20学时。课程实施以教师讲读为主，同时运用图片、音乐、视频等多媒体材料（如邓丽君演唱的《在水一方》、哈辉演唱的《关雎》、舞蹈《桃夭》的视频等）创设教学情境，辅助教学，加强学生的审美体验，体会古典诗歌的人情美，走进三千年前古人的情感世界，领悟诗歌更深层次的丰富意蕴。

具体安排如下：

第一讲：概论

第二讲：男性的相思

第三讲：女性的热恋

第四讲：从爱情到婚姻

第五讲：婚姻的悲剧

第六讲：女性形象美

第七讲：古代爱情观

第八讲：从古代爱情到现代爱情

第九讲：爱情离不开"水"

第十讲：《诗经》中爱情诗的文化价值和艺术特色。

下面以第三讲——女性的热恋为例，展示具体教学内容。

在学生的认识中，古代爱情诗表现的多应是男子对女子的热烈追求，古代女子由于受到封建礼教的限制，在表达情感上多是含蓄、腼腆、羞涩的，甚至压制自己的欲望，不敢表达内心的渴求。其实并不像学生想象的那样，情感是人类最自然的天性，情感的性质对于男人和女人都是一样的。《诗经》中有很多表现女子勇敢追求爱情、呼唤爱情的诗歌，因此本专题中，教师特意选择了几首这样的爱情诗来讲读欣赏，改变学生的错误理解，让他们看到一个更真实的情感世界。

召南·摽有梅

摽有梅，其实七兮；求我庶士，迨其吉兮；

摽有梅，其实三兮；求我庶士，迨其今兮；

摽有梅，顷筐塈之；求我庶士，迨其谓之。

郑风·子衿

青青子衿，悠悠我心。纵我不往，子宁不嗣音？

青青子佩，悠悠我思。纵我不往，子宁不来？

挑兮达兮，在城阙兮。一日不见，如三月兮。

郑风·褰裳

子惠思我，褰裳涉溱。子不我思，岂无他人？狂童之狂也且！

子惠思我，褰裳涉洧。子不我思，岂无他士？狂童之狂也且！

《摽有梅》是《诗经·召南》中的一篇，此篇诗歌唱出了女性内心深处对情感寄托的欲求。暮春时节，梅子黄熟，纷纷坠落。一位姑娘见此情景，敏锐地感到时光无情，抛人而去，而自己青春流逝，却嫁娶无期，便不禁以梅子比兴，情意急迫地唱出了这首怜惜青春、渴求爱情的诗歌。从抒情主人公的主观心态看，"急"就急在青春流逝而夫婿无觅。全诗三章，"庶士"三见。"庶"者，众多之意；"庶士"，意谓众多的小伙子。可见这位姑娘尚无意中人。她是在向整个男性世界寻觅、催促、呼唤爱情。青春无价，然流光易逝。"真正的青春，贞洁的妙龄的青春，周身充满了新鲜的血液、体态轻盈而不可侵犯的青春，这个时期只有几个月"（《罗丹艺术论·女性美》）。如今梅子黄熟，嫁期将尽，仍夫婿无觅，不能不令人情急意迫。青春流逝，以落梅为比。"其实七兮""其实三兮""顷筐塈之"，由繁茂而衰落；这也正一遍遍在提醒"庶士"："花枝堪折直须折，莫待无花空折枝"（唐无名氏《金缕曲》）之忧心，似乎深有《摽有梅》之遗意。

《郑风·子衿》描写的是一个女子思念她恋人的感情。这首诗是中国文学史上描写相思之情的经典之作，其中"一日不见，如三月兮"更是千古名句。写一个女子在城楼上等候她的恋人。全诗三章，采用倒叙手法。前两章以"我"的口气自述怀人。"青青子衿""青青子佩"，是以恋人的衣饰借代恋人。对方的衣饰给她留下这么深刻的印象，使她念念不忘，可想见其相思萦怀之情。如今因受阻不能前去赴约，只好等恋人过来相会，可望穿秋水，不见影儿，浓浓的爱意不由转化为惆怅与幽怨："纵然我没有去找你，你为何就不能捎个音信？纵然我没有去找你，你为何就不能主动前来？"第三章点明地点，写她在城楼上因久候恋人不至而心烦意乱，来来回回地走个不停，觉得虽然只有一天不见面，却好像分别了三个月那么漫长。

《郑风·褰裳》在爱情生活中，有失去情人而悲泣自怜的弱女子，也有泼辣、旷达的奇女子。在以男子为本位的旧时代，虽然二者均避不开命运的摆弄，但后者毕竟表现出了一种独立、自强的意气，足令巾帼神往。《郑风·褰裳》中的主人公，正是这样一位奇女子。她与其他女子一样，此刻大抵也正处于热恋之中。因为所恋的心上人，在溱洧之水的对岸，所以也免不了等待相会的焦躁和疑虑。不过她的吐语却爽快："子惠思我，褰裳涉溱。"——你倘要思念我，就提起衣襟渡溱来！真是快人快语，毫不拖泥带水。较之于《将仲子》那"无逾我里，无折我树杞"的瞻前顾后，显得非常泼辣和爽朗。只是女主人公的脾气也未免太急了些：心上人倘要早早晚晚念着她，就必得早早晚晚来找她，那什么事都干不成了。说穿了，恐怕还是女主人公对心上人思念得更深些，巴不得立刻渡溱去会见他。但作为女子，毕竟又要矜持、婉曲些，所以说出口时，就变成了"子惠思我，褰裳涉溱"了。可见泼辣的女子也并非不矜持，爽朗之中，也毕竟还留几分含蓄在。如此把握女主人公此刻的心理，方为得之。

但她的心上人，似乎并没有及时来会，便不免引得女主人公有点伤心了。只是伤心中的吐语也毫不示弱："子不我思，岂无他人?"——你若不想我，我岂没有他人爱! 这话说得也真痛快，简直就像是指着对方的鼻子，声称"天下的男人都死光了么，我就只能爱你一个?"那样快利。这态度又是很旷达的，爱情本就是男女相悦、两厢情愿的事，倘若对方不爱，就不必强拉硬扯放不开。所谓"天涯何处无芳草"，正可为"岂无他人"四字作注。较之于《狡童》中那"彼狡童兮，不与我言兮。维子之故，使我不能餐兮"的呜咽吞声，此诗的女主人公，又显得通达和坚强多了。但倘若以为她真的不把对方放在心上，恐怕还有几分误解，其实那不过是她扑哧一笑所说的气话，而且还带有假设的意味，这从"狂童之狂也且"的戏谑语气即可推知。须知女主人公心里，实在是很看重这份爱情的，但在外表，却又装出不在意的样子，无非是要激得心上人更疼她、爱她而已。所以她刚冷若寒霜，吐出"岂无他人"一句，即又戏谑地调侃对方"傻小子呀真傻态"了。看来，这位泼辣、爽朗的女主人公，在爱情上既颇认真，也还带着几分狡黠呢。唯其如此，于自矜、刚强之中，又显得可亲、可爱。

这是一首很有现代味儿的情歌。现代味凡是不能以时间来确认的。经常可能的情形是，传统的积淀越深厚，对人性的压抑越厉害，个人能够自主的自由就相对地少，属于自己的空间也相应缩小，个人与传统之间的对立、冲突便容易发生。远古的接近自然状态的男欢女爱，同现代建立在个人独立意识基础上的男欢女爱固然有许多不同，但在符合人性的自由选择这一点上，却是没有太大差别的。从这个意义上说，其精神也是现代的。

通过本课程的学习，学生对《诗经》中的爱情诗有了系统的了解，背诵了一些经典篇目，培养了诗歌的审美品位，提高了对古代诗歌的鉴赏水平，更重要的是有了个人对爱情的思考和认识，对形成学生自己的爱情观、价值观起到了促进作用。

在课程结束的考查试卷中，教师设置了一道这样的题目：

阅读下面这首诗，回答问题：

鄘风·柏舟

泛彼柏舟，在彼中河。髧彼两髦，实维我仪。之死矢靡它。母也天只! 不谅人只！

泛彼柏舟，在彼河侧。髧彼两髦，实维我特。之死矢靡慝。母也天只！不谅人只！

这首诗触及一个普遍的社会问题：无论古今中外，在择偶的问题上，母亲和女儿的意见往往不能一致。你认为造成这种情况的原因有哪些？请试做分析。

在这里展示一些学生的答案，可见学生理性思考的深度。

（1）这首诗触及的社会问题古往今来一直存在。母亲之所以与女儿的意见产生分歧，许是女儿阅人不足，眼光还显稚嫩。她们容易被花言巧语和外貌所骗，无法透过人的表面看到内心，年幼时总爱幻想，渴望感天动地的爱情。但母亲经验丰富，阅人无数，对女儿青涩的眼光总有不满。她们会考虑得更多，更细，通过心看人而不是仅仅通过眼睛。上了年纪的人总不那么容易被骗，她们往往更重视也更关注人的本质，没有情感的牵绊，她们做出的判断也更加理智而客观。

（2）首先，择偶条件不同。一个人在人生的不同阶段想法不同。女儿往往追求爱情的你情我愿，相依相偎，甜蜜浪漫，而母亲作为过来人，认为配偶的评判标准应该是金钱、地位、权势。因此矛盾出现在两者人生取向不同、择偶条件不同。其次，时代背景不同。这种情况尤其体现在现代社会，时代、社会的快速发展改变了人们之间交往的方式、态度、想法，时代的代沟造成观念上的差异，造成了意见不合。

（三）桃李春风一杯酒——中国古代文人及其追求课程

课程指导思想：

（1）《高中语文课程标准》中对学生文化素养方面提出的要求：使学生获得较为全面的语文素养；感受艺术和科学中的美，提升审美境界；深化热爱祖国语文的感情，体会中华文化的博大精深、源远流长；陶冶性情，追求高尚情趣，提高道德修养；增强文化意识，重视人类文化遗产的传承，尊重和理解多元文化；关注当代文化生活，学习对文化现象的剖析。

（2）学生的学情：学生已具有一定的阅读表达能力和知识文化积累，乐于思考传统和现实的关系，但思考不深入。需要重点关注学生思考问题的深度和广度，使学生增强探究意识和兴趣，并掌握一定的方法。

课程开设目的：

（1）落实课标理念，让学生体会传统文化蕴含的精神品质，开阔学生视野。

（2）提升学生认识历史文化现象的能力，学习对文化现象的剖析，积极参与先进文化的传播和交流。

（3）用历史眼光和现代观念审视古代作品的内容和思想倾向，提出自己的看法，树立正确积极的价值观和人生观。

课程整体构想：

第一讲　扶摇直上九万里——庄子是逍遥的吗

第二讲　桃花源里可耕田——陶渊明及隐士文化

第三讲　书有未曾经我读——读书交流

第四讲　手挥五弦，目送归鸿——竹林七贤和魏晋清谈

第五讲　千古文人侠客梦——江湖是什么

第六讲　醉乡广大人间小——酒和文人

每讲3课时，共18课时。

课程教学环节：

导入——提出问题，陈述观点——结合材料，深化思考——质疑辩论，提高认识——总结提升

课程教学案例：

桃花源里可耕田——陶渊明及隐士文化

一、导入

方案一：近期有一则消息很引人注目，是关于终南山的，同学们注意到了没有？终南山和隐士联系在一起。一个美国人在几十年前到中国内地寻找隐士，在终南山寻访到了几十名隐居者，写出了《空谷幽兰》一书。你心目中的隐士应该是怎么样的？（展示几张图片）

方案二：有时候，我们在纷繁芜杂的社会上摸爬滚打久了，会油然产生一种厌倦，升起一种远离滚滚红尘、寻求世外桃源的冲动。这一念闪动的灵感，也许会带你和家人走入一片森林、山野，踏进一片高原、湖泊，度过一个轻松而愉快的周末，乃至逍遥自在地背上背包、度过一个充满冒险与野趣的长假。

然而无论怎样，我们总会回到现实的社会环境之中，总是要在空旷寂静的远方周游一圈之后，再次回到自己熟悉的、庸琐的生活轨迹之中。

此时此刻，我们往往会想起一种人，一种让人羡慕或者感慨的人。他们过着清贫如同乞丐的生活，可在精神上却高贵超过了王侯；他们身居山野林下，茅屋岩穴，而他们的声名却传遍当时，响彻后世。这是一群为后人羡慕敬仰的

— 125 —

人，这就是中国古代的隐士。

二、说说你心目中的隐士形象、隐士故事

展示隐士图，补充资料，简介著名隐士的故事。给名单，确定哪些是隐士。（如庄子、许由、严光、陶渊明等）

许由：许由是尧统治时期的著名贤者，今天河南登封人。他道德高深，学问渊博，远近的人们很叹服他。后来，许由觉得人生一世，徒为虚名所累，实在不值得，所以就远离族人孤居于一处，过着自得其乐的田园生活。尧早就听说了他的贤德，打算把天下传给许由而不是传给自己的儿子丹朱。《庄子》中记载说："您的智慧像日月一样照耀万物，可是我这小小的火还在燃烧不熄；它要跟太阳和月亮的光亮相比，不是很难吗？您的品德像春天的甘霖及时降落了，可是我还在不停地浇水灌地，不显得徒劳吗？先生如能居于国君之位，天下一定会获得大治，可是我还空居其位；我自己越看越觉得能力不够，请允许我把天下交给你。"

许由回答说："你治理天下，天下已经获得了大治，而我却还要去替代你，我将为了名声吗？名是虚伪不实的东西，我将去追求这无关紧要的东西吗？鹪鹩在森林中筑巢，不过占用一棵树枝；鼹鼠到大河边饮水，不过喝满肚子。你还是打消念头回去吧，天下对于我来说没有什么用处啊！"

这之后，尧仍不死心，派了使者劝他出来帮助自己。这次，许由听了使者的话，立刻跑到河边去洗耳朵。这时，许由的隐士朋友巢父正牵着一头牛来河边饮水，看见这一幕，就故意问他怎么回事，许由说尧让我掌管天下，这话把我的耳朵都弄脏了，我要洗干净。巢父听了，故意用教训的语气说："你如果一心隐居在高山深谷里，对人间事不闻不问，谁能找得到你的影子啊？我看你是故意四处乱跑，沽名钓誉，像你这么俗气的人，洗过耳朵的水太脏了，怎么喂我的牛喝水呢？"汉代才子左思写下了"振衣千仞冈，濯足万里流"的诗句，表达了对许由的无限向往。

严光：严光，字子陵，东汉著名隐士，生于西汉末年，会稽余姚人。少有高名，与东汉光武帝刘秀同学，亦为好友。公元25年，刘秀即位，多次延聘他，但他隐姓埋名，退居富春山。享年八十岁，葬于富春山。后世人称富春山为"严陵山"，又称其富春江垂钓处为"严陵濑"，其垂钓蹲坐之石为"严子陵钓台"。范仲淹在《严先生祠堂记》中称其："云山苍苍，江水泱泱，先生之风，山高水长。"

陶渊明：陶渊明为一代隐者，然而他诗名太大，无论如何也隐不住。陶渊

明经历了做官养家糊口和辞官归隐的拉锯战后，终于在四十一岁时彻底归隐了。（虎溪三笑）

三、分析隐士特质

究竟是什么样的生活乐趣，使他们在清寂艰苦的日常生活里，始终保持着一颗不被人间荣华富贵所诱动的心？

究竟是什么样的觉悟与仁慈，使他们对世俗权力保持了精神上的绝对优势，从而能够在茅屋岩居间高昂着头颅，度过自信而高贵的一生？

何为隐士？

"士"是中国古代社会精英人士，他们承载着知识与价值传承的重任，所以儒家说："士不可不弘毅，任重而道远。"但对士来说，社会提供晋身的道路只有"仕"一条，所以才有"学而优则仕"的说法。但在中国古代，大量的士选择了仕之外的另一条道路，就是"隐"，成为隐士，也形成了中国历史上绵延不绝的"隐逸文化"。

提供古人言论：

不事王侯，高尚其事。——《周易·隐者》

士之高尚……有怀抱道德不偶于时而高洁自守者；有知足之道，退而自保者；有量能度分，安于不求者；有清介自守，不屑于天下之事，独洁其身者。

归结隐士特质：高洁、独处、坚守、不与政权合作

四、联系现实，展开辩论

然而，不是所有的人都赞赏隐士的行为。在接受央视《面对面》主持人王宁有关有无偶像的采访时，学术超女于丹直言不讳地说，自己喜欢"田园将芜""知归隐"的陶渊明，喜欢"超迈""恣纵""狂傲"和"不羁"的李白。

湖北的梁江峰先生从讲政治的高度，对于丹这种"不合时宜"的言论进行了庄严的宣判："置身央视信口言，误导公众乱放炮。国人若都学陶李，和谐社会何日到？"陶渊明隐居，对社会进步是没有好处的。你怎么看？

辩论后总结：

如何认识古人的隐？不是一无用处。

邦有道则仕，邦无道则隐——孔子

穷则独善其身，达则兼济天下——孟子

古之所谓隐士者，非伏其身而弗见也，非闭其言而不出也，非藏其知而不发也，时命大谬也。当时命而大行乎天下，则反一无迹；不当时命而大穷乎天

下，则深根宁极而待：此存身之道也。——庄子《缮性》

或隐居以求其志，或曲避以全其道，或静己以镇其躁，或去危以图其安，或垢俗以动其概，或疵物以激其清。——《后汉书》

（1）隐或隐逸的价值不在于反社会或反文化，而是一种心态，一种生存方式的呈现。隐士也没有放弃对社会的关怀或责任，而是以一种低调的姿态注视着社会，以一种疏离的心态参与着文化的创造。

（2）隐居的方式给我们启发：身隐与心隐。进入唐代，出现了所谓的"吏隐""中隐"之说，完全将隐逸与为官融为一体，著名诗人白居易是这方面的代表，他的《中隐》诗云：

大隐住朝市，小隐入丘樊。丘樊太冷落，朝市太嚣喧。

不如作中隐，隐在留司官。似出复似处，非忙亦非闲。

不劳心与力，又免饥与寒。终岁无公事，随月有俸钱。

所谓"中隐"就是介于"大隐"与"小隐"之间的一种隐逸方式，一方面避免了山林原始环境的冷落，另一方面也避免了朝市的喧嚣。白居易诗中有两个关键词值得注意，一个是"闲"，一个"俸钱"。在白居易的观念中，一种"既有钱又有闲"的生存方式就是"中隐"，"闲"避免了内心的烦躁，而固定的"俸钱"则免于因为隐居造成的经济上的困顿，这已经可与现代人的生活观念"接轨"了。

可见，六朝以下的隐居观念发生了根本性的改变。隐逸完完全全成了一种心态，一种生存方式，不再注重形式，更看重的是个体自我的感受与内心的闲适。

五、教师总结升华

古人采用隐居的方式坚守心灵的宁静，随着社会的发展，人类工业文明的脚步无所不至，恐怕我们很难再找到一处方外之地或世外桃源供我们隐居了。我们要做的不是身隐，而是心隐。心灵的归隐是在滚滚红尘的执着中放下贪念，是在无限放大的自我中做到无我，是在积极进取中时刻怀有急流勇退的明智，是在幽暗昏惑中秉持一盏明灯，让自己有路可走。孔子给我们指出了一条入世有为之路，而庄子给我们指出了另一条出世无为之路；孔子给我们打开了一扇门，庄子则给我们开辟了一个后花园。

它是现代浊世的清凉剂，是迷茫心灵的长明灯，是开在尘世间的一朵莲花，是虽在红尘中而不沾惹尘埃的赤子之心！

六、提供课后阅读参考书目

《空谷幽兰》　　　　　［美］比尔波特　　　南海出版公司

《菊花诗酒》　　　　　史幼波　　　　　　　重庆出版社

《庄子的快活》　　　　王蒙　　　　　　　　安徽教育出版社

《陶渊明传》　　　　　李长之　　　　　　　人民文学出版社

《鲍鹏山新读诸子百家》鲍鹏山　　　　　　　复旦大学出版社

课程学习反馈：（学生作品）

《逆境中中国文人的活法》练笔精选：

（1）面对人生困境，陶潜乐天安命，独耕植于旷远；苏子瞻诗酒年华，视人生如逆旅；李白把酒对月，念功名如无物；杜子美老病孤舟，把浊酒而难安。世事无常，风尘几再，功名难期，失意多寻。也许，生命本身就不存在意义；也许，再精彩的人生与庄周齐物之思相形也不过是枯木锦灰。人生天地间，忽如远行客，渔钓起夕阳，十年又三更。我们不能说时间短暂到无情，但我们能说人生能让自己选择一种理想的活法，陶潜是将自己的人生寄托到那十亩方宅、几处草屋上，让他的生命归于那一林山上的晨风，将志向托于渺远无尽的自然，他是快乐的，满足的。可杜子美就不得志了么？年复一年的流离，但他仍追索自己的价值，在残杯冷炙外坚守那份纯真。人生，真的不在于功名与否，不在于富贵荣华。追求过，理想地活过，其实已经足够，毕竟，曲终人不见，江上数峰青，时间不记录任何人的人生，但至少我们应该知道那些时间真正应该属于谁。

（2）面对失意，李白"天生我材必有用"写出的是潇洒。面对失意，苏轼"归去，也无风雨也无晴"写出的是洒脱。面对失意，白居易"此时无声胜有声"写出的是寂寞。面对失意，杜甫"大庇天下寒士俱欢颜"写出的是胸怀天下。千古风流浪淘沙尽，人间正道沧桑。在无尽的巨人斗争中，中国古代文人用他独特的方式，在黑暗中挣脱出一条活路。然而，无论怎样的活法，没有一个人像陶渊明一样"采菊东篱下，悠然见南山"，把归隐当成一种生活的艺术。如果说李白杜甫等人是逆流而上，挣扎着也要实现一种人生信念的话，陶渊明的隐去情怀便淡泊得太多太多了。无欲所以无求，对于世俗，他眼不见，心不烦。让官场黑暗去吧，我爱我的自然，爱我的土地。让他归去吧，归去，便是精神的解脱，便是对坎坷人生最清淡的寂寞。

（3）面对官场之黑暗，陶潜选择了归隐田园，饮一壶清觞，在庭中信步；或抚琴书画，或躬耕西畴，叹一声"乐夫天命复奚疑"。这从表象上看，是一种逃避，或许"富贵非吾愿，帝乡不可期"是一种消极情绪，然而陶潜这种既非儒家亦非道家的思想中透露出了一种旷达。他追寻自己的本心，不愿与世俗同流合污，不愿"为五斗米折腰"，又何尝不是一种对官场黑暗的反抗。相较陶潜，李白仕途受挫，同样选择了退出官场，不同的是"安能摧眉折腰事权贵，使我不得开心颜"，多了几分任性与不羁；他在月下酌酒吟诗，"天生我材必有用，千金散尽还复来"，亦多了一些乐观与自信。他与陶潜一样看透了官场的污浊，在"但愿长醉不愿醒"的感慨中和"人生在世不称意，明朝散发弄扁舟"的喟叹里同样抒发了自己对官场黑暗的一种反抗。杜甫亦是因难以在黑暗的官场容身而无奈避世。与前两者不同的是，他隐退后仍关心民间疾苦，身居简陋的茅草屋中，却吟出"安得广厦千万间，大庇天下寒士俱欢颜"的千古名句。面对官场的黑暗，此三者的做法虽不完全相同，但却都是选择了不屈，选择了隐退，选择了对现实的反叛。

（4）纵观历史的长河，中国古代不论是哪一个王朝，似乎都有这样一些文人，面对官场的黑暗、人心的腐朽，他们毅然选择了"出淤泥而不染"般的坚守，坚守住心灵中那一方净土。不为五斗米折腰的陶渊明放弃了官场的富贵，过着一贫如洗的生活，但却依旧在贫穷中悟出了自己人生的真谛，怀良辰以孤往，或执杖而耕耔，登东皋以舒啸，临清流而赋诗。朴实无华的生活才是他所要追求的。同样被赐金放还的李白，一句"安能摧眉折腰事权贵"道出了其豪放、洒脱而真实浪漫的性格。也许有人说像李白、陶渊明这样的文人不过是在逃避现实罢了，然而面对以一己之力无法扭转的黑暗现实时，他们能够跟随心灵的嗅觉，保持高尚的情操和自己独特的个性，而非迷失在现实的黑暗中，成为众多贪官污吏中的一员，正是值得后人所学习的。

（5）杜甫虽官场常受挫，却依然有着积极入世的态度。而陶渊明虽有官等着他来做，他却是心不甘情不愿，依旧做自己的隐士。杜甫饱受官场黑暗的折磨，但他想的是改变环境，建设国家。即使日子贫苦，他说的却是"安得广厦千万间，大庇天下寒士俱欢颜"，他心系百姓。而陶渊明则看破了官场的黑暗，不愿为官。选择归隐，过着"采菊东篱下，悠然见南山"的日子，他追求的是自己内心的平静，他选择的是改变自己。他们的区别，是人生观的不同，也是价值观的不同。在我看来，杜甫的想法是可取的，总要有人试着改变现状，不能总是选择逃避。

（6）曾"猛志逸四海"的陶渊明，背弃了孔子"君子之仕也，行其义也"的信条，成为逍遥于天地之间的信徒。这样一种隐逸，却未尝不是陶渊明对现实的逃避和躲藏，这样一种责任感的缺失，无论陶渊明如何妙笔生花，都无法为后世读者所忽略。

陶渊明身处乱世，看不惯官场黑暗，数度归隐，安贫乐道，最终贫病而死，诚然，人各有志，我们不能因他的不与世俗相容而谴责他，却也不应因此赞许他。杜甫也不爱官场，但他"致君尧舜上，再使风俗淳"的理想从未在现实中消亡。无论是"五更鼓角声悲壮，三峡星河影动摇"中流露出的悲天悯人，还是"受冻死亦足"的大慈悲，杜甫虽也曾以"绝代有佳人，幽居在空谷"的佳人自比，但他这个"绝代佳人"却实际从未入谷，满心都是"戎马关山北，凭轩涕泗流"的家国之悲，笔下尽是"三吏""三别"的肺腑之言。纵然未能亲身为官，也用一颗赤心装满八千里华夏的热土，用一腔碧血点亮五千年中华的历史。与他相比，明明可以造福一方百姓，却背弃人民，躲避现实，远离社会，置天下疾苦于身外的陶渊明，立刻在历史的审视下显出了一点低矮。他未必负国，却也没有尽自己的责任。对家，他自顾自地"不为五斗米折腰"，折掉的却是家人的希望，家有五子，他却"审容膝之易安"，他的家人因此受贫忍饥，这是他对家人的爱吗？妹妹病亡，他立即去职，这究竟是爱别离的苦使他忧心烈烈，还是只是一个造作的姿态，实在令人难以判断。如果他的"鸟倦飞而知还"是李白那样"我辈岂是蓬蒿人"的豪情，是敏锐地对当局的攻讦而非对世界的厌弃，那么陶渊明大概会可爱得多，而不是留下一个恍惚苍白的背影！

（四）"清风雅韵"经典诗歌朗诵比赛主题活动课程

活动目的：为学生提供展示青春风采、青春活力的平台，使学生在感受经典诗歌无穷魅力的同时，提高自身语言艺术的表现力和品读诗歌的鉴赏力，从而激发学生对诗歌的热爱，陶冶学生的道德情操，培养学生的审美情趣，活跃校园生活。

活动对象：高二年级学生

活动内容：选取课内外经典诗歌（古代、现当代均可）作品或者自创诗歌作为朗诵素材。

活动要求：每个节目时间3~5分钟；朗诵者要脱稿朗诵；朗诵时配音乐、画面或者视频资料；参赛选手自定服装；朗诵形式可以是独诵，也可以是集体朗诵。

评价标准：

精神面貌：自然大方、出入有序有礼、精神饱满、衣着得体。

思想内容：内容切合主题，健康向上、思想性强。

发音：语调、发音准确，吐字清晰，不读错字，不添字，不漏字，不改字。

语速：语速恰当、声音响亮，表达自然流畅，节奏张弛符合思想感情的起伏变化。

感情：忠实于原作品，领会作品内容，准确把握作者的思想感情基调，富有感染力。

表演：感情真挚，表情丰富，姿势自然得体，庄重大方，舞台效果好。

奖项设置：一等奖 2 个，二等奖 3 个，其他奖项包括：激情四溢奖、靓丽组合奖、新颖创意奖、动人表演奖、最佳人气奖、最佳台风奖、魅力音色奖、诗情画意奖、最具潜力奖。

活动效果：

从学生选择的作品来看，有《川江号子》《满江红》《少年中国说》《面朝大海，春暖花开》《将进酒》《天狗》《纳兰容若词二首》《我的祖国》等经典诗歌，另有学生的原创诗歌《生亦受困，困亦是人》等。其传统性、丰富性及学生的品位可见一斑，充分体现了学生对传统诗歌的青睐和喜爱。

从现场比赛的效果来看，虽然是经典诗歌的朗诵比赛，但每一位朗诵者都在诗歌中融入了自己新的诠释、新的理解，也给在场所有的听众带来了不一样的体验。忽而一声呐喊，思绪被拽回遍布喊杀的万里疆场，只听到岳家军高喊着"壮志饥餐胡虏肉，笑谈渴饮匈奴血"，他们雄姿英发，豪气万丈，谁与其比肩？转而一阵笛声，一袭白衣风流倜傥，一把纸扇摇得风生水起，只见纳兰容若深深眷念着诉不尽的离别之意，浅浅吟诵着数不尽的款款深情。"以自然之眼观物，以自然之舌言情"，满腹言语化为一首唯美清丽的纳兰词，随唇瓣的轻动缓缓细语，望你不论走向何方，都还记得身后之人对你的祝愿。《秋日私语》《少年中国》《面朝大海，春暖花开》……绽放在诗词的天空，迸发出绚烂的色彩。在场听众无不为纳兰而感动，因岳飞而沸腾，为李白而骄傲，因启超而懂得什么是责任。古诗词如清风般柔柔环绕在听众的心间，忽缓忽急。乐声悠扬，听者沉醉。

活动感受（学生感言）：

（1）"参与朗诵比赛，让我心境更加平静。现代人受高科技技术影响，心理越发的浮躁。而朗诵可以让人沉浸在自己编织的精神世界中，从而平静心情，调和心态。当我站在台上时，我仿佛忘却了纷杂的世界，向心中的精灵，用真诚的情感诉说内心的独白。这次体会，让我对人生的感悟更加真切，让我未来处事时更冷静。这次比赛，令我内心平静。"

（2）"'江山代有才人出，各领风骚数百年。'美好的诗歌往往是一个时代的写照。通过朗诵，我们能深切地体会到诗中表达的感情，同时提高自己的文学素养，这在'清风雅韵'朗诵比赛中都得到了充分的体现。作为一位参加者，在朗诵诗歌的过程中我真切地感受到了语言的魅力和文化的广博。整个比赛的气氛是热烈的，同学们投入了很高的热情，大家的表演更是百花齐放，各有特色，伴着音乐，我们仿佛身临其境，如在诗中，这真是一次诗歌的盛宴啊！"

（3）"朗诵能陶冶人的情操，让人们沐浴在华美的词句中。在大声地朗诵中，我对中国文化与现代诗歌也有了更为深刻的理解，希望以后还能更多地参与这类活动！"

（4）"慷慨台上皆霸气，辈辈才子满豪情。吾等有幸抒胸臆，展望未来复博弈。"

（5）"诗歌是语言的精华，而语言是一个民族的灵魂。在无数人都说'中国，你的诗歌丢了'的今天，当我们再度吟诵起这中华民族灵魂中的灵魂时，我心中有震撼，更有感动！"

（五）"我在诗的海洋里徜徉"诗歌、散文主题创作活动课程

活动目的：在课内学习了古典诗歌和现当代诗歌后，为了有效地弥补课堂教学有限性的不足，扩大诗歌在学生中的影响力，进一步提高学生诗歌鉴赏能力，激发学生创作读诗歌的兴趣，营造校园良好的文化学术交流氛围，使更多学生关注诗歌、关注文学，特举办此次活动。

活动对象：高一年级学生

活动内容：

征集稿件，征集诗歌创作或者有关诗歌阅读的感受的散文创作作品，要求必须是原创作品；古体诗、现代诗、散文体裁不限；诗歌形式灵活自由；内容健康，主题鲜明。

精选结集，从征集作品中择优编辑成作品集，印刷成册，全校范围内交流，每位作者奖励一本。更鼓励产量高的学生自编专集。

活动效果：

学生积极响应，创作热情很高，各班几乎全员参与，上交作品内容丰富，体裁多样，文质兼美，且富有创造力，特别是现代诗歌诗行摆放的设计，充分

体现了诗歌的建筑美和学生的灵活思维、创新精神。

　　文科班有两位学生酷爱填词，风格与清代词人纳兰性德极为接近，填词数十首，合编成集，名为《青衫集》。在自序中他们这样写道："兴之所至，就是很想编这样一本集子，一种没有原因的冲动。承载着一些期许，一些鼓励。就这样开始了一个多月的编著工作。'胡天八月即飞雪，京城三月是扬花。'诗词的魅力早已在百年前遍布大江南北，而今，更是跨越了千古轮回。字字珠玑、句句美妙。篇篇首首尽都是令人窒息的文字。丢了它，必然会得到历史的叹息，美神的遗憾……将它重新拾起，似如捡起一片落花，同样的美貌、同等的清香。唯少了那可以延续的生命……冷月葬花魂呼？或许，我们可以像黛玉一样，将逝去的美好安葬，再待年复一年、依旧会有新花开放，继而凋零。一代一代的经历轮回，却又哪堪、风流百年，与唐诗宋词争艳？简洁的语言，含蓄的美，无尽的意境……耐人寻味，无数青年男女的追逐，无数文人才子的以身相许，足以证明这份辉煌不朽。"

　　语文老师为他们对文学的那份痴情与执着所打动，欣然为他们的词集作序。在序言中她这样写道："其实每个人的一生中，都有一段诗意盎然的岁月，它的名字叫'青春'。它充满混沌初开的懵懂、迷惘执着的深情、敏锐纤细的灵感，而诗歌无疑赋予了年轻人诉说、书写这段岁月的最佳方式。只不过在被压抑的现实的冻土之上，原本诗意的人生向往、美丽的诗歌意象被我们冰封在一个无人问津的地方。今天，我兴奋地看到这几个孩子用他们的激情燃烧的火焰打开了冰封世界的一角。我完全能够想象，他们怎样的阅读、模仿、创作，他们怎样在现实和历史之间穿越。他们有时文思泉涌，奋笔疾书；有时冥思苦想，浅斟低吟。他们沉浸在自己的世界中，踏上灵魂的幽径，与古人对话，收获精神的甘露，再将它洒向人间。"

　　学生作品精选：

### 南歌子

夜深人犹静，幽篁月下风。提灯近竹少飞虫。方叹林中季节入萧冬。
孤寂斟三盏，相思梦两重。醒时念影更无穷。才道人间痴醉易成空！

### 雨霖铃

花灯空设，逝繁华里，淡光流火。新友执手相叙，却铭记，倾心开解。点点滴滴默默，更，难忘难舍。辗转路，稀雨风尘，旅居他乡忆思昨。

怎甘仅作命中客？喻知音，比翼连枝错。饮憔悴酒含泪，天河水，壁山石漠。怅望轻歌，且献之所有为君贺。寂静夜，泪雨霖铃，来世将何若？

### 望海潮　首师赋

花尘风语，泉边恬淡，悠悠绿水交流。和日影泉，鱼龙水底，忧愁谐忘闲游。伤梦梦前秋，士抵外来客。尊列贤首，世代传扬，百年基业，万重楼。

狂风昨日新楼，踏遍天朝地，清野生仇。风里狼烟，幽香几处？千江苦泪成流。昔树铮英气，立功成名就。薪火不熄，百世多少王侯？世代继风流。

### 孔雀东南飞（自创体）

汉，悲伤，凄惨。秋风残，孔雀南，两情缠。

初与君识，烟花巷里。嫁入君门，情意绵绵。

无奈婆媳间，告吏我行专，不知何所云。遣我自还家，故信使君闻。

谓府吏此纷纭，诉终日之苦辛，与真心天可鉴。勿早演窦娥冤！仲卿归也浮云，整行囊赴归尘。

新装丝履夹秀裙，对镜轻抚憔悴面，伤情处长路望断，思家母咽泪装欢。闻仲卿芳草再寻，顺母意再踏情门，山盟海誓化作烟。

只怪那苍天捉摸人，欲试那情与金谁坚。放眼望人海人山，来贺者络绎不绝断。落叶飘零人随凋零，霜结庭兰无语斜栏。孔雀双双今日成单，茫然四顾何处君身？

微雨微语泪痕随风干，思晴思情回忆往云巅。郎守诺言怀恨别世尘，妾舍富贵择枝挂东南。留待人间空留待余恨，乐道西天得乐道缠绵。断丝梧桐相依伴入眠，南鸟名鸳声声唤爱鸯。孔雀结伴双双向东南。

### 无题

我

正在

写作业

抬头看表

两点二十九

夜深人静

只有虫

窗外

鸣

## 熬夜

虽然很晚

可状态却很好

抬头看看璀璨星空

领略那无边无际的宇宙

让月光塞在我脸庞

虽然累却快乐

发自内心

心底

## 听

声音

消失了

只有钟表

还在嘀嗒响

写着写着

写完了

准备

睡

## 扬州慢（读后感）

解鞍

停驻在残破面前

麦荠摇动了青色的春风

枯木经历了火焰的幸存

庭池轻染了血红的哀伤

他们相互润染，缠绕

沉淀出来了脚下土地的颜色

我躬身捧起一捧

看它从空中沉沉坠地
这是我的淮扬吗？


角声蓦地倒卷起风暴
踏破心中的残影碎月
久久无言
夜色降临


天空倒影了烛火
画楼的身形明灭闪烁着红尘
罗帐里 几重缱绻
你的诗句流传
歌女的银腕千回百转
太过高昂的曲调了啊
崩断了一根浮世的弦
南朝的亭台
落入火坑化为烟尘


二十四桥的月色流光墨蓝
箫声被洪流卷至水底
静寂无声
芍药残红


## 枕畔的诗梦

我的床头常摆着两本书。一本是《二十世纪中国诗歌选》，另一本是《饮水集》。

在我的印象里，诗歌就好似浩渺书海中的珍珠，永不如白帆一般随风而逝，也不似扁舟一叶随波逐流。它拥有圆润而神秘的流光，泛着点点变幻的梦——我知道，那是诗人经无数的煎熬才沉淀出的梦。诗人，是一只追求沙与痛苦的蚌。他们以自己的血与苦，从一粒粒难觅世界的沙中，炼出诗境的宝珠。

因而我极珍重诗。我从不敢妄自拿起它来，做学习之余的消遣，更不愿走马观花，一带而过。我渴望亲身体验诗人那时的心灵，多么的敏感而深邃的心灵啊。只有在夜深人静，月影朦胧时，才能入得诗人的桃源仙境，品得诗人的情丝缕缕。读书，是唯一需要全神贯注的事。

所以我把那两本诗词集放在我的床头，做我的梦的织梭。

学生生涯，是循环往复的一天又一天，像一条没有尽头的环线。然而我依然一圈又一圈地走下去，因为每一天的眼前，都是一个新的世界。昨天，还是"谁念西风独自凉"的凄寂；今天，却化作"面朝大海，春暖花开"的温馨。手捧一书诗，枕在柔婉的月光下，消散了一天的纷繁，眼前浮现出缥缈的幻境。仿佛一缕茶香绵绵，荡在我耳中。像悠然酣醉于流云之上，像翩然逍遥于碧林秋水之间，如羽化一般的轻灵与舒畅，我静默在诗意里，枕畔的诗梦依稀。

一觉醒来，眼前仍是昨日的空白的墙——旧梦不须记。

诗就是这样，永远淡淡的一抹，看似消散得容易。可她就好似梦境一样，一时记不起，却又有某一暗合的时刻，重勾起那沉淀的、某一消逝了的印象。我总觉得，诗就是梦，一个文字堆叠出的，特殊形态的梦。

闲暇的日子里，我也喜欢在午后，慵懒的眼对着慵懒的阳光，捧着诗集，倚着靠枕，徜徉在斜阳晴波下的诗境里。不知不觉中，诗境默化为梦境，便口嗡书香，弥散在梦境中了。过半晌，只见书斜躺在锦被上，茶叶儿也入了梦乡，光与影斜映在书架上，梦里是恬然的微笑。

"你不能做我的诗，正如我不能做你的梦"。我倾出热忱，投入繁华的市井；但每当夜阑人静、月落疏桐时，那枕畔的诗梦，却是我人生邮记下，藏着的，秘密的一吻。

## 七、课程评价

### （一）评价原则

**1. 重视激励性评价**

教学过程中充分发挥激励性评价的作用，关注学生的每一点进步，及时表扬，及时鼓励，不断激发学生学习的积极性，使学生不断获得学习的兴趣和发展的动力。

**2. 重视过程性评价**

教学过程中重视对学生学习过程的评价。特别关注学生在学习过程中的兴趣、态度和情绪，使学生获得学习的愉悦体验；关注学生阅读兴趣和文化视野的拓展；关注学生把握和内化传统文化精神、形成自己的价值追求和人格内涵的过程。

3. 评价主体多元化

教学过程中既重视教师对学生的评价，也要尊重学生的主体地位，指导学生开展自我评价、相互评价，甚至请学生家长参与评价，使评价成为学校、教师、学生、家长等多个主体共同参与的交互活动。

4. 评价内容多元化

对学生传统文化学习的评价，既关注学生的学习过程，也关注学生的学习兴趣和学习习惯，关注学生个性化的学习方式和学习要求，关注学生的传统文化知识的积累，关注学生学习中的感悟和情感体验，关注学生的创新精神和实践能力。

5. 评价尺度多样化

不用一个统一的尺度去评价所有的学生，承认学生发展的差异，考虑到学生的家庭文化背景、城乡文化差异、思维个性差异等因素，考虑学生的不同起点，关注每一个学生在其原有水平上的发展。

（二）评价内容

评价内容涉及以下几方面：一是参与活动的课时量与态度，二是在活动中所获得的体验情况，三是知识、方法、技能掌握情况，四是创新精神和实践能力的发展情况，五是活动的收获与成果。

具体评价如下：

（1）学生上课出勤率评价。该项目占学业总成绩的20%。

（2）课业完成情况评价。该项目占学业总成绩的40%，包括平时上课听讲、学习的态度、作业的完成情况。

（3）课程结业成绩。该项目占学业总成绩的40%。

学生校本课程学业总成绩综合以上内容，采取等级制。分为优秀、良好、合格、不合格四个等级。

# 第二节　学生学习成果展示

## 一、学生实践探索成果展示

现行学校教育以固定在校园内的课堂教学为主，形式以课堂教师的讲解传授为主。学生的学习方式相对单一，长期习惯于接受式的学习方式，个人主动获取知识的途径少，尤其是实践性、体验性学习机会缺乏，学习动机不足，求知欲不强烈，缺乏探索精神和创新精神，从而导致知识应用能力不足。通过与大学合作办学，首师大附中对学生的学习方式进行了变革，充分调动学生的动手能力，使学生在学到知识的同时，体验到学习的乐趣。

## 案例分享

### 植物的亲子鉴定

首都师范大学附属中学　田辰　宁帅　江源澄　赵子辰　王雨轩

指导老师：吕巧燕

实验地点：中国科学院上海有机化学研究所（晁代印课题组）

**实验背景：**

不同植物有着不同的形态特征及生理特性。多态性是指在一个生物群体中，同时存在两种或多种不连续的变异型或基因型，亦称遗传多态性（genetic polymorphism）或基因多态性。从分子生物学角度，分子标记可以很好地帮助我们区分不同植物的多态性，根据已知的基因组序列设计特异引物，对不同个体 DNA 进行 PCR 扩增反应，产物经过电泳可以直接检测到长度不同的片段，从而揭示个体间的多态性。来自父本、母本的子代个体可以表现出两种大小的片段：一个与父本 DNA 大小相同，一个与母本相同。因此，我们用几种分子标记同时筛选，最终根据 DNA 片段大小确定亲本及子代个体。

**实验过程：**

**1. 实验目的**

（1）了解基因多态性，辨别亲本、子代的原理及方法。

（2）了解 DNA 简易提取的原理及方法。

（3）了解 PCR（聚合酶链式反应）以及琼脂糖凝胶电泳分离 DNA 的分子生物学技术。

**2. 实验原理**

①DNA 的简易提取

DNA 的简易提取如图 1 所示。

植物叶片细胞有细胞壁，且胞内含有水、糖类、蛋白质、核酸（DNA、RNA）、脂类等，因此我们进行 DNA 提取的关键就是使组织细胞破裂后释放出

**图1　拟南芥**

DNA，并且保持稳定。通过剪取少量叶片、置于 pH 为 8 的缓冲液中，以高温煮沸的方法使细胞破裂，释放出一定量的 DNA，进行下一步鉴定。

②PCR（聚合酶链式反应）（如图 2 所示）

**图2　聚合酶链式反应**

聚合酶链式反应（polymerase chain reaction）简称 PCR 技术，是在模板 DNA、引物和 4 种脱氧核糖核苷酸存在的条件下，依赖于 DNA 聚合酶的酶促反应。分三步：变性，通过加热使 DNA 双螺旋的氢键断裂，双链解离形成单链 DNA；退火，当温度降低时由于模板分子结构较引物要复杂得多，而且反应体系中引物 DNA 量大大多于模板 DNA，使引物和其互补的模板在局部形成杂交链，而模板 DNA 双链之间互补的机会较少；延伸，在 DNA 聚合酶和 4 种脱氧核糖核苷三磷酸底物及 Mg2＋存在的条件下，5′→3′的聚合酶催化以引物为起始点 DNA 链延伸反应。以上三个步骤为一个循环，每一循环产物可作为下一个循环的模板，几十个循环后，介于两个引物之间的特异性 DNA 片段得到大量复制，可达 $2 \times 10^{6 \sim 7}$ 拷贝。

③琼脂糖凝胶电泳（如图 3 所示）

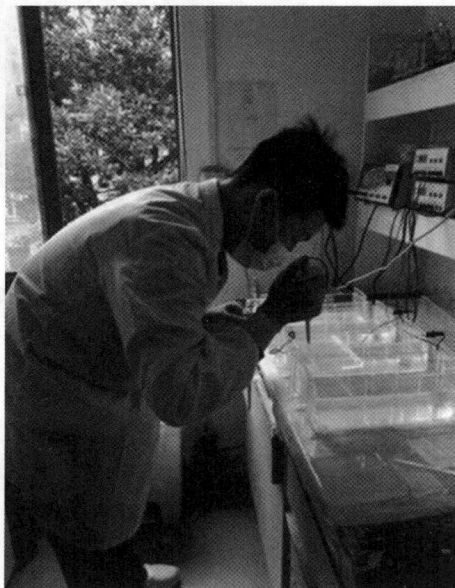

图 3　琼脂糖凝胶电泳

琼脂糖凝胶电泳是检测 DNA 的常用方法。核酸分子是两性解离分子，在 pH 值为 $8.0 \sim 8.3$ 时，所带磷酸全部解离，核酸分子带负电荷，向正极移动。DNA 在琼脂糖中的电泳迁移速率主要取决于：样品 DNA 分子大小、DNA 分子构象、琼脂糖浓度、电场电压、缓冲液、温度等。控制其他条件一致的情况下，DNA 的迁移速率主要和 DNA 分子大小相关。

此外，加入 EB，并将目的样品和已知分子量大小的标准 DNA 片段（marker）作琼脂糖凝胶电泳对照，可分别检测样品的浓度和分子量大小。

3. **实验步骤**

（1）取 5 个小管子做好标记，每个管子中加入 $10\mu L$ 的 DNA 快速提取缓冲液。

（2）用酒精灯灭菌镊子，待冷却后小心夹取少量叶片放于缓冲液中，每个植株个体都要用不同的镊子，或者将镊子灭菌后再取下一个个体叶片。

（3）98度高温处理10分钟。

（4）冷却后，加入 90～100μL 水，将其稀释 10 倍，以尽可能减少 DNA 以外的杂质。

（5）配置 PCR 反应体系，每对引物配 6 个混合溶液。

①模板 DNA 1μL。

②引物 UP 1μL。

③引物 DOWN 1μL。

④10 × Buffer 5μL。

⑤ddH$_2$O 2μL。

总体积 20μL。

（6）PCR 反应（如图 4 所示）。

**图 4 PCR 反应**

（7）电泳跑胶。

**4. 实验结果**（如图 5 所示）

（由于仪器设定错误，其中一组跑胶失败，故有四组跑胶结果）

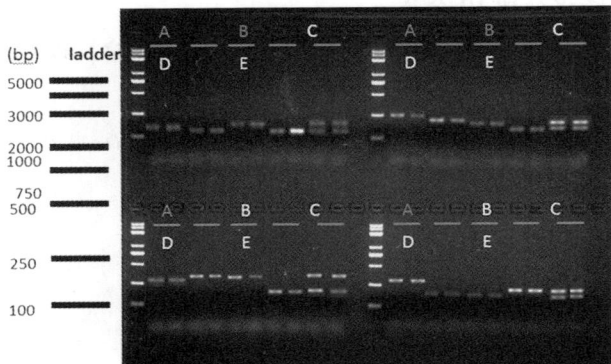

图5 实验结果

**结论：**

亲本为 C、D，子代为 E。

**实验核心——PCR 技术**

1. 聚合酶链式反应

聚合酶链式反应是一种用于放大扩增特定的 DNA 片段的分子生物学技术，它可看作生物体外的特殊 DNA 复制，PCR 的最大特点是能将微量的 DNA 大幅增加。因此，无论是化石中的古生物、历史人物的残骸，还是几十年前凶杀案中凶手所遗留的毛发、皮肤或血液，只要能分离出一丁点的 DNA，就能用 PCR 加以放大，进行比对。这也是"微量证据"的威力之所在。美国化学家凯利·穆利斯于 1983 年首先提出此设想，并在 1985 年发明了聚合酶链反应，即简易 DNA 扩增法，意味着 PCR 技术的真正诞生。到 2013 年，PCR 已发展到第三代技术。1973 年，台湾科学家钱嘉韵，发现了稳定的 Taq DNA 聚合酶，为 PCR 技术发展也做出了基础性贡献。

PCR 是利用 DNA 在体外 95 ℃高温时变性会变成单链，低温（经常是 60 ℃左右）时引物与单链按碱基互补配对的原则结合，再调温度至 DNA 聚合酶最适反应温度（72 ℃左右），DNA 聚合酶沿着磷酸到五碳糖（5′−3′）的方向合成互补链。基于聚合酶制造的 PCR 仪实际就是一个温控设备，能在变性温度、复性温度、延伸温度之间很好地进行控制。

2. PCR 的创建

科兰纳（1971）等最早提出核酸体外扩增的设想："经 DNA 变性，与合适的引物杂交，用 DNA 聚合酶延伸引物，并不断重复该过程便可合成 tRNA 基因。"

但由于当时基因序列分析方法尚未成熟，热稳定 DNA 聚合酶尚未报道以及引物合成的困难，这种想法似乎没有实际意义。加上 20 世纪 70 年代初分子克隆技术的出现提供了一种克隆和扩增基因的途径，所以，科兰纳的设想被人们遗忘了。

1985 年，穆利斯在 Cetus 公司工作期间，发明了 PCR。穆利斯要合成 DNA 引物来进行测序工作，却常为没有足够多的模板 DNA 而烦恼。

1983 年 4 月的一个星期五晚上，他开车去乡下别墅的路上，猛然闪现出"多聚酶链式反应"的想法。

1983 年 12 月，穆利斯用同位素标记法看到了 10 个循环后的 49bp 长度的第一个 PCR 片段。

1985 年 10 月 25 日申请了 PCR 的专利，1987 年 7 月 28 日批准（专利号 4，683，202），穆利斯是第一发明人。

1985 年 12 月 20 日，《科学》杂志上刊登了第一篇 PCR 的学术论文，穆利斯是共同作者。

1986 年 5 月，穆利斯在冷泉港实验室做专题报告，全世界从此开始学习 PCR 的方法。

3. PCR 技术的基本原理

PCR 技术的基本原理类似于 DNA 的天然复制过程，其特异性依赖于与靶序列两端互补的寡核苷酸引物。PCR 由变性—退火—延伸三个基本反应步骤构成：①模板 DNA 的变性。模板 DNA 经加热至 93℃ 左右一定时间后，使模板 DNA 双链或经 PCR 扩增形成的双链 DNA 解离，使之成为单链，以便它与引物结合，为下轮反应做准备；②模板 DNA 与引物的退火（复性）。模板 DNA 经加热变性成单链后，温度降至 55 ℃ 左右，引物与模板 DNA 单链的互补序列配对结合；③引物的延伸：DNA 模板—引物结合物在 72 ℃、DNA 聚合酶（如 TaqDNA 聚合酶）的作用下，以 dNTP 为反应原料，靶序列为模板，按碱基互补配对与半保留复制原理，合成一条新的与模板 DNA 链互补的半保留复制链，重复循环变性—退火—延伸三过程就可获得更多的"半保留复制链"，而且这种新链又可成为下次循环的模板。每完成一个循环需 2～4 分钟，2～3 小时就能将待扩目的基因扩增放大几百万倍。

4. 步骤

DNA 变性（90～96 ℃）：双链 DNA 模板在热作用下，氢键断裂，形成单链 DNA。

退火（60~65℃）：系统温度降低，引物与 DNA 模板结合，形成局部双链。

延伸（70~75℃）：在 Taq 酶（在72℃左右，活性最佳）的作用下，以 dNTP 为原料，从引物的3′端开始，从5′→3′端的方向延伸，合成与模板互补的 DNA 链。

每一循环经过变性、退火和延伸，DNA 含量即增加一倍。有些 PCR 因为扩增区很短，即使 Taq 酶活性不是最佳也能在很短的时间内复制完成，因此可以改为两步法，即退火和延伸同时在 60~65℃时进行，以减少一次升降温过程，提高了反应速度。

5. 反应特点

（1）特异性强。

PCR 反应的特异性决定因素为：

①引物与模板 DNA 特异正确的结合。

②碱基配对原则。

③Taq DNA 聚合酶合成反应的忠实性。

④靶基因的特异性与保守性。

其中引物与模板的正确结合是关键，引物与模板的结合及引物链的延伸是遵循碱基配对原则的。聚合酶合成反应的忠实性及 Taq DNA 聚合酶耐高温性，使反应中模板与引物的结合（复性）可以在较高的温度下进行，结合的特异性大大增加，被扩增的靶基因片段也就能保持很高的正确度。再通过选择特异性和保守性高的靶基因区，其特异性程度就更高。

（2）灵敏度高。

PCR 产物的生成量是以指数方式增加的，能将皮克（pg = 10 - 12）量级的起始待测模板扩增到微克（μg = -6）水平。能从 100 万个细胞中检出一个靶细胞；在病毒的检测中，PCR 的灵敏度可达 3 个 RFU（空斑形成单位）；在细菌学中最小检出率为 3 个细菌。

（3）简便、快速。

PCR 反应用耐高温的 Taq DNA 聚合酶，一次性地将反应液加好后，即在 DNA 扩增液和水浴锅上进行变性—退火—延伸反应，一般在 2~4 小时完成扩增反应。扩增产物一般用电泳分析，不一定要用同位素，无放射性污染、易推广。

（4）纯度要求低。

不需要分离病毒或细菌及培养细胞，DNA 粗制品及 RNA 均可作为扩增模板。可直接用临床标本如血液、体腔液、洗漱液、毛发、细胞、活组织等DNA扩增检测。

**实验结果的检测——琼脂糖凝胶电泳**

1. 原理

琼脂糖凝胶电泳是用琼脂糖做支持介质的一种电泳方法。其分析原理与其他支持物电泳最主要的区别是：它兼有"分子筛"和"电泳"的双重作用。

琼脂糖凝胶具有网络结构，物质分子通过时会受到阻力，大分子物质在涌动时受到的阻力大，因此在凝胶电泳中，带电颗粒的分离不仅取决于净电荷的性质和数量，而且取决于分子大小，这就大大提高了分辨能力。但由于其孔径相比于蛋白质太大，对大多数蛋白质来说其分子筛效应微不足道，现广泛应用于核酸的研究中。

蛋白质和核酸会根据pH不同带有不同电荷，在电场中受力大小不同，因此跑的速度不同，根据这个原理可将其分开。电泳缓冲液的pH为6~9，离子强度0.02~0.05为最适。常用1%的琼脂糖作为电泳支持物。琼脂糖凝胶约可区分相差100bp的DNA片段，其分辨率虽比聚丙烯酰胺凝胶低，但它制备容易，分离范围广。普通琼脂糖凝胶分离DNA的范围为0.2~20 kb，利用脉冲电泳，可分离高达10~7 bp的DNA片段。

DNA分子在琼脂糖凝胶中泳动时有电荷效应和分子筛效应。DNA分子在高于等电点的pH溶液中带负电荷，在电场中向正极移动。由于糖-磷酸骨架在结构上的重复性质，相同数量的双链DNA几乎具有等量的净电荷，因此它们能以同样的速率向正极方向移动。

2. 操作流程

（1）电泳方法。

一般的核酸检测只需要琼脂糖凝胶电泳即可；如果需要分辨率高的电泳，特别是只有几个bp的差别应该选择聚丙烯酰胺凝胶电泳；用普通电泳不合适的巨大DNA链应该使用脉冲凝胶电泳。注意巨大的DNA链用普通电泳可能跑不出胶孔导致缺带。

（2）凝胶浓度。

对于琼脂糖凝胶电泳，浓度通常为0.5~0.02，低浓度的用来进行大片段核酸的电泳，高浓度的用来进行小片段分析。低浓度胶易碎，小心操作和使用质量好的琼脂糖是解决办法。注意高浓度的胶可能使分子大小相近的DNA带不易分辨，造成条带缺失现象。

（3）缓冲液。

常用的缓冲液有 TAE 和 TBE，而 TBE 比 TAE 有着更好的缓冲能力。电泳时使用新制的缓冲液可以明显提高电泳效果。注意电泳缓冲液多次使用后，离子强度降低，pH 值上升，缓冲性能下降，可能使 DNA 电泳产生条带模糊和不规则的 DNA 带迁移的现象。

（4）电压和温度。

电泳时电压不应该超过 20 V/cm，电泳温度应该低于 30 ℃，对于巨大的 DNA 电泳，温度应该低于 15 ℃。注意，如果电泳时电压和温度过高，可能导致出现条带模糊和不规则的 DNA 带迁移的现象。特别是电压太大可能导致小片段跑出胶而出现缺带现象。

（5）DNA 样品的纯度和状态。

注意样品中含盐量太高和含杂质蛋白均可以产生条带模糊和条带缺失的现象。乙醇沉淀可以去除多余的盐，用酚可以去除蛋白。注意变性的 DNA 样品可能导致条带模糊和缺失，也可能出现不规则的 DNA 条带迁移。在上样前不要对 DNA 样品加热，用 20 mL NaCl 缓冲液稀释可以防止 DNA 变性。

（6）DNA 的上样。

正确的 DNA 上样量是条带清晰的保证。注意太大的 DNA 上样量可能导致 DNA 带型模糊，而太小的 DNA 上样量则导致带信号弱甚至缺失。

（7）Marker 的选择。

DNA 电泳一定要使用 DNA Marker 或已知大小的正对照 DNA 来估计 DNA 片段大小。Marker 应该选择在目标片段大小附近 ladder 较密的，这样对目标片段大小的估计才比较准确。需要注意的是 Marker 的电泳同样也要符合 DNA 电泳的操作标准。如果选择 λDNA/HindIII 或者 λDNA/EcoRI 的酶切 Marker，需要预先 65 ℃加热 5 min，冰上冷却后使用。从而避免 HindIII 或 EcoRI 酶切造成的黏性接头导致的片段连接不规则或条带信号弱等现象。

（8）凝胶的染色和观察。

实验室常用的核酸染色剂是溴化乙锭（EB），染色效果好，操作方便，但是稳定性差，具有毒性。注意观察凝胶时应根据染料不同使用合适的光源和激发波长，如果激发波长不对，条带则不易观察，出现条带模糊的现象。

**专家评语：**本研究利用 DNA 提取技术和 PCR 技术结合琼脂糖凝胶电泳的方法鉴定了拟南芥的亲缘关系，研究方法科学，实验结果可靠，实验原理翔实且参考价值高。建议添加对目的基因和特异性引物的设计描述以及对实验结果的分析。

# 醇脱氢酶的结晶目的及过程

高一（3）班第12组

梁旭 王子衡 王禹喆 王佳锴

**摘要：** 醇脱氢酶是人体中一种十分重要的蛋白质，而蛋白质作为人体基本组成单位，宏观上来讲，是人生命物质的基础，而在微观世界中，也是构成细胞的基本有机物。蛋白质在生命活动中亦是起到了重要的作用。药物进入人体中，是与人体中的蛋白质相互作用的。醇脱氢酶的结晶可以让我们用以研究它的结构与性质，这对新型药物的研究有积极的作用。结晶的目的主要是探究以及研究醇脱氢酶的结构，发现这种醇脱氢酶的新功能，以探究其新的作用来造福人类。在结晶过程中我们需要按比例将氯化镁溶液、稀释后的 buffer B 溶液、PEG4000（聚乙二醇）溶液和超纯水兑在 24 孔坐滴板中，经历一定时间的培养和繁殖，就可以看到晶莹透彻而又美丽的蛋白质晶体了。

**关键词：** 结晶 晶体 蛋白质 醇脱氢酶

对于药物研究学来说，研究蛋白质这种人体中的基本组成单位十分重要，而对于研究一种物质来说，探究其结构是关键。只有知道它的结构，才能进一步去发现其功能来给人类以帮助，也能防止某些醇脱氢酶对人类造成伤害。所以对于发现醇脱氢酶结构的步骤——结晶，是研究学家们需要一开始就解决的问题，这也是我们进行这一前沿课题探究的原因。

## 一、结晶原理

其实蛋白质的结晶原理十分简单，并没有想象中的那么难。简单来说，蛋白质结晶的过程就是蛋白质从溶液中到过饱和状态，使其人为的经过一些有序堆积，形成晶体的过程。而获得蛋白质的晶体结构的第一个瓶颈，就是制备大量纯化的蛋白质（>10 mg），其浓度通常在 10 mg/mL 以上，并以此为基础进行结晶条件的筛选。运用重组基因的技术，将特定基因以选殖（clone）的方式嵌入表现载体（expression vector）内，此一载体通常具有易于调控的特性。之后再将带有特定基因的载体送入可快速生长的菌体中，如我们所选的实验材料就是大肠杆菌（Escherichia coli），在菌体快速生长的同时，也大量生产表现载体上的基因所解译出的蛋白质。一般而言，纯度越高的蛋白质比较有机会形成晶体，因此纯化蛋白质的步骤就成为一个重要的决定因素。

## 二、蛋白质结晶目的

蛋白质（protein）是生命的物质基础，没有蛋白质就没有生命。因此，它是与生命及与各种形式的生命活动紧密联系在一起的物质。机体中的每一个细胞和所有重要组成部分都有蛋白质参与，蛋白质占人体重量的 16.3%。蛋白质与我们的生活联系密切，了解蛋白质对我们的生活十分有意义。要研究一个物质就应该先探究其结构，才能发现其功能及应用，进而投入到药物等研究中。而对于蛋白质来说，得到结晶就可以了解它的结构。通过探究结构我们可以解析它的性质，进而可以去弄清楚性质与结构之间的关系。药物进入人体后，治病的原理是与人体内的蛋白质相互作用，如果我们能够探究并了解蛋白质，对新型药物的研究将会有很积极的作用。

## 三、醇脱氢酶结晶的过程

醇脱氢酶结晶的过程如图 1 所示。

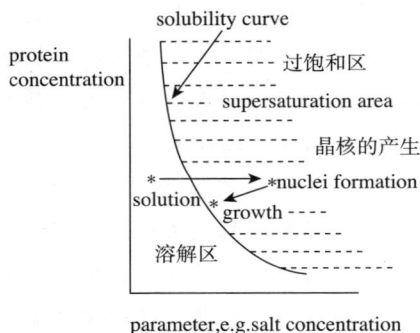

**图 1　醇脱氢酶结晶的过程**

在结晶过程中我们需要按比例将氯化镁溶液、稀释后的 buffer B 溶液、PEG4000（聚乙二醇）溶液和超纯水对在 24 孔坐滴板中，经历一定时间的培养和繁殖，就可以用于科学研究了。那么我们如何精确地确定溶液浓度呢？需要通过移液枪。移液枪是移液器的一种，常用于实验室少量或微量液体的移取，规格不同。不同规格的移液枪配套使用不同大小的枪头，不同生产厂家生产的移液枪形状也略有不同，但工作原理及操作方法基本一致。移液枪属于精密仪器，使用及存放时均要小心谨慎，防止损坏，避免影响其量程，若其量程遭到了损坏，修复是很困难的。最后，在一定温度的环境下经过一段时间的培养之后，通过光学显微镜就可以看到晶莹透彻的蛋白质晶体了。

**四、蛋白质结晶的应用**

我们所研究的醇脱氢酶属于一种蛋白质，所以我们需要了解蛋白质结晶的应用。它可以应用在药物设计中，如 20 世纪末，组合化学和高通量筛选方法的迅速崛起暂时转移了人们对基于结构的药物合理设计方法的注意力，成为新药创制研究的重要手段。然而从某种意义上来说，组合化学和高通量筛选仅仅是传统方法的延伸，并且没有达到人们预期的效果，因而招致了一些批评。其中一个被广泛引用的例子是"稻草理论"，即发现新的先导化合物就像在一堆稻草中寻找一根针，然而我们为什么要增加稻草的数量呢？真正推动人体发挥功能的是蛋白质，大多数药物的作用靶标也是蛋白质。人类基因测序完成后，生物学家的注意力开始转向基因产物的研究（通常是蛋白质），越来越多的药用靶标蛋白质及其三维结构被发现。因此，基于结构的药物合理设计也再度成为人们关注的焦点。Abbott 的文章对蛋白质靶标的获得和结构确定的方法及过程进行了比较系统的介绍。蛋白质三维结构的确定对于新药的发现和理解药物的作用机制有重要的作用。一些基于蛋白质结构的计算机辅助药物设计公司，如美国的 Agouron 公司和 Vertex 公司已经阐释了蛋白质结构在医药研究中的价值，成功开发了抗 HIV 病毒药物 Viracept 和 Agenerase。然而到目前为止，在人们已经用于药物开发的 500 个蛋白靶标中，也仅有 30% 知道其三维结构信息。对于蛋白质三维结构研究的优势必将转化为新药研究的优势。蛋白质三维结构通常可以利用 NMR 方法和 X 射线衍射法来测定。NMR 方法虽然可以研究蛋白质的动态过程，如小分子与蛋白质结合对其结构的影响，但由于 NMR 方法目前只能研究小于 30000 道尔顿的分子，并且需要长时间人工解析，难以自动化，因为 X 射线衍射方法成为快速确定蛋白质结构的手段。目前发达国家的许多研究机构都在进行蛋白质三维结构高通量分析方法的研究，以加速新药研究的进程。

**五、总结**

综上所述，要想看到蛋白的结构，靠肉眼是肯定不行的，所以我们可以通过将蛋白结晶来观察。人类的眼睛无法直接观察比 0.1mm 更加小的物体或细节结构，通过发明光学显微镜，人们可观察到像细胞和细菌等小的物体，但是光学显微镜的分辨率极限为 200 nm，而蛋白是纳米到微米级别的。现在的科学发展有几种办法可以得到不同蛋白质的准确的结构模型。其中一种就是蛋白结晶。

溶质从溶液中析出的过程，可分为晶核生成（成核）和晶体生长两个阶段，两个阶段的推动力都是溶液的过饱和度，简单举个例子，我们平时吃的冰糖其实就是一个结晶产物。蛋白质的结晶和冰糖结晶原理是类似的，但要比它难很多。这也就是我们组这次课题研究所探索的问题。

**参考文献**

［1］魏晓芳，刘会洲：《pH 诱导牛血清白蛋白芳香氨基酸残基微环境变化的光谱分析》，《光谱学与光谱分析》，2000 年，第 556 页－第 559 页。

［2］Zhu，J. W. Trividi，V. and Saxena，S. C.，Gas－phase holdup in a bubble column，Chem. Eng. Comm. 1997，V157，53－64

［3］Zhu，J. W. and Saxena，S. C.，Prediction of Gas－phase Holdup in A Bubble Column，Chem. Eng. Comm.，1997，V. 161，149－161.

［4］朱家文，武斌，陈葵：《尿激酶亲和层析分离中吸附和洗脱过程的速率模型模拟》，《华东理工大学学报》，2003 年，第 109 页－第 115 页。

［5］Yu Jiang，Liu Huizhou and Chen Jiayong，Floculation and characterization of protein by anionic copolymer containing reactive functional groups，Colloids and Surface A：Physcochemical Engineering Aspects，2000，163（2－3）：225－232.

**专家评语：** 本文以醇脱氢酶为研究对象，重点概述了蛋白质结晶的研究背景及应用前景，详细论述了蛋白结晶技术在药物研究学中的实际意义，但文中缺乏具体的研究内容和实验数据，希望增加对醇脱氢酶蛋白结晶的实验操作及晶体微结构数据。

# 光学为宝石锦上添花

祖思妍　朱雯菲　张嘉仪　李冠玉　詹之琳　李云图　田恺纯

**摘　要：** 宝石经历漫长时间的磨砺，吸引着无数人为之一搏的不仅仅是它那高昂的身价，更是其本身具有的奇异光辉。文中介绍了宝石变彩晕彩等多种特殊的光学效应及其原理。在了解宝石内涵的同时还能享受一场视觉上的盛宴。我们的探索就此开始。

**关键词：** 宝石　猫眼效应　特殊光学效应　金绿猫眼宝石

## 一、引言

（一）什么是宝石

广义上的宝石指的是一切可琢磨或雕刻制作成首饰和工艺品的材料，这其中包括所有天然和人工材料（如玻璃和塑料），而狭义上的宝石指的是自然界产出的美丽、耐久、稀有并可琢磨、雕刻成首饰和工艺品的材料，包括某些单晶矿物（宝石）、某些岩石（玉石）和某些有机材料（有机宝石）。生活中我们一般应用狭义的定义。

（二）宝石的特性

（1）美丽：颜色瑰丽、色泽鲜艳、透明无瑕三者之一，并具有光学效应。

（2）耐久：高硬度、高韧性、高稳定性，即化学稳定、热稳定、光稳定性高。

（3）稀少：物以稀为贵（与产量、储量、质量、开采的难易程度、供求关系有关）。

（4）其他：具有宗教文化的特性，并且便于携带，对人无害，具有保值性等点。

（三）宝石的分类

人们将宝石分为天然宝石和人工宝石。其中天然宝石更加昂贵，原因是在自然界中发现的矿物虽已超过3000种，但可做宝石原料的仅有230余种，而国际珠宝市场上主要高中档宝石只不过20多种，尚不及10%。可见，天然宝石是矿物中的佼佼者。

同时矿物岩石分为珠、宝、玉石三类，宝石指单晶双晶，玉石指多晶、隐晶、非晶质。人工宝石分为：合成宝石、人造宝石、人工宝石、拼合宝石、再造宝石。

宝石中最珍贵的五皇一后分别是：

五皇：

宝石之冠——钻石；

宝石界的姐妹花——红宝石、蓝宝石；

绿色宝石之王——祖母绿；

最昂贵的猫眼——金绿宝石；

珠宝调色板——欧泊。

一后：

珠宝皇后——珍珠。

**二、我们的研究目的**

探究宝石中七种特殊的光学效应：猫眼、星光、砂金、变色、晕彩、变彩、月光，并主要研究其中的猫眼效应。

**三、探究过程**

经过收集资料和询问老师，首先列出的是星光、砂金、变色、晕彩、变彩、月光这六种效应的原理。

（一）星光效应

星光效应是由几组定向排列的针管状包体对光的反射造成的，如图 1 所示。

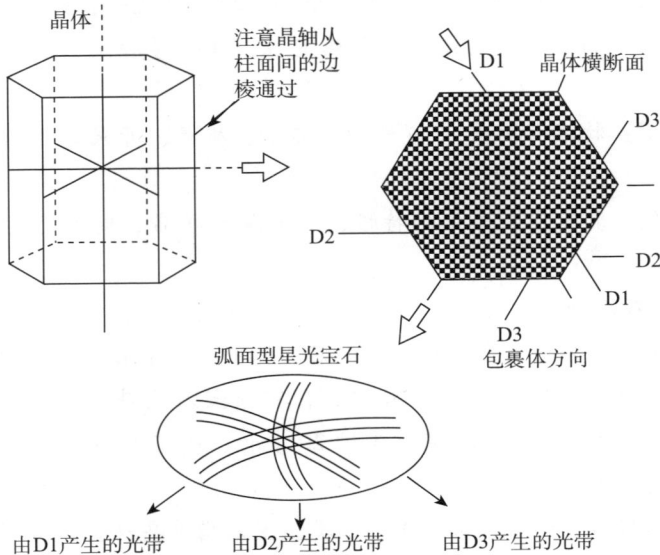

**图 1 星光效应原理图**

产生星光的条件：

（1）宝石具有至少两个方向和定向排列的针管状包体。

（2）宝石的反射面与包体平面平行。

（3）宝石是弧面型琢型。

（二）砂金效应

半透明的单晶报时钟含有片状包裹体，当光照射时因反射作用而闪闪发亮，这种现象称为砂金效应。

透明宝石、玉石中光泽较强的包裹体或共存矿物界面反射光或折射光（并引起干涉）而呈现的耀眼闪光。具有这种闪光的石英称耀石英或砂金石英；具这种闪光的长石称日长石或日光石（如图 2 所示）。

（三）变色效应

宝石在不同的光源照射下呈现不同的颜色，称为变色效应（如图 3 所示）。

变色效应的最佳解释是一种颜色的平衡，变石成分中含有微量的铬元素，铬元素在红宝石中形成红色，在祖母绿中形成绿色。而在变石中铬元素需要的能量正好处于红色和绿色之间，因此宝石的颜色取决于所观察的光源。变石在

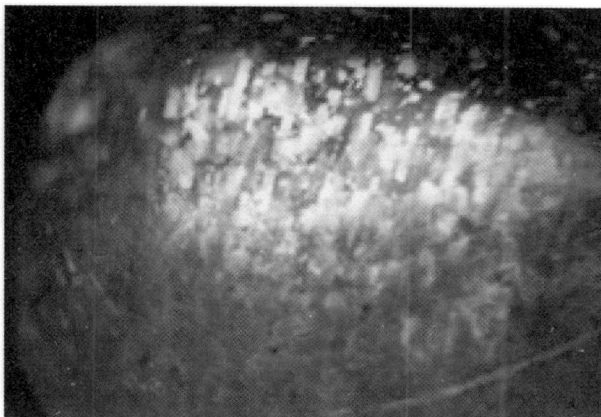

**图2 砂金效应**

**图3 宝石不同光源下的变色效应**

蓝光充足的日光下呈现绿色，在红光充足的烛光中呈现红色。

（四）晕彩效应

光波因薄膜反射或衍射而发生干涉作用，致使某些光波减弱或消失，某些光波加强，而产生的颜色现象称为晕彩效应（如图4所示）。

（五）变彩效应

变彩效应是指当光线以不同角度投射到衍射层上时，衍射颜色也会发生变化。如光线从欧泊所特有的结构中反射出来，经过干涉或衍射作用而产生的颜色或一系列颜色（如图5所示）。

图 4　晕彩效应

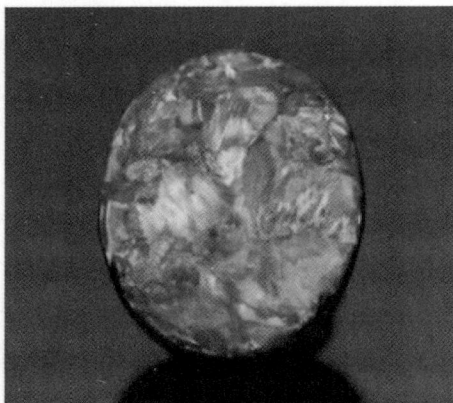

图 5　"调色板"欧泊

（六）月光效应

具有格子状双晶的微斜长石，两组相互近似垂直的双晶纹，对入射光散射，密集的散射光线集中在一起，呈现朦胧的晕色，如同月光，所以称为"月光效应"。具有月光效应的微斜长石也被称为月光石（如图 6 所示）。

（七）猫眼效应

1. 实验

接触了前面六种效应后，心中对于本次实验重头戏——猫眼效应不禁更加期待了。首先便是动手去尝试，组内分成两队，使用相同的实验材料（如图 7 所示），并在时间结束后比较两组分别做出来的"猫眼效应"。

**图6　月光效应**

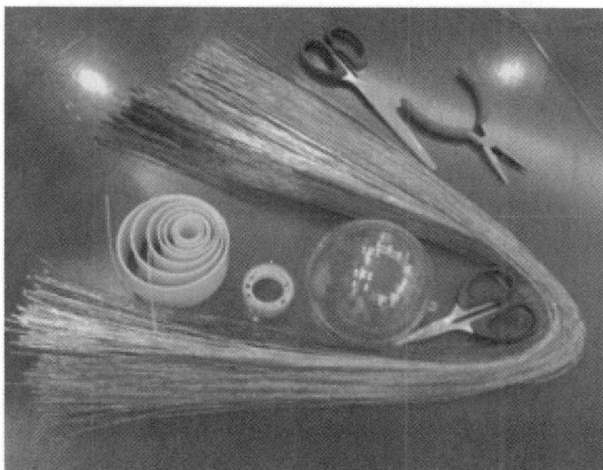

**图7　实验材料**

　　时间一分一秒地过去了，凌乱的桌子上布满了剪短的金属线和模具，每个人都在沉思着。

　　究竟将线条怎样排布才能出现"猫眼"？导师放出了原理图供我们参考（如图8所示），终于我们做出了成品（如图9所示）。

图 8　原理提示

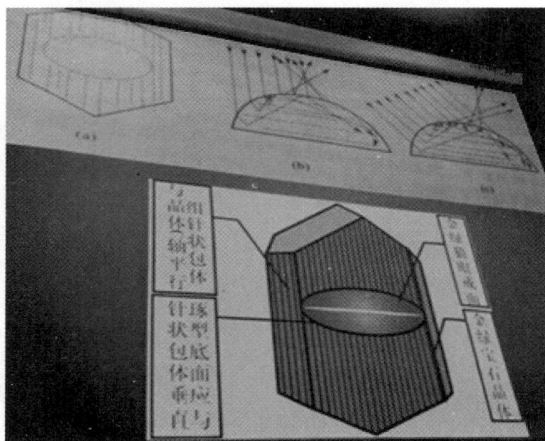

图 9　最终成品

2. 原理及分析

在平行光线照射下，以弧面切磨的某些珠宝玉石表面呈现出一条明亮光带，该光带随样品或光线的转动而移动，称为猫眼效应（如图 10 所示）。

我们平常说的猫眼宝石，指的仅仅是金绿猫眼宝石。而那些能产生独眼效应的其他宝石，包括石英、电气石、绿柱石及磷灰石等，不能直接称为"猫眼"，应称为"石英猫眼""电气石猫眼"等。

金绿猫眼因颜色和反光最像猫的眼睛而得名。在此以金绿猫眼为例介绍猫眼效应产生的原理（如图 11 所示）。猫眼之所以产生猫眼效应，主要是由于

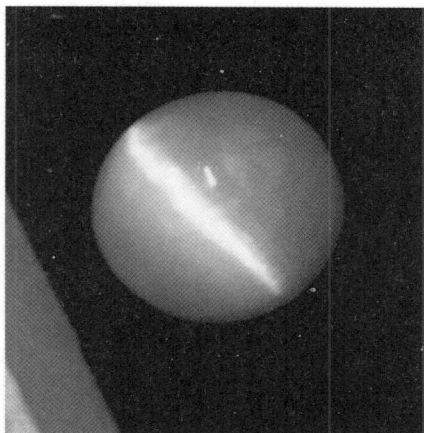

**图 10　猫眼效应**

金绿宝石矿物内部存在的大量细小、密集、平等排列的丝状金红石或管状包体，丝状物的排列方向平行于金绿宝石矿物晶体 Z 轴方向。由于金绿宝石本身与金红宝石在折射率上的较大差别，使入射到宝石内的光线经金红宝石包体反射出来，经特别定向切磨后，反射光集中成一条光带而形成独眼现象。

**图 11　金绿宝石猫眼效应**

　　金绿宝石中丝状物含量越高，宝石越不透明，独眼效应越明显，反之，独眼效应越不明显。

　　在光线照射下，金绿宝石猫眼表面呈现一条明亮光带，光带随着宝石或光线的转动而移动；另一种有趣的现象是，当把猫眼放在两个光源下，随着宝石的转动，眼线会出现张开和闭合的现象，宛如灵活而明亮的猫的眼睛。

3. 产生条件

（1）一组针管状包体密集而平行地排列。

（2）宝石的反光面平行于包体。

（3）弧面型宝石。

### 四、实践

经过前一天的理论学习和初步操作之后，我们还获得了体验打磨猫眼效应的机会。地大的珠宝楼里，机器的轰鸣声不曾停歇。在一间偌大的教室内，整齐地排列着打磨石头的机器，我们挑选好原石，便站在机器旁打磨起来。

根据原理，首先要找出原石中针状物的排布方向（其垂直方向为猫眼），用规尺量出成品轮廓后方可开始打磨。

举着一块石头，看着它的边缘逐渐消失的过程是枯燥的。耳边仅有的嗡嗡声令人甚至都开始怀疑磨盘是否真的磨平了那一方棱角。那一刻，我们真正明白了时间的漫长。可是当真正的成品被打磨出来之后，内心的激动是无法掩饰的。色彩各异的石头在光源下反射出的奇异的猫眼效应，着实令人着迷（如图 12 所示）。

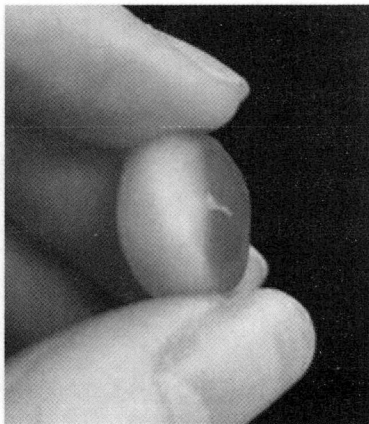

图 12　打磨成品

### 五、总结

两天的学习过程我们不仅学习到了更多宝石相关的知识，更通过团队合作完成了一件又一件的挑战任务。如果说听课可以增加我们的知识储备，那么打磨便锻炼了我们坚强的意志。这是值得我们一生铭记的经历。

**参考文献**

张蓓莉:《系统宝石学》,地质出版社,2006 年。

**专家评语:** 本文详细介绍了宝石变彩、晕彩等多种特殊的光学效应及原理,重点在宝石七种特殊光学效应中对猫眼效应进行了实验探究。文中关于光学介绍的原理科学、概念清晰,设计合理,作品教育性强。图文结合,条理清晰。建议后期增加一些试验操作步骤,并深层解释关于宝石光学现象的科学原理。

# 远古时期海洋氧化还原状况研究

高一 (6) 班第 5 组

唐伊婷　李睿婕　张宇彤　柳竞妍　门宇琪　仪然　张笑颜

指导教师:代旭

**摘要:** 本实验通过测量 GJ－P、GJ－Z 岩石样本中草莓状黄铁矿的直径,根据公式进行运算,探索二叠纪末期(距今约 2.5 亿年)海洋含氧量,从而揭示地质历史时期海洋的氧化还原情况。

**关键词:** 黄铁矿　海洋　含氧量

## 一、研究目的

此次研究通过测量 GJ－P、GJ－Z 岩石样本中草莓状黄铁矿的直径,根据经验公式进行运算,探索二叠纪末期(距今约 2.5 亿年)海洋含氧量。研究小组在 2017 年 4 月 5 日至 6 日之间,分别完成了观测记录数据和对数据的分析运算,发现在二叠纪末期海洋水体严重缺氧。研究小组推测,这可能是导致二叠纪末期生物大灭绝的主要原因。另外,联系 Wilkin et al. (1996) 对现代海洋含氧量的测定结果(部分水体出现缺氧),小组认为应该对现代地球环境予以重视和保护。

理论依据:草莓状黄铁矿是指由等粒度的亚微米级黄铁矿晶体或微晶体紧密堆积而成,形似草莓的黄铁矿球形集合体。草莓状黄铁矿在氧化和缺氧海洋环境中形成的机理不同,现代海洋缺氧水体中可以形成大量的草莓状黄铁矿,而且直径较小,整体波动也较小,而富氧或贫氧水体中一般不形成草莓状黄铁矿或形成的草莓状黄铁矿直径较大,波动也较大。草莓状黄铁矿形成后一般不会受成岩作用的影响而改变形貌,因此我们可以通过对地质历史时期的沉积岩样品中的草莓状黄铁矿进行观察统计,揭示地质历史时期海洋的氧化还原状况。研究沉积岩中草莓状黄铁矿的粒径分布特征是恢复古海洋的氧化还原状态行之有效的方法之一。

## 二、研究方法

### （一）实验材料

采自贵州省谷脚镇大冶组底部的石块样本 GJ – P、GJ – Z（如图 1 所示）。

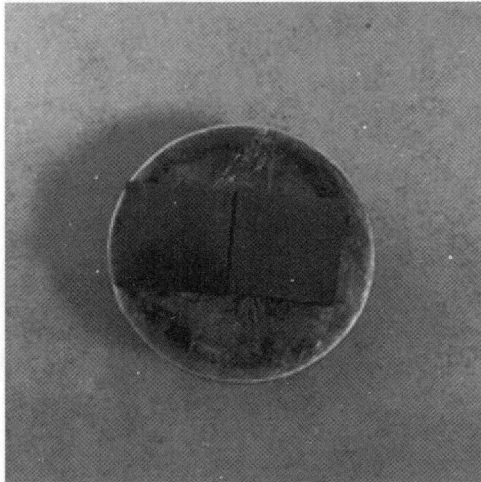

**图 1　石块样本 GJ – P、GJ – Z**

### （二）实验条件

1. 20 ℃恒温实验室

2. 真空环境

3. 扫描电子显微镜观测

### （三）实验方法

1. 选取样本

对贵州省谷脚镇大冶组底部的石块样本 GJ – P、GJ – Z 进行切片。

2. 拍摄微观照片

将样本放入扫描电子显微镜（如图 2 所示），建立真空环境，然后对两样本中草莓状黄铁矿进行拍照，各 100 张以上。

3. 测量草莓状黄铁矿直径

4. 计算其直径的方差和平均值

利用经验公式 MD ≈ – 3.3SD + 14 进行运算，画出图表，利用之前的两组数据的方差和均值进行投图，并得出结论（见图 3、表 1）。

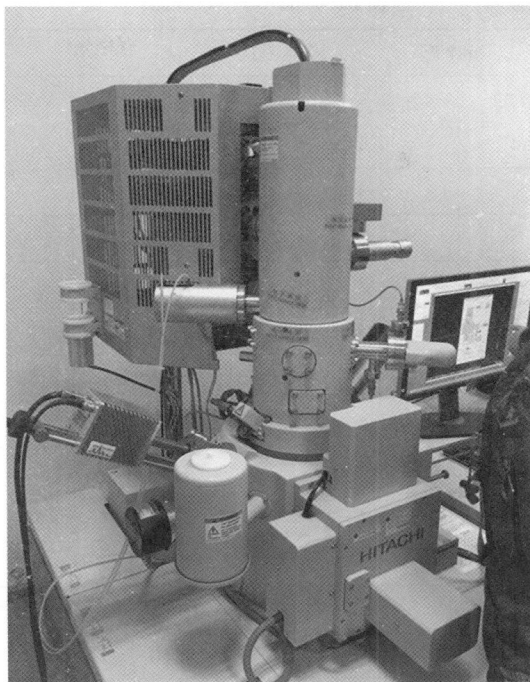

图2　扫描电子显微镜

（四）实验结果

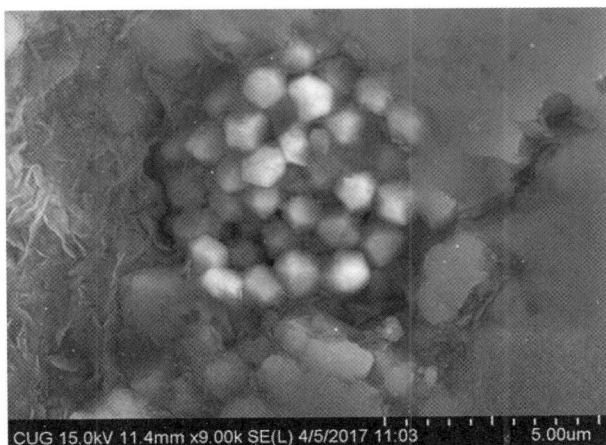

图3　样本中草莓状黄铁矿

表1 样品 GJ－P 数据

| 样品 GJ－P | | | | | |
|---|---|---|---|---|---|
| 直径 /cm | 比例尺 /cm | 比例尺数值 /um | 直径 （真实值，um） | 平均值 /um | 方差 |
| 12.5 | 9.5 | 3 | 3.95 | 3.78 | 1.78 |
| 8 | 10.5 | 2 | 1.52 | | |
| 8.5 | 10.5 | 2 | 1.62 | | |
| 4.5 | 10.5 | 5 | 2.14 | | |
| 6 | 8.5 | 10 | 7.06 | | |
| 11.5 | 10 | 4 | 4.60 | | |
| 12 | 10 | 4 | 4.80 | | |
| 13.5 | 10.5 | 4 | 5.14 | | |
| 14 | 9.5 | 5 | 7.37 | | |
| 10 | 10 | 10 | 10.00 | | |
| 8.5 | 10 | 10 | 8.50 | | |
| 9.5 | 10.5 | 5 | 4.52 | | |
| 8.5 | 10.5 | 2 | 1.62 | | |
| 10 | 6.5 | 5 | 7.69 | | |
| 8 | 11 | 4 | 2.91 | | |
| 12.5 | 6.5 | 1 | 1.92 | | |
| 10 | 11 | 4 | 3.64 | | |

表1为部分数据。小组测量了两样品中共213个草莓状黄铁矿的直径。图4、图5显示了直径大小分布规律。

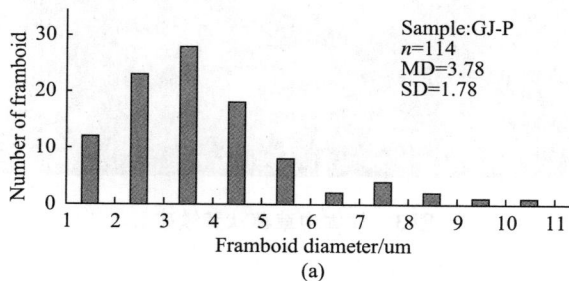

(a)

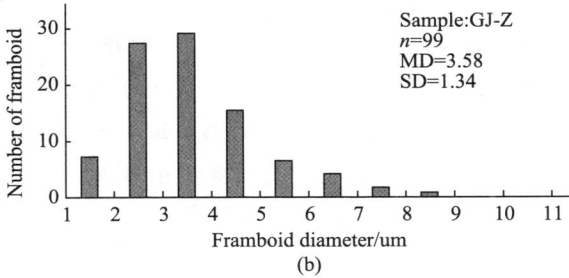

图 4 直径分布图

GJ－P 的 114 个样本中，草莓状黄铁矿直径大多数分布在 2～5um，最大值为 10～11um，平均值为 3.78，方差为 1.78。依据经验公式 MD≈－3.3SD＋14 判断，得出 GJ－P 样本所处水体为缺氧水体。GJ－Z 的 99 个样本中，直径大多为 2～4 um，最大值为 8～9 um，平均值为 3.58，方差为 1.34，处于缺氧水体（如图 5 所示）。

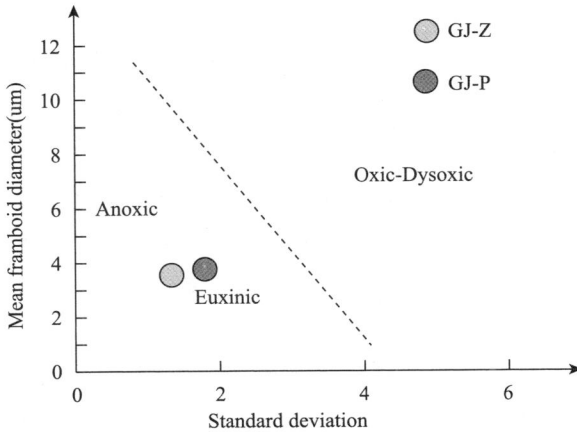

图5 样本直径分析图

## 三、结论

实验结果粗略地显示了二叠纪末期海洋水体处于缺氧的状态。已知二叠纪末期发生过一次规模最大的生物大灭绝，物种灭绝了 52%，约是人们所了解最多的第五次生物大灭绝（11%）的 5 倍。据此可以发现，这段时期生态系统萧条，因此推测这次海洋缺氧可能导致了生态系统的崩溃。研究结果证实了海洋缺氧造成物种灭绝的结论，氧气含量和物种数量呈正相关，相关性很高。

研究远古海洋中氧化还原状况时，小组查询了各类相关文献，包括对现代海洋中草莓状黄铁矿研究的文献，并发现现代部分海洋水体出现了缺氧的情况。从地球破壳到生命出现，再到生物演化，生物的灭绝复苏等有机界中发生的一些重要的事件都伴随着无机界的重大变化。如今地球面临着各种危机，如海洋酸化、全球变暖等，并且目前已有科学家提出现今地球正在经历第六次生物大灭绝。小组认为对此应该予以重视，且采取一定措施。

**致谢**

在此衷心感谢中国地质大学老师代旭为本实验的完成提供的指导和帮助。

**参考文献**

常华进，储雪蕾：《草莓状黄铁矿与古海洋恢复》，《地球科学进展》，2011 年第 5 期，第 475 页 – 第 481 页。

**专家评价：** 实验设计合理，理论依据充分，方法科学，仪器高端准确，思路清晰，研究结果为远古时期海洋氧化还原状况研究提供了理论基础。建议完成相关数据的统计，注意论文总体的逻辑性，避免重复性。

## 自然景观水体和人工景观水体的水质及水生植物调查

张泽楠　鄢然　刘西子　梁玮芸　苏姣月　李牵

**摘要：** 水是地球极其丰富的自然资源，它同土地、能源等构成人类经济社会发展的基本条件，是现代社会可持续发展的关键问题之一。近年来，在自然因素与人为因素的共同作用下我国水体富营养化现象愈发严重，借此机会，本小组开展了对不同景观水体及水生植物的调查研究。本次调查研究选取武汉植物园内的三个人工景观水体采水点与东湖（自然景观水体）岸边的三个采水点作为研究对象，进行实地调查，选取总氮、总磷、酸碱度、水中溶解氧浓度、电导率及水生植物为本次论文实验的检测项目，后根据所得数据对比人工水体与自然水体的总氮、总磷含量与水生植物现状，提出针对自然水体改善的可行性建议。

**关键词：** 水体富营养化　水质　水生植物　总氮总磷　建议

**一、水体富营养化的形成原因**

一种理论认为，水体富营养化是指由于大量的氮磷钾等元素排入到流速缓慢，更新周期长的地表水体中，使藻类等水生生物大量生长繁殖，使有机物产生的速度远远超过消耗速度，水体中有机物积蓄，从而破坏水生生态平衡的过程。而生命周期理论认为，是氮磷化合物过多排入水体，打破原有的生态平衡，引起藻类大量繁殖，从而大量消耗水中溶解氧，使鱼类，浮游生物缺氧死亡，其尸体腐烂，又造成水质污染。从某种程度上来看，营养物质氮和磷的大量输入是导致湖泊水体富氧化的根本原因。

## 二、东湖概述

为了探究东湖的水质情况和水生植物生长情况，我们在东湖及武汉植物园内选择了 6 个地点进行水样调查和采样。东湖是位于湖北省武汉市武昌区的一个浅水型湖泊，水域面积为 34.59 平方千米，总湖容量为 8648 万立方米，汇水面积 117 平方千米，是我国最大的城中湖，国家重点风景名胜区，兼有渔业养殖、调蓄、调节气候等水体功能。但随着现代经济的迅速发展，农业技术的进步，城市污水、工业废水和农田排水等进入湖泊时，由于其中含有大量的氮磷和有机物，会刺激藻类生长，促进湖泊富营养化。根据 20 世纪 90 年代的调查结果，东湖处于中度富营养化状态。

## 三、调查实验过程及方法

### （一）室外调查

本小组在武汉植物园内采集了 6 组水的样本，其中 3 组自然景观水体样本来自东湖相隔数米的岸边（Z1－Z3），另外 3 组则来自植物园内人工景观水体（R1－R3）。实验过程中我们分为三个小组，分别是实验、记录数据与摄影。在本次试验中，我们主要运用了 YSI 和 HANNA 水质仪 2 种测量工具去测量水体中的电导率、酸碱度、溶解氧浓度及百分比、TDS（溶解性固体总量）等指标。同时指导老师介绍了观察到的水生植物，但其作用需在室内试验后才可体现。待测量完毕后，实验小组的同学用标记好的塑料瓶分别采取水样，带回实验室检测。

### （二）室内试验

将采取的水样带回实验室后，我们将样品放入高压灭菌锅中进行消煮，然后用紫外－可见分光光度计测定了水样中总氮和总磷的含量。

总氮的测定采用碱性过硫酸钾消解紫外分光光度法。首先在试样中加入碱性过硫酸钾，其可分解产生硫酸氢钾和原子态氧，硫酸氢钾在溶液中离解而产生氢离子，故而在碱性介质中可促使分解反应趋于完全，可使水样中的氮元素转化为硝酸盐，在此过程中，有机物同时被氧化分解，可用紫外－可见分光光度计测出吸光度 A，而后运用公式求出校正吸光度。

总磷的测定采用钼酸铵分光光度法。在中性条件下使用过硫酸钾，使试样消解将磷氧化为正磷酸盐。在酸性介质中，磷与钼酸铵反应，生成磷钼杂多酸，加入抗坏血酸还原，生成蓝色的络合物，约 15 min 后显色。再将其放入紫外－可见分光光度计中与工作曲线对比查得磷的含量。

### 四、调查结果

#### （一）水质调查结果（见表1）

**表 1　景观水体样点水质指标**

| 样点编号 | 溶解氧 /mg·L$^{-1}$ | 电导率 /μm·cm$^{-1}$ | 总溶解固体 /mg·L$^{-1}$ | 酸碱度 pH | 总氮 /mg·L$^{-1}$ | 总磷 /mg·L$^{-1}$ |
|---|---|---|---|---|---|---|
| R1 | 2.46 | 367.6 | 278.20 | 7.30 | 0.99 | 0.11 |
| R2 | 8.29 | 350.7 | 266.50 | 7.53 | 0.51 | 0.12 |
| R3 | 8.55 | 340.3 | 262.60 | 7.89 | 0.59 | 0.06 |
| Z1 | 10.76 | 331.2 | 250.25 | 7.84 | 1.16 | 0.12 |
| Z2 | 0.98 | 331.5 | 252.20 | 7.63 | 1.75 | 0.45 |
| Z3 | 11.52 | 328.9 | 248.95 | 8.13 | 1.49 | 0.15 |

由表1可看出，东湖样点的总磷含量略高于植物园内样点的总磷含量，其中由于 Z2 样点的水质较差，水面覆盖大量水葫芦，其总磷浓度大大高于其他样点；东湖样点的总氮含量明显高于植物园内样点的决氮含量。

#### （二）水生植物调查结果

在人工景观水体中，我们观察到了苦草、水盾草和菹草；在自然景观水体中，我们观察到了水葫芦和少量的菹草。

苦草为多年生沉水草本，其产生的分泌物抑制了藻类的繁殖，在高污染富营养化的水体植被修复工作当中被常常使用。菹草为多年生沉水草本，在园林中为良好的绿化材料，也可做鱼的饵料或绿肥。水葫芦为入侵物种，但由于其过度繁殖，抢占水面，影响航运，窒息鱼类，危害水体环境，不宜大面积种植。

以上调查数据显示，东湖水体氮、磷等含量较高，结合资料，总结出以下特点。

1. 水质氮磷含量较高，水体呈中度富营养化

生活污水未达到排放标准，加上东湖周边地表径流和渔业养殖投放饵料，向东湖输入了大量氮磷等能导致湖泊富营养化的营养物质。

2. 水生生物种类减少，生物多样性指数下降

从东湖多年来水生生物种群生长趋势看，水生植物不但群丛结构趋于单一，许多种群已趋消失，使其分布面积缩小，许多湖区已见不到水草。

（三）污染来源

通过查阅资料和搜索文献，我们将东湖的主要污染来源总结为以下两点。

1. 自然原因

湖泊自己从贫营养湖过渡为富营养湖是一个缓慢的过程。其有两个主要原因：河流沉淀生物遗骸和碎屑，这些物质中的营养物质沉积在水体中；大气沉降往往伴有悬浮颗粒物和有毒气体，这些都是氮的主要来源。

2. 人为原因

人为原因包括以下几点。

农田化肥：为促进植物生长，提高农产品的产量，人们常施用较多的氮肥和磷肥，它们极易在降雨或灌溉时发生流失。氮磷营养物随地表径流进入地面水体中或通过土壤层下渗到地下水中。近年来的研究表明，磷能以溶解或吸附于土壤上的颗粒态形式通过土壤微孔结构运动下渗至亚表面流中，然后进入江、河、湖泊或海湾，而氮的渗透能力较强，能够下渗到地下水中，污染地下水。

污水灌溉：污水作为一种可靠的水源和廉价的肥料被用于灌溉农田，是污水农业利用的一种方式，目的是通过土壤的净化作用和农作物对营养元素的吸收来净化污水。但由于一些污水中的营养物含量较高或技术原因，常常造成土壤和地表水的污染。

地表径流：城镇路面大部分是不透水地面，氮磷营养物主要随地表径流进入地表水中。城镇中的氮磷营养物主要来自人类的生活垃圾、生活污水和某些工商业废水。在磷矿区，人类活动破坏了原来的土壤结构和植被面貌，使得土壤表层裸露，在降雨条件下，散落在矿区的矿渣、泥沙、磷酸盐等污染物将随地表径流进入湖泊、水库、江河、海湾，污染水体。

水体人工养殖：许多水体既是水源地，又是人工养殖的场所。随着养殖业的发展，人工投放的饵料以及鱼类的排泄物给水体带来了大量的氮磷。目前，国内湖库区人工养殖的饵料系数达 3.0~4.0，成为水体富营养化的又一来源。

（四）对策与措施

防治水体富营养化主要是解决水体的氮磷污染，我们主要从防和治两方面论述。

1. 首先是防。控制外源包括减少水体中的富营养化的具体方式为：①排放废水达标；②增加无机肥的有效使用率或提高有机肥使用量；③减少含磷洗涤剂的用量。排除内源是指最大限度地减少内源对富营养化的影响。

2. 接下来是治。下面是几种常见的治理水体富营养化的方法：①物理方法，包括用引水换水、底泥疏浚、围隔拦截等；②化学方法，目前常见的杀藻剂主要有硫酸铜、高锰酸盐、硫酸铝等，化学方法虽然效果显著，见效快，但是治标不治本，它只能短时间地控制藻类的生长，而且会对环境产生不良的影响，因此国家已经限制此方法在河道治理中的使用；③生物方法，利用水生生物吸收氮、磷元素进行代谢活动，来去除水体中的氮、磷营养物质。

在这次实验中，我们主要研究了水体富营养化的形成原因和种植水生生物对水体环境的影响。资料显示，营养物质氮和磷的大量输入是导致湖泊水体富氧化的根本原因。我们在武汉的东湖以及植物园内的三个人工湖进行实验，发现人工湖中氮、磷含量较低，水体富营养化程度较低。这主要是因为人工湖中种植了苦草、菹草等有利于改善水质的水生植物。通过研究，我们也总结出了一些防治水体富营养化的方法。

我们明白了治理水体富营养化的重要性和安全卫生的水源对我们的意义，我们要保护水环境，爱护我们生存的空间。

**参考文献**

[1] 郭培章，宋群：《中外水体官营养化治理案例研究》，中国计划出版社，2003年。

**专家评价**：本研究选题新颖，实验方法科学，实验设计合理，思路清晰，数据真实可靠，通过自然、人工景观水体的水质及水生植物调查判断武汉植物园水体富营养化程度，并提出合理防治措施，具有较高的理论价值和实际意义。建议增加重复性实验。

## 南京市玄武湖水体中细菌数量及 DNA 浓度的空间差异研究

孙静怡　汪卓玥　张天韵　王一迪

**摘要：**为了研究人类活动对城市湖泊水体中细菌群落的影响，本实验于 2016 年 4 月 5 日在南京市玄武湖中两处水域（流动的敞水区、人类干扰的污水区）采集水样，直接提取了水样的细菌总 DNA，并运用表面荧光直接计数法对细菌丰度进行了测定。结果显示，人类干扰的污水区水体中细菌 DNA 浓度显著高于流动的敞水区。此研究结果表明，细菌的生物量呈现随水体营养水平增加而上升的趋势，人类活动显著影响城市湖泊水体中细菌群落。

**关键词：** 玄武湖 细菌 丰度 DNA 人类活动

## 一、引言

湖泊富营养化现已成为世界范围内一个突出的环境问题，由此引起的水质及水环境恶化的严重后果也已引起人们的重视。水体营养盐如何维持持续的蓝藻暴发是地球化学循环的热点问题，但对其发生机制还不是很清楚。细菌是湖泊生态系统中种类最多、代谢最为活跃的一个生物类群，广泛分布于各种类型的湖泊水体中。作为湖泊中有机质最重要的分解者和水生微食物网中重要的营养环节，细菌不仅在湖泊营养盐的生物地球化学过程中起着极为关键的作用，而且生长速度快，对湖泊的物理、化学、生物环境的变化也极为敏感。因而，它们常被作为湖泊生态系统演化的理想指标，以定量反映湖泊生态系统受环境的影响。

## 二、实验准备

**（一）实验目的**

本实验拟研究城市富营养化湖泊水体中细菌数量及多样性的空间差异，探讨人类活动对城市湖泊水体中细菌群落的影响。具体目标：对学生相互合作能力、实验动手能力的培养。基本掌握微生物生态学研究中最基本的 2 项实验技术：①学习水体中细菌数量的计数过程；②学习水体中细菌基因组 DNA 的提取与检测技术。

**（二）实验设备与材料**

1. 实验一（细菌计数）

所需试剂和耗材：抽滤装置、酒精棉、镊子、盖玻片、载玻片、无菌水、无菌枪头（200 μl、1 ml、5 ml）、无菌 20 ml 小圆瓶、垫膜（孔径大于 0.8 μm）、黑膜（孔径 0.22 μm）、DAPI（100 μg/ml）、1×SCB、浸镜油。

2. 实验二（DNA 提取与检测）

所需试剂和耗材：抽滤装置、酒精棉、镊子、剪刀、无菌水、无菌枪头（10 μl、200 μl、1 ml）、移液器（10 μl、200 μl、1 ml）、0.2 μm 聚碳酸酯膜、细胞破碎仪和离心机等；1×TAE 缓冲液、Goldview 染料、琼脂糖、三角烧瓶、天平、微波炉和电泳仪。

## 三、实验过程

**（一）外出采样**

地点：南京市玄武湖。

采样方法：用采水器在 2 个不同采样点（人类干扰的污水区：XWK1，流动的敞水区：XWK2）各收集 1 瓶（500 ml）水样。

（二）实验过程

1. 细菌计数（DAPI 染色细菌计数）

实验步骤：

（1）盖玻片、载玻片先用 75% 酒精浸泡，用纸擦净，铺于纸上。

（2）将垫膜平铺于滤斗中央，先用酒精棉擦拭，再用少量无菌水润湿垫膜，抽滤以排出水，保证垫膜中央没有气泡。

（3）在垫膜上轻轻盖上黑膜，黑膜光面朝上，搭好抽滤装置。

（4）在 20 ml 小圆瓶中染色，避光加入 100 μl DAPI（100 μg/ml）和 250 μl 1×SCB，振荡 2 min，避光染色 10 min。染色结束后样品加到抽滤瓶中抽滤。

（5）抽滤完成后将黑膜用镊子取下置于载玻片上，不能有气泡。在膜中心滴一滴浸镜油，盖上盖玻片，用镊子尾端从左往右压片，将油全部压去。写上标签。

（6）镜检。打开电脑和显微镜开关，物镜 100×，滤光片调至 2，在盖玻片上低一滴浸镜油，往外拉光源至合适位置。先粗调显微镜至物镜刚好接触到浸镜油，然后微调，直至看到蓝色亮斑。每一个点数 20 个视野。

（7）关机，整理仪器。计算每个样品中细菌的数量。

2. DNA 提取

实验步骤：

（1）200 ml 水样、0.2 μm 聚碳酸酯膜，使用滤器过滤。

（2）将冻存的滤膜剪碎，放入灭菌的 2 ml 离心管中。加入 567 μl TE 缓冲液 [10 mMTrisHCl（pH 8.0），1 mM EDTA]，充分振荡。

（3）加入 30 μl 10%（w/v）的 SDS 和 3 μl 20 mg/ml 的蛋白酶 K，混匀后于 37 ℃温育 1 h。加入 100 μl 5M 的 NaCl 及 80 μl CTAB/NaCl 溶液（10% CTAB in 0.7 M NaCl），65 ℃下温育 10 min。

（4）用等体积 PCI（苯酚/氯仿/异戊醇，体积比为 25：24：1）溶液抽提 DNA，10 000×g 离心 5 min，将上清液移至干净离心管。

（5）再用等体积氯仿：异戊醇（24：1）抽提，取上清液移至干净管中。

（6）加 0.6 倍体积的异丙醇，混匀后室温下放置 2 h，15 000×g 离心 10 min，沉淀 DNA。

（7）经 70% 乙醇漂洗后，将乙醇吸干，DNA 溶解于 50 μl 无菌去离子水中，−20 ℃保存。

3. DNA 检测

实验步骤：

（1）用 1×TAE 缓冲液、Goldview 染料、琼脂糖配置 1.5%（w/v）琼脂糖胶。

（2）基因组 DNA 用移液器点样。

（3）用 100 V 电压，进行电泳实验 20 min。

（4）用仪器（凝胶成像系统）检测并拍照。

（5）比较分析。

## 四、实验结果

（一）采样水域的水环境状况

两个采样点的水环境状况直观上差异比较大（如图 1 所示）。流动的敞水区（XWL2）的水体较清澈，透明度达到 75 cm，而人类干扰的污水区（XWL1）的水体较浑浊、透明度只有 30 cm，水面上漂浮着很多碎屑。

**图1　两个条样点的水环境状况**

（二）细菌数量的对比分析

表面荧光直接计数结果显示，两个采样点的水体细菌数量具有明显差异（见图 2）。流动的敞水区的水体细菌数量为 $1.45 \times 10^6$ cells/ml，相比之下人类干扰的污水区的水体细菌数量则高达 $2.55 \times 10^6$ cells/ml。

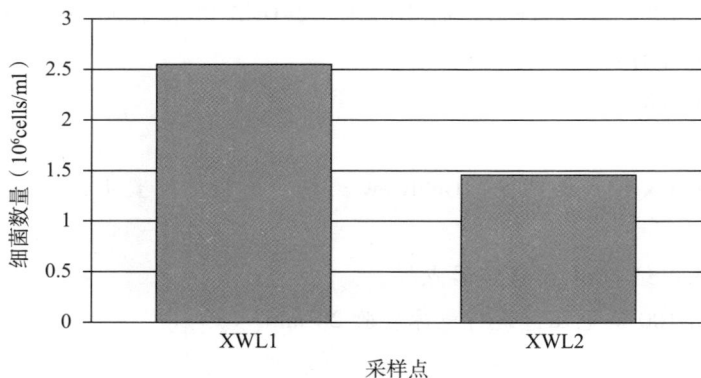

图2 两个条样点的水体细菌数量

（三）DNA 浓度的比较分析（如图 3 所示）

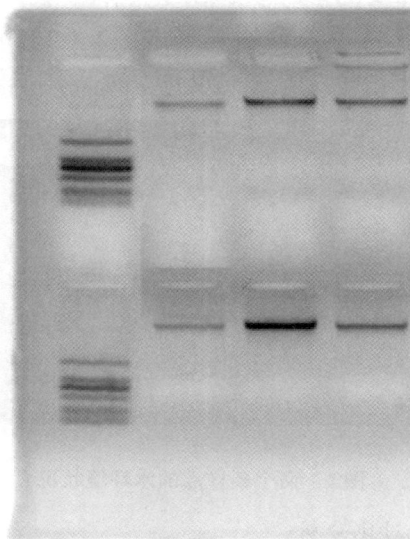

图3 XWL1 和 XWL2 水样中细菌 DNA 的电泳图

从图 3 中我们可以发现，XWL1 泳道内 DNA 条带的亮度明显高于 XWL2 泳道内的，此结果表明，水样 XWL1 细菌 DNA 浓度明显高于水样 XWL2。

**五、实验结论**

从两个水域中细菌数量和 DNA 浓度的结果来看，玄武湖不同类型水域中细菌的生物量存在明显差异，人类干扰的污水区的水体中细菌数量和 DNA 浓度明显高于流动的敞水区。在近岸的受人类活动干扰的水域中，由于外源输入的营养物质，加上大量藻类分泌物及藻类残体，这些易被细菌吸收的溶解性有机物，可能为细菌的生长提供了丰富的饵料，从而促进了水体中细菌数量的大量生长，同时，浮游植物的大量生长，为水体中的浮游动物提供了充足的饵料，降低了浮游动物对细菌的捕食压力；而在流动的敞水区水体中，由于远离沿岸带，受污染影响较小，富营养化程度相对较低，浮游和底栖动物数量较多，而浮游藻类的数量下降，营养物质减少和原生动物捕食的双重压力使水体中细菌的数量减少。因此，人类活动显著影响城市湖泊水体中的细菌群落。

### 六、不足与学习体会

（一）不足

（1）做 DNA 提取试验时，没有将离心机内部的温度调整为室温。

（2）没有将移液器调回适合量程。

（3）转移水体样本时，没有将液体从管体正中心倒下，导致样本量不足。

（二）学习体会

研学是一件辛苦却能有所收获的事情。正如实验室里的提醒——"此刻打盹，你将做梦；此刻学习，你将圆梦"，学习应是无止境的，而收获也是无限的。对于我们高中生来说，亲自动手做实验的机会十分稀少，因此，研学的经过便是极为宝贵的学习机会。而认真动手做好实验，可以学习到更多的在书本中无法体会的知识。研究者们这样说："百闻不如一见，更不如一做，"要真正掌握实验技能，必须自己实践。首先，应该对所做实验有所预习，对实验所涉及内容及可能遇见的风险有所规避。如果想更好地完成实验，那就要做到明确实验目的、原理、步骤，做到胸有全局。不要心中无数，实验中手忙脚乱，实验后对实验结果茫然。学会仔细观察实验现象及变化过程细节，透过现象看本质。不要粗心大意看热闹。其次，要理解仪器性能及使用注意事项，爱护仪器。不要随意玩弄，任意乱用。要操作规范，养成良好的实验素养，这是获得准确的实验结果和取得实验成功的保证。不要随心所欲、胡乱操作甚至损坏仪器。最后，要珍惜学习机会，主动询问老师不理解的问题，要有刨根问底的学习精神。这样寻根究源地探索问题，往往可以得到一些意外的收获，充实自己的知识。永远追求卓越，这样成功就会跟随着你！

水资源是指现在或将来一切可用于生产和生活的地表水与地下水源。水源是自然资源的重要组成部分，淡水资源在地球上的总储存量仅为地球总水量的 0.2% 左右。更好地检测水中的细菌能使我们了解身边的水，更好地管理饮用水的安全标准。

通过这几天的学习探究，从最开始的采集水样到最后的完成实验，透过显微镜看到自己动手从湖水中提取的细菌，从电脑上看到实验结果，从最基本的翻译英文的操作手册到后来的动手操作，从对实验室的各种仪器感到新奇到对本次实验中用到的仪器运用自如，这些无疑是对我们动手能力以及团队合作的考验。这次的研究提高了我们的动手能力以及团队合作的精神，也让我们意识到了水对人类的重要性和水污染对人类生存活动造成的巨大危害。

**参考文献**

［1］Baines SB，PaceM L. 1991. The p roduction of dissolved organic matterby phytoplankton and its importance tobacteria – patterns acrossmarine and freshwater systems. LimnolOceanogr，36：1078 – 1090.

［2］Zhou JZ，Bruns MA，Tiedje JM. DNA recovery from soils of diverse composition. Appl EnvironMicrobiol. 1996. 62：316 – 322.

［3］李文朝：《五里湖富营养化过程中水生生物及生态环境的演变》，《湖泊科学》，1996 年第 8 期，第 37 页 – 第 45 页。

［4］王苏民，窦鸿身：《中国湖泊志》，《科学出版社》，1998 年，第 3 页 – 第 21 页。

［5］秦伯强：《长江中下游湖泊富营养化发生机制与控制途径初探》，《湖泊科学》，2002 年第 14 期，第 193 页 – 第 202 页。

［6］秦伯强，杨柳燕，陈非洲，等：《湖泊富营养化发生机制与控制技术及其应用》，《科学通报》，2006 年，第 1857 页 – 第 1866 页。

**专家评语**：通过测量水体中细菌和 DNA 的多样性来反映水体的污染情况，具有一定的理论和实际意义。该研究理论依据充实，方案设计合理，排版格式也较为工整。建议增大样本量，并增加水体测试的其他指标，更全面地对水体质量做出评价，进而得出更加严谨的调研结果。

## 砖红壤性水稻土不同粒径组分无定形氧化铁含量
## Amorphous ferric oxide content of different particle sizes in brick-red paddy soils

首都师大附中　高一（9）班

戴可欣　秦子涵　李皙　徐芊雨

**摘要**：由于在我国南方热带、亚热带地区有大量富含铁铝化合物的土壤，而土壤中对于植物生长有利的离子为磷酸根，但磷酸根离子会被铁铝化合物固定，导致土壤肥力下降，水稻收成下降。本文通过实验研究，初步测定出土壤深度、土壤种类对于肥力的影响，研究结果可以为当地农民选择更加合适的土壤提供参考。

**关键词：**水稻土　砖红壤　不同粒径　无定性氧化铁

**Abstract：**Because in the tropical subtropical region of southern China has a large number of iron – rich soil, and the soil for the growth of plants favorable ions are phosphate, but the phosphate ion will be fixed by iron and aluminum compounds, resulting in decreased soil fertility, rice harvest. Through experimental research, the effect of soil depth and soil species on fertility is preliminarily determined, and the results can be cultivated for local farmers to choose more suitable soil.

**Keywords：**paddy soil, brick red soil, different size, no qualitative ferric oxide

## 一、引言

砖红壤性水稻土主要黏粒矿物为高岭石和铁铝氧化物，但游离铁存在明显的淋失。另外，对于植物生长有利的离子为磷酸根，但磷酸根离子会被铁铝化合物固定形成稳定的复合物，并且吸附机制往往是形成不能为其他离子或水所解吸的内圈性络合物，造成向可变电荷土壤施加的化学磷肥的大量固定，导致水稻土有机质含量随水耕年限增加而增加，使土壤肥力下降，水稻收成下降。进而对土壤颗粒不同粒径固相组成及表面电化学性质产生影响。成为该地区作物生长的主要限制因子。深入研究磷酸根砖红壤和相应水稻土的表面化学行为，能够为提高可变电荷土壤中磷肥利用率寻求合理途径，同时加深我们对水耕人为活动对水稻土表面性质影响的理解。下面对本次实验的方法、过程和结果进行详细分析，并给出有益的结论。

## 二、研究方法

本实验需要称取砖红壤和水稻土，采用草酸铵缓冲液等试剂提取出其中的氧化铁，再采用离心等步骤进行提取，最后用原子吸收分光光度法（AAS）测定无定形氧化铁含量。

（一）实验材料

本实验选用广东省湛江市出产的砖红壤和砖红壤发育水稻土。水稻土受人为灌溉和排水影响导致长期频繁的干湿交替，使土壤结构破坏，土壤中细小的黏粒容易随水径流或下渗损失，因此我们选取不同层次：0～20 cm（表层）和20～40 cm（亚表层），不同粒径组分：粉粒、黏粒、沙粒，并将土壤采集后风干磨细，过2 mm 筛备用。

（二）实验试剂

实验需要草酸铵缓冲液（pH3.0～3.2，0.2M）2 500ml 用于提取土壤中的氧化铁，配制方法：用精确电子天平称取62.1 g 草酸铵＋草酸31.5 g 溶于2 500 ml 去离子水中；具体为25 g 草酸铵＋12.6 g 草酸加水溶解到1 000 ml 的容量瓶中（见图1）。

三、研究过程及内容

（一）实验土样制取

分别称取土样0.4000 g（如图2所示）于50 ml 离心管中，再向其中分别加入已配好的20 ml 草酸铵缓冲剂，盖上盖子后充分摇匀，振荡2 h（避光，恒温25℃）（如图3所示），立即离心4 500 rpm/5 min，并将离心液过滤到50 ml 离心管中备用（如图4所示）。操作中需要注意的事项是在离心前要进行药品的称量，保证在离心机中置于位置对角线处的两个药品质量相同。

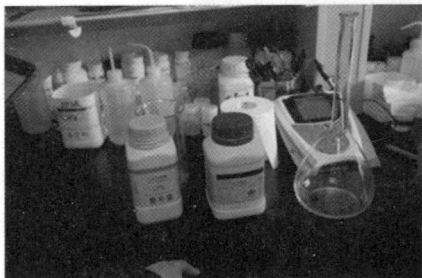

图1 容量瓶

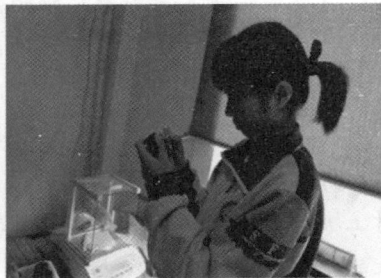

图2 称取土样

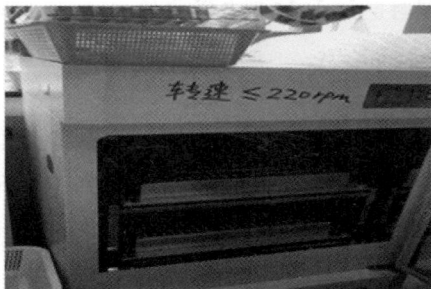

图3 离心机

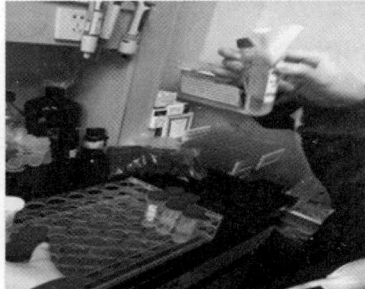

图4 离心管

（二）无定性氧化铁测定

用原子吸收分光光度法（AAS）测定无定形氧化铁（见图5），具体操作规程如下：

（1）打开计算机电源。

（2）打开 AAS novAA350 主机电源。

（3）双击 AAS 图标进入应用软件，单击"Initialize"。

（4）单击"Spectrometer"，选择待测元素，单击"Set"。

（5）打开通风管道，预热 30 min。

（6）打开乙炔气瓶总阀，调节气体减压阀使气体出口压力为0.1～0.15 MPa。

（7）打开空气压缩机电源，调节气体出口压力为 0.5 Pa 左右（一般不用调节，只需连接电源，待气压稳定后即可）。

（8）点火：在屏幕左下角有一个双箭头，单击 sequence 开始，待火焰稳定后，即可测量。

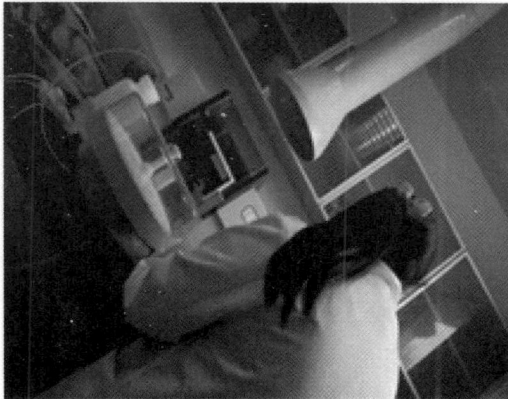

图5 用原子吸收分光光度法（AAS）

四、研究结果及分析

用 SPSS 统计方法进行数据分析，分析数据之间差异显著性水平和不同参数之间的相关性，总结实验结论是水稻土中无定形氧化铁含量远高于砖红壤，具体见图6、图7。

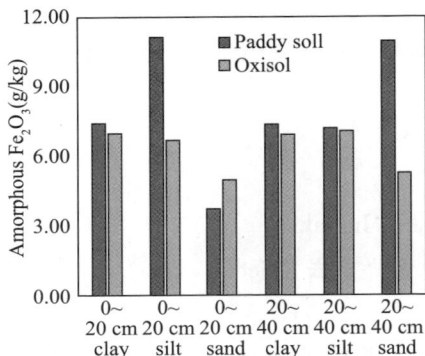

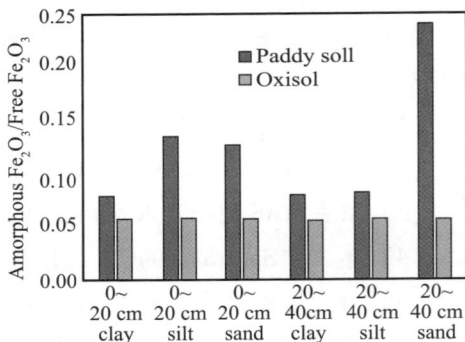

图 6 无定形氧化铁含量直方图    图 7 无定形氧化铁与有游离氧化铁比例直方图

比较图 6、图 7，可见两者存在一定的误差，主要是由于以下两方面造成：

（1）由于在离心中，一个装有药品的容器漏了，损失了一组数据，那组数据无法计算平均值，会导致试验结果不准确。

（2）离心的时间不够充足。

## 五、结束语

通过实验研究，初步测定出土壤深度、土壤种类对于肥力的影响，在本实验中，磷酸根在水稻土和相应砖红壤不同粒径上的吸附量并不随游离氧化铁含量增加而增加，因此，我们推断磷酸根在水稻土上的吸附主要源自土壤颗粒中无定形氧化铁。本研究分析了不同粒径水稻土和砖红壤中的无定形氧化铁含量，为此结论提供佐证。希望本研究结果可以为我国南方热带亚热带地区的农民选择更加合适的土壤提供帮助。

## 致谢

感谢中科院南京分院提供的先进的实验器械和宝贵的实验机会！

**专家评语**：砖红壤是我国南方热带和亚热带地区分布的大面积的可变电荷土壤，水稻土是具有水耕表层与水耕氧化还原层并且受人为耕作、灌溉和施肥影响而形成的人为层。本研究选择不同粒径的砖红壤和砖红壤水稻土，使用原子吸收分光光度法测定土壤中无定形氧化铁含量。实验结果表明，砖红壤性水稻土中无定形氧化铁含量高于砖红壤中无定形氧化铁含量。实验课题设计合理，实验操作详细，论文书写规范，是一篇优秀的研究报告，需要注意附图表的格式。

# 陶瓷透明釉制釉技术研究及应用进展

沈思涵 姜涵喆 赵昕宇 王思琪 郭佳

**摘要：** 陶瓷是我国传统工艺中占据重要地位的一项工艺。上釉工序是制瓷中不可缺少的步骤。随着人们生活水平的提高，市场对陶瓷色釉料提出了更高的要求。透明釉以其鲜艳的色彩、丰富的动态感等特点，深受人们喜欢。本文系统总结了 20 世纪特别是近 10 年来有关透明釉的研究与推广应用情况。这些研究与应用成果表明透明釉有着十分广阔的应用前景。我国开展透明釉的研究有 10 多年历史，其工艺简单，制造容易，烧成范围宽，性能稳定。因而值得进一步推广应用。

**关键词：** 陶瓷 透明釉 应用 制作工艺

## 一、前言

本文从透明釉所能满足的光泽度、热稳定性、抗热震性、耐碱性、釉面硬度等方面对其所能达到的程度进行总结归纳，试图对 20 世纪，特别是近 10 年有关透明釉的研究成果做一综述，以期为将来进一步研究和更广泛地利用这一釉料提供依据，让透明釉朝着绿色、低成本、高质量的方向发展。

## 二、透明釉简介

### （一）透明釉的定义

透明釉（Clear Glazes，Transparent Glazes）[1] 指无色、清澈、透明的釉，也称玻璃釉，是通过釉层可以看见釉下坯体的颜色以及各种雕刻和彩饰的釉。施于陶瓷坯体表面的一层极薄的物质，是根据坯体性能的要求，利用天然矿物原料及某些化工原料按比例配合，在高温作用下熔融而覆盖在坯体表面的富有光泽的玻璃质层。透明釉是按照釉的微观结构和光学性质特征划分出来的釉的一种。

### （二）作用

釉用原料中加入少量的优质黏土，经过高温焙烧后，釉用原料发生一系列物理化学反应，最终生成以玻璃为主和少量残留晶相的物质（晶相是结晶的微观结构，由晶体中高分子链的构象及其排布所决定，种类有单晶、球晶、树枝状晶、孪晶、伸直链片晶、纤维状晶、串晶等），由于釉是一层玻璃质，它使陶瓷器具有平滑而光亮的表面，特别是采用各种艺术釉或其他装饰手法，使得陶瓷器具有美观效果，成为名符其实的装饰材料。釉是连续的几乎无气孔的玻璃层，难以集聚污垢，具有抗污染、便于清晰观察釉下花纹的优点。坯和釉匹配得当，还能提高制品的机械强度。现今已经研制了各种功能釉，如蓄光釉得陶瓷制品在夜间发光，抗菌釉使陶瓷制品具有杀菌、防霉功能等。

### 三、常用透明釉制釉技术及特点

#### （一）透明釉制作技术[2]

材料：煅烧氧化锌 2~6 份，碳酸钡 5~7 份，钠长石 14~17 份，氧化铝 6~8 份，烧滑石 1~3 份，石英 17~19 份，白云石 19~22 份，煅烧中铝粉 14~17 份，硅灰石 9~12 份，霞石粉 11~14 份，羧甲基纤维素钠 0.1~0.4 份，三聚碳酸钠 0.3~0.6 份，聚乙烯醇 0.1~0.4 份。将以上各组分按照相应配比混合后，送入球磨设备中球磨成浆料，再经过喷雾干燥形成粉料，将该粉料放入仓使其陈腐，再将该粉料压制形成釉坯后干燥，对釉坯进行煅烧后破碎成粉料，放置备用。

#### （二）优势

陶瓷透明釉中铅釉以其熔融性良好、光泽好、弹性大和烧成范围宽等优点得到广泛的应用，因此我们现在所用的透明釉大部分为铅釉。

#### （三）缺点

一个好的透明釉应有较大的烧成范围，并且不会产生裂痕，但这种结果对陶艺工作者缺乏吸引力。釉料除能实用外，还要满足视觉及触觉的感受。

用透明釉制作技术所制成的透明釉为铅釉。铅釉中含有大量铅、铬等物质，具有一定毒性，对人体的健康十分有害。

#### （四）讨论

随着日用精陶生产的机械化、自动化程度的提高和快烧技术的出现及劣质原料及工业废渣的利用，对釉料性能同样提出了更高的、与其相适应的新要求。另外，日用精陶的主产品都是与食物相接触的各种茶具和酒具，所以釉料中的铅毒问题必须彻底解决。这都要求对传统的铅、硼釉加以改进或研制其他系统的精陶釉料，以适应精陶生产的发展需要。所以需要在对釉的透明度、熔融温度等性能无过多影响的条件下，降低陶瓷釉中的铅铬含量。可尝试采用新型环保材料代替透明釉中氧化铅等有毒物质，朝着绿色、低成本、高质量的方向进行实验探究，通过实验把理论与实践相结合，解决工厂生产中存在的实际问题，生产出高外观质量及绿色环保产品。

### 四、透明釉的研究进展

#### （一）无铅釉

人们日常生活中必不可少的生活用瓷上的釉料可以用无铅透明釉。无铅透明釉[3]的出现使日用瓷的形式更多样，也更为美观。采用长石42%、苏州土

5%、章村土8%、石英25%、氧化锌3%、石灰石17%的配料以及合理的生产工艺和烧成制度完全可以生产出低成本、高质量、环保无毒的透明生料釉制品。并且无铅生料透明釉釉面外观质量好、缺陷少、亮度高，几乎能达到熔块釉的各项性能。

（二）低膨胀系数高光泽透明釉[4]

由于透明釉的膨胀系数较高，在陶瓷烧成、烤花过程中，常常出现炸瓷现象，因此研制出低膨胀高光泽透明釉。瓷器的热稳定性主要与坯釉的适应性有关，而坯釉适应性则主要与坯釉的膨胀系数、胚釉中间层以及釉的弹性和抗张强度有关。一般瓷器的热稳定性差主要是由于釉的热膨胀系数过大。在坯料配方不变的情况下，对釉的配方进行调整，在釉料中引入锂辉石、纯氧化铝，增加滑石、氧化锌用量，可减小釉的膨胀系数，提高瓷器的热稳定性，制出釉面平整光亮的透明釉。为降低釉料膨胀系数，以长石、石英、方解石、氧化锌为主要原料，配以一定的滑石、煅烧锂辉石和氧化铝等。同时，为保证釉料的使用性能，可采用苏州土来调节。其原料的用量如下：内蒙古长石42%～46%、方解石9%～12%、石英16%～20%、煅烧滑石8%～10%、煅烧氧化锌6%～8%、煅烧锂辉石8%～10%、苏州土4%～5%、氧化铝2%～3%。经反复实验，成功研制出了烧成温度为1 300 ℃与坯体相适应的透明釉配方，研制的低膨胀系数、高光泽透明釉釉面平滑、光亮，极少见针孔、釉泡等缺陷。

（三）乳浊釉[5]

由于透明釉缺乏遮盖力，难以掩盖不洁的砖面，而环保工作又要求尽量采用低质原料制坯，所以大部分建筑卫生陶瓷普遍使用乳浊釉料。乳浊釉（Opaque Glazes）的原理是可以让光线轻松通过，碰到坯体后反射回到我们眼睛。在透明釉中加入悬浮粒子，使光线经过时产生折射或绕射或散射等效应，可以制得乳浊釉。微小的气泡悬浮在釉中也可产生同样的效果。这如同在水中加入一点点牛奶或水彩颜料时的效果，部分光线仍可曲折地穿越水而过。大体上而言，乳浊釉的主体仍是似水的玻璃质，而这些悬浮的粒子可以是晶体，也可以是另一种玻璃质或者只是气泡。而且这些粒子越细，效果越佳。一旦粒子过大会失去乳浊的感觉。大概是这些粒子仍为玻璃主体包覆，因此在釉料表面仍然维持玻璃质，并且一般是光滑的。乳浊釉可以用以上方法从透明釉变化而成，可以对绝大部分基础釉方奏效。

### 五、透明釉的应用

#### (一) 日用餐具

透明釉现今多被应用于日用瓷器表面。瓷器的釉面硬度[6]，是评价釉好坏的重要指标之一，是日用瓷餐具不可忽视的一个指标。餐具釉面硬度要求能承受刀叉经常刻划而不致出现痕迹。采用成分是：方解石（碳酸钙）、白云石、碳酸锶、碳酸钡。这些都属于碱土金属化合物，在釉中也做助熔剂使用，但由于其阳离子的电场强度较大，能使断键积聚，起补网作用，因而能增加釉面硬度。但方解石、白云石用量过多时，釉的耐火度增加，分离出钙长石微晶，影响釉面光泽，所以需用一部分碳酸锶、碳酸钡置换方解石，既能增大助熔的作用，减少棕眼，提高釉面光泽度，又能增加釉的附着性能，增大划痕强度。

按配方准确称料，具体工艺参数如下：

料：球：水 = 1∶2∶0.7

球磨时间：32 h

细度：万孔筛余 0.01% ~ 0.03%

釉料比重：38 波美度

烧成温度：1270 ℃

烧成气氛：氧化气氛

釉料球磨完毕，过 250 目筛，除铁 3 次，之后放入储存池备用。用浸釉法施釉，釉层厚度 0.1 ~ 0.15 mm，最后入窑烧成。经测量，釉面的维氏硬度达到 $Hv720kg/mm^2$，符合日用瓷餐具的标准。

#### (二) 青花瓷表面釉

透明釉可以用于青花瓷上，其物理、化学性质与玻璃类似。这种釉的特点是提高了釉的高温黏度，使得釉在高温下不易流淌，还可以多次施釉，施得厚一些，这样釉质会更加滋润，具有玉质感。南宋龙泉窑和官窑就是典型的石灰碱釉[7]。元明以来，景德镇烧制青花瓷的白釉是石灰——碱釉，它是以氧化钙、氧化钾、氧化钠为助熔剂的釉料，其特点是高温黏度较大，不易流动，釉色光泽柔和。青花瓷一般以白釉为地，釉汁呈乳浊状，如同石灰水，入窑烧成后即成无色透明釉，衬出白胎，即为白地。

#### (三) 真空陶瓷开关管

现如今的技术使得透明釉具有耐高温的特性。电真空陶瓷开关管[8]作为电真空开关主要元件，具有燃弧时间短、安全可靠等优点，因而在电力系统及工业技术的许多领域得到广泛应用。高性能陶瓷管壳作为电真空开关管必不可少的关键部件之一，除了在机电热性能上有较高的技术要求外，通常陶瓷管壳的外表面要求施有高温透明釉。这样不仅可以提高整个器件的电性能，而且外形美观，抗污染。上釉陶瓷管壳在与金属件焊接封装前一般须在氢气气氛下进行高温金属化，而我国现行的高温金属化温度大致有 1 380 ℃和 1 470 ℃两种。因而要求覆在陶瓷管壳表面的釉在金属化过程中不流釉、不飞釉、不变色，而耐高温的透明釉拥有这一特性。

### 六、展望

透明釉制作技术简单，用料常见，制作成本低廉，对于不同的使用目的，可以选择不同的制釉技术，并同时富有实用性与美观性。透明釉的耐高温也使得它拥有更加广阔的发展前景。其性质稳定，不易腐蚀，可以抗污染以及调整陶瓷釉料的温度和陶瓷坯体的温度，这对瓷器制作来说都是必不可少的。目前，透明釉研制技术已经可以满足不同瓷器的烧成温度，再加上其可以体现出釉下花纹的特点，相信在不久的将来透明釉在瓷器上的运用会更加广泛。除此以外，通过本篇论文的总结，还可以发现，透明釉在金属焊接等对环境要求较高的领域里也可以作为合适的材料加以利用，应用十分广泛。

**参考文献：**

［1］李家驹主编：《陶瓷工艺学》，中国轻工业出版社，2016 年。

［2］林海啸，蔡世山：《一种透明釉料及其制备和使用方法》中国专利：CN102503569A，2012 - 06 - 20.

［3］《无铅生料透明釉的研制》，《陶瓷》，2011 年第 2 期。

［4］陈喜：《低膨胀系数高光泽透明釉的研制》，山东银凤陶瓷集团,2012 年第 9 期。

［5］张玉南：《釉制备技术》，江西陶瓷工艺美院，1994 年第 12 期，第 55 页 - 第 63 页。

［6］王培景：《餐具硬质透明釉的研制》，《山东陶瓷》，2013 年第 2 期。

［7］霍华：《浅议青花瓷生产工艺》，收藏家，2010 年第 12 期。

［8］顾赟峰，朱军：《电真空陶瓷管壳用高温透明釉的试制》，《江苏陶瓷》，1999 年第 1 期。

**专家点评：**文章从透明釉的制釉技术、特点、分类和应用等方面，综述了陶瓷透明釉制釉技术的研究进展，并展望了透明釉广阔的发展前景。结构完整，内容丰富。

## 二、学生研究分析成果展示

学生的学习由课堂上的静态记忆式学习变成了动态体验式学习，由被动倾听变成了主动践行。学习模式由以个体学习为主变成以小组合作学习为主，在小组成员相互配合的模式下，学生们由原来的竞争关系转化为合作关系，从而形成了生生互动、团结协作、多向交流的良好局面。在增长知识、锻炼能力的同时，学生们也学会了包容及欣赏，提高了人际交往的能力。下面以案例说明。

## 案例分享

### 论宗教神话对于绘画发展的影响

首师大附中　高一 2 班

杨子龙　李嘉骏　姜逸伦　孙浩文

摘要：无论是西方还是东方，古代还是近代，绘画总是一直存在并发展着的。绘画一方面记录着当时人们的生活，更重要的是在表现着他们的精神世界，而精神世界永远离不开信仰和想象，宗教与神话正是信仰与神话的载体。所以可以说，在绘画的发展过程中，宗教和神话对其产生了极其深远的影响。这种影响是两面的，它既促进着绘画的发展，又在一些方面使其止步不前。

关键词：宗教意识　艺术　绘画

**一、绘画的起源与宗教的联系**

绘画的起源可以追溯到旧石器时代，在距今 3 万年至 1 万年前，人们便在当时的肖维岩洞和阿尔塔米拉岩洞上刻下了牛、熊等动物的样子。这被认为是人类已发现的最早的绘画。一般认为，壁画内容可能与原始人祈求狩猎成功的巫术活动有关，而这些巫术正是宗教的雏形。

宗教与绘画的另一个联系便是原始先民的图腾崇拜。原始时期，人们所创造的绘画形象大都是基于动物崇拜和祖先崇拜的图腾形象，在此意义上讲，原始绘画的形式和内容都可能与原始图腾崇拜之间有一定的关系。可以说，宗教创造了绘画艺术。

**二、绘画艺术受到的宗教与神话的影响**

首先，宗教与神话为绘画发展提供了大量素材，如西方的北欧神话、基督教的故事、希腊众神神话，东方佛教经典、"女娲补天""神农尝百草"等脍炙人口的民间神话。这些题材启发了创作者们更多的灵感，他们将自己的想法或愿望加在以神话为主题的绘画中。于是，大量的佳作如雨后春笋般出现。宗教与神话的存在，极大地促进了绘画的发展。

其次，除了提供题材，神话对绘画更重要的作用是改变着人们对绘画的审美，鲁迅先生曾说过："在古代，不问小说或诗歌，其要素总离不开神话，印度、埃及、希腊都如此，中国也然"神话为人们的审美提供了模板，成为人们衡量作品的标准，它渗透到了人们的美学当中，绘画也受其影响。原始神话总是通过文化的传承而潜移默化地沉入画家童年及成年的意识或无意识之中。

在宗教方面，为了更好地宣传发扬自己，势力庞大的宗教会拿出很多资源来支持绘画，画家们便有了机会进行他们自己所不能进行的创作，其最经典的例子便是位于敦煌的壁画。同时，各宗教文化的交融更是促使不同的绘画方法相互交流，让绘画的发展更加快速。

但是，宗教在促进绘画发展的同时也对其有所抑制。宗教对于绘画的期望有特定的目的，因此它把绘画的内容规定在极小的范围之内，极大程度地阻碍了绘画的发展。在很长一段时间里，画家沦为了为宗教服务的工具，这直接导致了欧洲中世纪绘画的衰败。人们丢掉了对美的追求，绘画仿佛变成诠释宗教的工具。直到文艺复兴时期鲜明反对宗教以神为中心的统治，倡导以人为中心，才使得绘画艺术出现了新的转机，绘画的社会功能逐渐改变。由于人文主义思潮的兴起，人自身的价值可以肯定，绘画再也不是单纯地诠释《圣经》、描绘宗教了，画家们往往借助宗教题材表现他们相比人类、相比世界的认识。"人充实地发现了自身的创造力，世俗才气及其实现，以及与此相应的人的欲望和情感，所以得到毫不清楚的肯定和称赞"。

### 三、宗教神话对中世纪及文艺复兴时期西方绘画艺术的影响

在西方艺术史上，宗教与神话是艺术最重要的题材。希腊文明和希伯来文明是现代西方文明的两大源头。希腊的多神教信仰和基督教都为艺术做出了贡献。

绘画在中世纪发展迅速，很大一部分归结于宗教的传播。在基督教发展的早期和中世纪时期，识文认字的人较少，基督教的教义主要靠绘画的形式传播，宗教为艺术提供观念、意境、形象和想象力，把宗教意象和宗教幻想象征化，宗教艺术应运而生。

宗教激发艺术创造的积极性。《圣经》中的创世纪、洪水神话、伊甸园的

故事、基督诞生、圣母等成为画家经久不衰的绘画题材，并成就了很多伟大的艺术家，古代文明留下来的艺术珍品几乎都是宗教性艺术。

宗教对西方绘画艺术的影响，除了使其发展更加迅速外，更使其内涵比以前更加深刻。中世纪时期，人们开始注重画面的效果，当时人们为了突出耶稣或圣母的伟大，采用了散点透视等技艺，使得画面更加完美，富有内涵。这一时期的代表作品有《三个在火窖中的人》《圣马太像》等。而在文艺复兴时期，画家们比起画面的效果，更加注意其画中的内在精神，他们将重心转移到对人物心理的探究刻画，开始钻研运用光、影、透视等手法将人物的内心情感表达出来。这使得文艺复兴时期的绘画不仅在技艺上远超以前，内涵也更加丰富起来。

宗教并不是单纯地使西方绘画艺术得到发展，也曾严重阻碍其进步。"过分的道德严肃性可能会扼杀艺术"。基督教把禁欲、苦行视为崇高的美德，而把人的自然情欲的满足看成一种低级的、有罪的东西予以鄙弃，单纯鼓吹人对神的爱和对所谓神福的体验。在这种审美意趣的支配下，艺术家的创作源泉单一，绘画艺术沦为宗教服务工具，受到严重的破坏，导致了中世纪绘画的普遍衰落。

真正的艺术本质上是升华了的人性的审美情趣的展现，它的健康发展要求走在人道主义的艺术道路之上，人性的自然展现决不能永远为精神主义的神性所束缚和扭曲。正因为如此，后来的"文艺复兴美术"，鲜明地提出了以人为中心的人文主义思想，反对中世纪的禁欲主义和宗教观，反对神权，肯定人权，主张个性解放，才给美术创作注入了新鲜血液。宗教有了新的意义，在文艺复兴时期的绘画中，耶稣、圣母等人物不再是完美的代名词，他们具有了人的品质，生动起来。在以人的价值为基础的情况下，那个时代诞生了无数的名作。《创世纪》《最后的晚餐》等作品，虽然题材仍是宗教，但具有了更多含义。

### 四、宗教与神话对于中国绘画发展的影响

在汉代，随着上帝观的改变和重建，出现了相应的祭祀仪式和造型艺术，神仙思想的流行，造就出绘画中的诸神系列，伏羲、女娲也在画中大量出现。楚文化与中原文化的结合，使"玄想"与"实际"一体，遂使神仙、历史人物、现实生活并见于画面。

在当时，人们绘画多为了祈福或者消灾，所以画中的神话人物较多。如西王母，因为其能使人长生，所以汉人的画中经常出现西王母的形象。除见于墓

室壁画以外，石刻、汉镜、漆盘上皆有其形象。在长期农业生产中形成的自然、气象之神，经发展改造之后，也在汉画中得到展现。如雨师、风伯、雷公、虹霓等，与北斗、织女一起，形成不同于《楚辞》中文字形象的新的系列神祇。

在宗教中，对中国绘画发展影响最大的便是佛教。自公元前8世纪以后，佛教在东南亚广泛传播，许多佛教寺院里存有大量的具有艺术价值的壁画。隋唐时期佛教更加兴盛，宗教也影响到了绘画领域。以《弥勒成佛经》《维摩所说经》《妙法莲华经》等为内容的绘画蔚然成风，更把中国的佛教绘画推到了一个顶峰。这一时期的绘画大师创作了许多宗教壁画，在绘画风格上也有了很大的进步。

### 五、宗教、神话与当今绘画的关系

经过了上述举例与论证后，宗教与神话对于绘画形、题材以及作品数量的发展的影响及其成因已显而易见，那么在当代社会背景下我们应该如何权衡其利与弊呢？

首先，我们应当看清当代社会大致的宗教与绘画格局：当代社会下，受宗教与神话影响的人口数量庞大，这是由人口的持续增长以及宗教长期以来的传播所致。但是，当下人们对于宗教有了全新的认识，大部分人不会再像中世纪那样迷信教会，而是将宗教当作一种信仰。加之现在绘画形式的多样性及随意性，就使得当代社会涌现出一大批创新题材的关于宗教神话的简笔画及漫画。

其次，宗教数量大幅上涨：当代社会宗教种类得到发展。除了传统三大宗教以及各民族教，新兴宗教的数量在20世纪90年代后快速增长。截止至2000年，新兴宗教的数量较20世纪翻了5倍，全世界范围合法注册的宗教数量约有十几万个。结合上文，如此多的教派对于绘画的影响是非常大的。

在如今这样一个多文化交融的世界，各明星的粉丝数不胜数，在对于人群的波及面上丝毫不逊于所谓的各个宗教组织。这就使得我们在网络上随处可见各种形式的题材自由、画风迥异的画作。

### 六、总结

面对这样一个量化的时代，凡事都要权衡利弊。我们应该为宗教与神话对绘画的创新影响感到欣慰，并坚决地将其发展下去。但是尘埃落定后，我们也应看到它带给绘画的一些弊端，如出现过多没有营养的网络画作，这就好比老师口中的无用小说，过分关注只会浪费时间。还有许多因作者的不负责导致内容极其不健康、庸俗的画作。这些都使绘画环境被污染，秩序被扰乱。对于这些画作，我们应当坚决打击，拒绝，只有这样我们才能充分发挥当代社会特点带给绘画发展的好处。

**参考文献**

[1] 王欣：《欧洲史前洞窟艺术的永恒魅力》，和田师范专科学校学报，2006，26卷第五期．

[2] 周巧云：《论宗教艺术的起源与图腾崇拜》，《湖南师范大学社会科学学报》，2011年，第4页－第18页。

[3] 陈源泉：《宗教与艺术》，《江苏省社会主义学院学报》，2001。

[4] 吕大吉：《宗教学纲要》，高等教育出版社，2003年。

[5] 雷镇阊：《宗教与艺术观览》，《中国宗教》，1995年第2期。

**专家点评：**本文选材角度新颖，有吸引力，从一个侧面具体分析了绘画与宗教的关系，透过现象看到了一些问题的本质。并且从古到今、从国外到国内，充分分析了宗教与绘画的关系。本文的例子丰富，建议具体分析某一个民族或某一幅画背后的故事，并通过绘画与宗教看到人们为什么会产生这样的宗教信仰。

# 京杭大运河的建成对江南的影响

陈雨童　雷楷熙　李依宁　郑逸婧　卓一凡　程清滔　胡雪丰　涂青蓝

**摘要：**京杭大运河是世界上首屈一指的人工运河，是最古老的运河之一，是中国古代劳动人民创造的一项伟大工程。其对水力的巧妙调配与利用，滋养了华夏民族几千年之久，促进了其沿岸地区的生产交流。为了解京杭大运河的建成对古今的深远影响，本文以京杭大运河江南段为例，从军事、经济、旅游三方面对其进行研究，并对其现存的问题进行探讨。

**关键词：**京杭大运河　江南　军事　经济　旅游

**一、绪论**

京杭大运河是我国历史上与万里长城齐名的一项伟大工程。它在公元前5世纪初即开始修建，到13世纪末才正式完成，前后共历时近1800年。北起北京，南到杭州，贯通着海河、黄河、淮河、长江和钱塘江五大流域，全长1700多千米，是世界上开凿时间最早、长度最长的人工河流。其江南段的开凿时间可追溯至春秋时期，为吴国国君夫差因军事原因而修。后经隋炀帝时"永济渠""通济渠"、元朝时"洛州河""会通河"的修建，最终形成了当今的大运河。大运河最早虽是因军事原因而修建，但其后两千年的作用却不仅限于军事，特别是元朝后，运河成为真正意义上沟通南北的通道，两岸兴起了无数商业城镇，为中国古代经济发展做出了巨大贡献。在当代，运河虽不再成为沟通南北方的主要渠道，但依旧为沿岸地区的旅游业做出了不小的贡献。本文将以京杭大运河江南段为例，分析其建成后给该地区带来的多方面影响。

## 二、京杭大运河的建成对江南军事的影响

京杭大运河具有很大的军事作用，早在2500年前的春秋时代，当时割据一方的大大小小的诸侯国，相继修明内政，争强称霸，即开始凿筑多条人工运河。到了春秋末期，一条沟通长江下游与淮河下游的人工河道在中国东部平原地区第一次出现了，这就是崛起于长江下游的吴国在公元前486年开凿的邗沟。这条人工河道成为后来陆续开凿的纵贯中国东部大平原的京杭大运河的最早河段。

京杭大运河历史上多次成为国内外重大军事斗争的发生地和关联区，许多重要的战争发生在其沿岸，因此，它具有重要的军事防御和后勤保障功能。近代以来，清政府几次重大战役的失败都直接或间接与京杭大运河有关。第一次鸦片战争中，清政府对京杭大运河的军事战略地位重视不够，在英军控制了京杭大运河上的战略要塞之后，南北漕运中断，被迫签订不平等条约；第二次鸦片战争中，清军虽然设置了京杭大运河防线，但由于防御观念落后，仍然无法逃脱战败的结局；甲午战争的失败则与京杭大运河无法发挥运输军事装备的功能有直接的关系。在交通体系完备、京杭大运河成为世界文化遗产的今天，我们仍然应该重视其作为黄金水道的运输功能和军事战略价值。

据记载，漕运发达时期，从天津到通州的北运河上每年要承载2万艘运粮的漕船，官兵12万人次，连同商船共3万艘。水道的开通使小小的直沽寨很快发展成了远近闻名的"天津卫"。

这条水路把全国紧紧联系在了一起，让全国的军事力量成为一个整体。

## 三、京杭大运河的建成对江南经济的影响

元代会通河和通惠河开通后，京杭大运河修建完成，明代进行了大规模整修，建立了完善的漕运管理制度。600年间，京杭大运河成为真正意义上的南北交通要道，商运繁盛，两岸兴起数十座商业城镇，对古代经济的贡献无法估量。由明而清，每年400万石（1石约今天13.5千克，400万石有5万4千多吨）的漕粮由运河北上。此外，每年数十万匹苏杭织造丝织品运抵京城，江宁、苏州、杭州三个织造局，专办御用官用的绸、缎、纱、罗、布匹。湖广川黔等地的竹木浮江而下，入运河北上，到北京修宫殿，建宗庙。物产交流和经

济交流极大丰富起来；明代北方棉花种植很普遍，而发达的纺织业在江南，结果自然是棉花南运，布匹北运，太湖流域号称"衣被天下"，棉布和丝织品几百年来一直是运河上的主要货物。杭州、苏州、扬州、淮安是南方地区运河边上的城市，因此成为商品集散地。清代沿袭此制，直到光绪二十七年（1901）最后一艘漕船离开通州码头，景象不再。19世纪海运兴起，以后随着津浦铁路通车，京杭大运河的作用逐渐减小。

中华人民共和国成立后，对运河进行了大规模整修，使其重新发挥航运、灌溉、防洪和排涝的多种作用。1988年底建成的京杭大运河和钱塘江沟通工程已将江、河、海衔接起来，构成了以杭州为中心的、以京杭大运河与长江、黄河、淮河、海河、钱塘江五大水系相连通的水运网。

### 四、京杭大运河的建成对江南旅游的影响

（一）现状

京杭大运河以其悠久的历史文化、独特的人文景观而成为旅游业的一枝奇葩。江苏省譬如扬州等地均开发了古运河旅游项目，根据《京杭大运河旅游产品体系的构建及其旅游开发——以京杭大运河江苏段为例》，大运河于1981年4月开辟了全长220 km的苏州—扬州古运河旅游专线，该游程中途停靠5个码头，连续游览7天，可以观赏苏州园林等景区；畅游古称"天下第一江山"的镇江，以及"月城"扬州。

在大运河的扬州河段上，有提供短距离渡船的旅游服务`，一次渡船体验约半个小时，游客们可以欣赏沿途的景观，夜游大运河还可享受到灯光的盛宴，观赏五色彩灯和河水交相辉映的美景。船上还配有讲解员，帮助游客们在视觉享受的同时了解古运河及沿途景观的历史故事。

（二）影响

1. 污染

沿途工业污水、农业污水、生活污水的排放使大运河受到严重污染，水质恶化，降低了景观的美感度。

2. 真实性

京杭大运河已有2000多年历史，在长期的历史发展中，曾有无数的古迹遗存，但多数在开发中随推土机的行进消失了。至于沿岸的一些地方戏曲、民间传说、乡情习俗等非物质文化遗产，也随着所依托载体的消失而消失。随着旅游业的不断发展，人们在大运河沿岸修造了假山、凉亭等供人观赏、休憩，但这些当代的作品并不是遗产，这一定程度上了损害京杭大运河的真实性。

## 五、结论

京杭大运河从北到南，一路走来 1700 余千米的路程，让笔者感受颇多、受益匪浅。大运河的美，在于其千百年来默默无闻地哺育运河两岸的百姓；京杭大运河的成就在于在不同历史时期都在发挥重要的经济推动作用，直至今日仍旧如此；京杭大运河的悲哀在于，在今天千百万国民呼吁保护运河的当口，仍旧有目无环保意识知的人为了一己私欲，肆意破坏运河生态环境。京杭大运河是我国古代劳动人民创造的一项伟大工程，沿河两岸有四省两市十八个城市文明，带动了周边经济发展，串联起了五千年华夏文明史，这样拥有特殊意义的京杭大运河值得我们重视与保护。

### 参考文献

［1］黄震方，李芸，王勋：《京杭大运河旅游产品体系的构建及其旅游开发——以京杭大运河江苏段为例》，《地域研究与开发》，2000 年第 1 期，第 70 页 – 第 72 页。

［2］项文惠，王伟，刘春蕙：《京杭大运河的保护及其旅游开发——以杭州段为例》，《生态经济（中文版）》，2009 看我经 9 期。

［3］冯贤亮：《明代江南水利简史一种——介绍〈明江南治水记〉》，文献，2000 年第 1 期，第 251 页 – 第 259 页。

［4］张京祥，刘雨平：经济地理，2008 年第 1 期。

［5］江南：《水利工程建设对水生态环境系统的影响及解决措施》，《资源节约与环保》，2014 年第 4 期，第 29 页。

**专家点评：**本论文从军事、经济及旅游三方面入手分析京杭大运河的建成对江南产生的影响，但旅游方面所进行的论述与此逻辑颠倒，论述重点在强调江南旅游业的发展对大运河造成的影响，而非大运河的开通对旅游业的影响，建议对此部分重新进行修改完善。

# 江南古镇文化开发及古镇居民生存方式选择
## ——基于古镇开发中从业人群的访谈分析

首师大附中　　高一 5 班

丁欣怡　周蜜　党媛　武冰清　仉佳艺　李景怡　杨欣桐

**摘要：**本文主要通过对江南古镇开发中从业人员的访谈，展现古镇文化与现代商业的结合现状，并通过从业人员的视角分析当今古镇开发中的利弊。调查结果显示，江南古镇大多在保持历史原貌的基础上，建立商业街区，开发旅游业，创造了大量的就业机会，同时也吸引了大量的投资者。

**关键词：** 古镇开发　从业选择　本地人

## 一、问题的提出及研究背景

20 世纪末以来古镇大热，越来越多的人渴望逃离城市的钢筋水泥，在江南古镇寻一段闲适生活。京杭大运河孕育了一座慢城——扬州，东关街作为市内最具代表性的文化老街已成为扬州旅游的一张重要名片，其保留了众多历史名人故居，老字号商店，建筑风格颇具江南特色，同时镇江市的西津古渡作为原古渡遗址保留了承载诸多历史故事的文化古迹。我们对以上江南特色古迹在政府规划下的旅游产业开发方式及其发展瓶颈、商业规模、本地原住民的生存的冲击转变程度进行了调查分析[1]。主要着手点在于是否出现过度商业化导致的对原有文化的破坏及原住民搬离或转商的问题。

## 二、文献回顾

古镇作为传承历史文化、沿袭民间习俗的聚居地，蕴藏着秀美景致的艺术珍宝，透露出淳朴敦厚的乡土气息，也闪耀着先辈们的智慧与劳动结晶[2]。东关街最大日接待量达 3 万多人，但对于江南古镇来说，青石板路古建筑群似乎已成为其整体印象，古镇间的差异与特色似乎并不突出。同时，古镇的原住民也不可能因为旅游的需要保留原先落后的生活方式，如何在保证居民诉求的基础上创造一个游客与居民和谐相处的旅游环境，找到商业化和原貌保护这对矛盾的平衡点已成为古镇开发的棘手问题[3]。

## 三、研究设计

（一）研究方法

本文采用访谈和文献分析相结合的方法。

（二）研究对象

本文研究对象为江苏省扬州市东关街区，京杭大运河扬州段某渡口及镇江市西津古渡的部分原住民转职的商人及其他相关旅游业的从业人员。他们已在江苏生活几十年，对当地文化变迁有十分深刻的了解。

（三）研究分析

1. 对东关街明信片收银员的访谈

东关街的改变基本不大，只是将原有破旧居民房屋进行翻新，将原本的居民用房改为商业用房，使这条街成为商业街，居民在古街做生意获取经济利益。明信片收银员原本是外出打工人员，现回到家乡工作，既提高了自己的收入，还带动了当地经济的发展。在此过程中，古镇的韵味有所改变。因为随着时代的进步，人们的审美改变，市政府在翻新过程中古建筑外观设计成为更符合现代人审美的样子。

2. 对东关街桂花糕店店主的访谈

东关街的开发对居民的生活产生了明显的影响。原本古镇只是人们生活的地方，现在人们可以在古镇的旅游业发展中获得经济利益。这位阿姨已退休，在故乡老宅自己开桂花糕店贴补家用。东关街的住宅变成店铺，使古镇的生活氛围减弱，商业气息日益浓重。因为扬州发展成为旅游城市，人们的职业也逐渐倾向服务业。扬州市开办了如扬州旅游商贸学校一类的旅游类职业学校。

3. 对京杭大运河渡口卖菜人员的访谈

这位阿姨是扬州本地人，在京杭大运河被开发为旅游景点之前，是一名普通的纺织厂工人，之后则兼职在渡口卖菜以增加收入。她认为，京杭大运河的开发对文化古迹的保留是有利的，可以同时带动经济发展为人民增加收入。在对于古镇面貌改变的问题上，她认为开发后并没有很大变化，很好地保留了古镇原有的风貌。

4. 对本次出行导游的访谈

导游是一位旅游专业毕业的本地人。她认为扬州已经发展成一个以旅游业为重的城市，这样的发展比发展商业更为有利。因为扬州的重工业资源稀缺，但景色优美，有深厚的文化历史背景，旅游业可以带动各个产业的发展，如东关街的商业被旅游业带动起来。在扬州人对于职业选择方面，她认为很大一部分扬州人愿意从事旅游相关职业，她身边很多人就是如此。

5. 对镇江市西津渡餐厅老板的访谈

本次访谈的这位老板是位自由职业者，选择经营餐厅的原因是喜欢这种自由的生活，并且深谙美食之道。我们通过她了解到，西津渡古时是镇江重要的渡口之一，随着时代变迁，其渡口的功能逐渐消逝，通过政府的开发，逐渐成为镇江的一条集美食、文化于一体的古巷。她认为，西津渡的开发与政府的调整有着密不可分的关系，同时，政府开发致使西津渡的发展比起单纯市场招标的进程慢了许多。

四、总结

本次探访的江南古镇，大多在保留原始村落特色的基础上，适当地发展了旅游业，为当地人就业、创业提供了条件。同时东关街、西津渡也已开发出颇具当地特色的旅游产品，越来越多的本地人返回故乡、建设故乡，同时也吸引了不少外地人来此投资，促进了当地经济的可持续发展，使当地人生活水平普遍提高。相信在这种良好发展的势头下，江南古镇一定能建设成为古代文化与现代文明交相辉映的名城。

**参考文献**

[1] 陈洁琼：《江南古镇文化开发及古镇居民生存方式选择——基于朱家角古镇开发中从业人群的访谈分析》，上海大学社会学院，2015 年第 12 期，第 171 页 – 第 172 页。

[2] 王大悟，邓世卿：《论古镇旅游开发的五种关系》，上海社会科学院旅游研究中心，2010 年第 8 期，第 40 页 – 第 43 页。

[3] 余琪：《从体验经济视角探求古镇旅游产品的深度开发——以西塘古镇为例》，华东师范大学商学院，2008 年第 4 期，第 60 页 – 第 65 页。

**专家点评**：该项目旨在探讨江南古镇的开发对本土居民生活方式选择上的影响，选题具有现实指导意义。采用访谈法就该问题对几位本土居民进行了采访调查，但调查基数太小，过于片面，缺乏统计数据支撑，总结分析相对薄弱。建议设计问卷调查表，增大调查基数，以确保调查能较全面、准确地呈现出问题的本质。

# 论江南古典园林的艺术、科技价值
## ——以何园为例

首师大附中　高一 5 班

傅淳泽　杨琢　张霁然　卫喆　贾田旭　汤佳欣　张天骏

**摘要**：本次游学，我们有幸参观了江南园林的典范之一——何园。江南园林作为我国文化的瑰宝，不论美学意境上还是建筑设计上，都具有极强的研究意义，并且对古今人们的审美以及建筑设计都有重要的影响。

本文将从美学特点、建筑特点、资源利用多个方面，结合在何园的所见，浅谈江南园林的各特点及价值。

**关键词**：江南园林　美学特点　建筑学特点

**一、江南园林对于人们的审美观的影响**

不同于唐宋写意山水园的传统，晚清时修建的何园，建筑繁多，错综排列，集审美之大成。利用假山、甬道、回廊、水池、植物等景物将一座普普通通的小院装点成别具一格的洞天，使之焕发新的生命力，形成一种别样的意境。下面以何园为例，简析江南园林，特别是晚清时期江南园林的特点。

（一）叠石理水

江南水乡，以水闻名于天下，而江南的园林巧妙地把水与石结合在一起，水石相映，构成了园林的主景。何园中"水中月"便是江南水石结合的典范。在清澈的水池上方安放一块怪石，白天池水中似有一轮明月，且随着观者视角变化有阴晴圆缺之异。原为叠石后的墙上一处孔隙，随视角不同被叠石遮掩，给观者以梦幻的感觉（如图1所示）。

**图1　何园"水中月"景观**

（二）花木众多

江南湿润的气候十分适合花草树木的生长。江南的园林把花季不同，生长季节不同的花木一起种植，营造出一年四季都生机盎然的奇景。江南园林按中国园林的传统，虽以自然为宗，但绝非丛莽一片，漫无章法。高的树木与较矮的花草有层次地结合，让人目不暇接却不会有丝毫混乱之感。何园中花木遍布，争相怒放。茂盛的参天古树，娇艳欲滴的红粉芍药深深地吸引了我们，带来无与伦比的视觉盛宴（如图2所示）。

（三）建筑淡雅朴素，柳暗花明

北方有长城、故宫等著名建筑，一眼望尽、气势恢宏，具有雄浑粗犷的建筑风格，而江南园林却截然不同。江南园林没有开门见山的慑人气魄，而是不拘于定式，巧妙地在有限的空间发挥无限的可能。亭榭廊槛，宛转其间，一反宫殿、庙堂、住宅之拘泥对称，而以清新洒脱见称。骑马楼、玉绣楼、牡丹亭等建筑整齐而不局促地排列在园中，构成了一个又一个的小园林，十分自然有趣。

图2　何园的芍药花

初进何园，感觉并无特别，但走上楼梯，进入楼中，视野豁然开朗。初看还是不大的园中池，迈过门槛再看，就变成了参天古树挺立在连廊之间。楼与楼间的小巷只供两三个人通过，小楼使用石砖建成，虽然看似杂乱，但整体色彩淡雅简朴，漫步其中，让人感到轻松闲适。

**二、江南园林在建筑学方面的价值。**

江南园林建筑在材料上的选择因地制宜，突显江南地区的特征。江南园林在技术上表现了中国古代人民在建筑以及材料制造上的智慧，是人民劳动的结晶，它留下来的技术成果对现在的科研工作者仍有启发作用。

（一）木材的选择

以木质为主要材料是中国建筑技术的显著特点，明清江南私家园林延续了这一特征。长江流域主要生产杉木、马尾松等，江南园林因地制宜，充分发挥杉木、松木等材料的优势，运用传统建筑技巧，广泛采用斗拱结构，营造出丰富的景观样式。

（二）石材的选用

江南园林用于建筑中的石材主要是大理石、花岗岩、玄武岩和太湖石等。

在园林建筑中，善利用太湖石的奇异形态、表层纹理和玲珑多窍、涡洞相套的结构特征叠置成假山或石具，组成精美的图案，增加形体的观赏性效果（如图3所示）。

**图3　何园的假山**

（三）化学及材料学方面的技术贡献

在对江南私家园林建筑原料的研究中，可以发现其在化学及材料学方面的技术贡献。

例如，江南园林建筑中复合胶凝材料的使用：江南园林建筑普遍采用"三合土"——石灰、黄土和细砂的混合物作为夯土墙或土坯墙的抹面；大量采用油性配料物质：血料—石灰和桐油—石灰等当腻子，做防裂、防虫、防湿处理，使木材更为坚固。

（四）中国古代的油漆工艺

明清时期中国漆艺已十分成熟，油漆作为传统工艺在江南私家园林营建和修复时被广泛使用，可以起到保护木制建筑和装饰美化的作用。漆艺用于建筑分为两部分：室外建筑材料和室内装饰材料，这两部分在油漆的原料、技术和制作流程方面均有差异。用于室内用品、家具装饰的油漆，采用漆树的分泌物作为原料，这种天然涂料具有耐酸、耐碱、耐腐蚀、耐高温的特性。

用于室外建筑的漆艺则复杂得多，从材料的种类与配置、油漆部位木基层的处理、地仗的处理到油漆操作工艺都有严格的要求。建筑的大门和旁柱，象征着家业状况，极为讲究，何园就有着大红色的特点。

### 三、江南园林对当地资源有充分的利用

如果要泛泛地谈江南园林对江南地区资源的利用情况是极其困难的。在本文中，我们将以何园为例，从个体到整体，对江南园林的资源利用进行全方位的探讨与认识。

资源利用，可分为自然资源利用与人文资源利用，而自然资源利用又可细分为气候资源利用、土地资源利用以及生物资源利用。

（一）自然资源利用

1. 气候资源利用

何园地处江苏扬州，在气候带划分上属于亚热带湿润气候，也正因此，扬州四季分明，夏季高温多雨，冬季温和湿润，这也为何园的建造提供了良好的气候条件，大量动植物得以常年得到充足的氧气与水分，同时免遭特殊天气现象如沙尘暴的侵袭，使园林设计师拥有更多选择，甚至可以通过留白使动植物在园林内自由繁衍，形成一道独特的瑰丽景观。

2. 土地资源利用

根据1999年10月的统计调查数据，扬州市共有土地资源998.72万亩，其中仅园林一项用地就达17.96万亩，可见江南园林早已成为江南地区的主流审美艺术，而何园作为"晚清第一园"，占地210亩，地处扬州市京杭大运河河畔，地理位置优越，这也可看出其在江南园林中的重要地位。

3. 生物资源利用

何园对于生物资源的利用在众多江南园林中也可说是独树一帜的。不同于其他园林一味追求角度美和视觉美，何园放任生物在园中自由生长，营造出人与自然生物和谐共处的景观。扬州生物资源极其丰富，因此何园也移花接木，使众多生物在何园中出现。植物如半月台旁的梅花、桂花、白皮松，北山麓的牡丹、芍药，南山的红枫，庭前的梧桐、古槐，建筑旁的芭蕉，等等，既有一年四季之布局，又有一日之中的早晚变化，可称一绝。动物在何园中也可见，如野兔、田鼠、黄鼠狼等（如图4所示）。

（二）人文资源利用

江南园林是中国古典园林的杰出代表，它特色鲜明地折射出中国人的自然观和人生观。江南园林分为江南古典园林和江南现代园林两种，而何园就属于古典园林一类。除何园之外，江南古典园林还有瘦西湖、东关街旁的个园等。毫无疑问，这些古典园林之中存在的不只是春色满园，不只是山石瓦楞，还有古代园林设计家凝结在其中的无数创意与心血。同时，这些古典园林还承办着

**图4 何园的盆景**

许多如今的人文活动。再以何园为例，每年都会举办江南主题画展抑或传统节日纪念活动，使今人在游览瑰丽壮观的古典园林的同时，受到古典文化洗礼，这也正是江南园林对人文资源利用的高超之处。

## 四、江南园林拥有独特的文化内涵

江南园林不拘泥于一教一派，一座园林中时常可以看见道韵悠长的太极两仪中暗生出亦幻亦虚的镜花水月，午后慵懒的阳光漫洒进由法国来的百叶窗，为玛丽亚的脸上镀上一层圣洁的光。扬州园林包容了所有的美好，将自身折叠，折射进时光的甬道，独善其身，隐约映出横亘、灵动的灿烂。

江南园林的价值观和审美观主要在于"自然"的哲学思想和"留白"的水墨情怀。"师法自然"是指以自然景观为主，只经过简单的人工堆砌，将自然物件搭配成一个完整的、充满灵气的有机整体，这体现了人与自然之间和谐相处的根本理念。当今气候变暖，冰川融化，空气严重污染，就是因为如今人们没有处理好与自然之间的关系，认为自己是自然的主宰。而江南园林能给当代人与自然和谐相处的启示，改变现代人的思维方式，让现代人换一个角度思考问题，换一个身份面对大自然。

## 五、结语

江南园林的历史可以追溯到1000多年前，俊秀的小楼、美丽的山水陪伴着江南人民度过了一代又一代的时光。江南园林的特点、价值还可以陈述很多，此次游学只是为我们打开了一扇通往中国江南园林的大门，我们会一直探索、研究下去。

**参考文献**

张亮：《明清时期江南私家园林科技价值初探》，《山西大学学报（哲学社会科学版)》，2014 年第 5 期，第 111 页 - 第 115 页。

**专家点评**：该论文从多角度对何园进行了剖析探讨，通过分析何园的造景，折射出晚清时期人民的审美观，结合对建筑科学的探究，体现出明清时期工匠的理性与智慧。建议将第三大部分——江南园林对当地资源的充分利用并入第二部分中，因其属于园林设计构思时需衡量的重要元素。此外，还可拓展晚清时期人文文化对园林设计的影响。

## 浅析中国陶瓷装饰技法的历史文化内涵

高一 6 班　崔喆　高逸群　毕涵礼　陈逸凡　宋天澍

**摘要**：陶瓷的装饰技法是指装饰所运用的工艺和技术，在陶瓷产品表面或坯体上使用刻、划、描、彩绘等装饰技法对陶瓷进行装饰。这些装饰及其背后所蕴含的装饰技法极大地丰富了陶瓷艺术的表现力和陶瓷的艺术价值。中国有几千年的陶瓷生产过程，形成了多种陶瓷装饰技法，这些传统陶瓷装饰技法结合古代绘画、雕塑等艺术形式，具有鲜明的时代特色，是中国历史发展的一部百科全书。这里研究陶瓷的装饰技法，不仅对于陶瓷的研究与发展有着重要的意义，而且对于中国历史文化的发展也有所关照。

**关键词**：陶瓷　装饰技法　历史文化　景德镇

### 一、前言

陶瓷的装饰技法作为陶瓷的灵魂，是陶瓷最重要的艺术特点，对于陶瓷的实用价值的提升，增添陶瓷的历史文化底蕴，甚至丰富社会文化生活有着极为重要的意义。在我国几千年的陶瓷生产过程中形成了多种陶瓷装饰技法，不同的装饰技法的表现，形成了不同的艺术风格与魅力，也与器物的时代感、文化感有着千丝万缕的联系。

随着时代的发展，人们的审美观念也会发生一定的变化，不同时代的陶瓷的装饰技法也会有所不同。装饰技法中会融入人们对生活和文化的理解，展现出不同时期人们对于文化的不同追求。

陶瓷装饰技法的学问博大精深，我们将从中国陶瓷艺术发展的历史入手，着重分析不同时期陶瓷装饰技术的特点，进而去了解陶瓷艺术背后所蕴含的深厚的文化特色。借助于对中国传统陶瓷技术的了解，去挖掘更为丰富的中国历史文化内涵。

**二、中国陶瓷艺术发展简介**

**（一）新石器时代**

陶器的发明是原始社会新石器时代的一个重要标志。我国距今约一万年前新石器时代早期已发现残陶片。中华人民共和国成立以来发现的新石器时代遗址达 6000 多处，这些文化遗址都有陶器的遗存，这种普遍性发展就构成了我国新石器时代陶器发展的一大特征。[1] 河北徐水县南庄头遗址、江西万年县、广西桂林甑皮岩、广东英德县青塘等地已发现残陶片；"磁山·裴李岗文化"中也出现了大量陶器，磁山文化的陶器主要是夹砂陶，裴李岗文化的陶器主要是泥质陶；磁山文化的主要器物是陶盂和陶支架，裴李岗文化的主要器物是小口壶、钵、罐等。在陶器的形制上，两者也不相同。[2]

浙江余姚河姆渡也发现了大量的陶器，主要为黑陶，结构造型简单，其早期盛行刻画花纹。

在河南渑池县仰韶村和陕西西安市郊的半坡遗址都出土了大量做工精良、设计精致、极具新石器时代特色的彩陶。这两处遗址都属于母系社会遗址，距今达 6000 年之久远。其中半坡型彩陶文化是仰韶文化中历史较早、特点突出、影响较大的一个彩陶类型。器形丰富，多见圆底或平底钵、平底盆、鼓腹罐、细颈瓶。彩陶器的装饰纹样采用散点式构图，"鱼纹"和"人面鱼纹"以及由鱼头、鱼身演化而来的几何纹是半坡类型中最具特色的彩陶纹样[3]（如图 1 所示）。

图 1　仰韶文化中的人面鱼纹盆

（二）奴隶社会

随着时代的进步，陶器制作也大幅进步。到商代和周代，已经出现了专门从事陶器生产的工种。在战国时期，陶器上出现了制作精美的花鸟纹饰。这时陶器也开始应用铅等元素，使得陶器表面更为光滑，出现了独具特色的色泽。

考古资料明确表明，早在3000多年前，我国商周时期，已经烧制出器表挂釉、质地坚硬、吸水率甚低的原始瓷器。[4]在商代和西周遗址中发现的"原始瓷"已具备瓷器的典型特征，但是它们与现代的瓷器还有很大的差异。

原始瓷自商代出现后，历经西周、春秋战国一直到东汉，共1600～1700年的发展，由原始简陋逐步发展到精美成熟的地步（如图2所示）。

图2　西周原始瓷青釉划花双系罐

（三）汉魏晋

汉魏两晋南北朝正处于中国封建社会的上升阶段，也是中国陶瓷从釉陶向瓷器过渡和瓷器初步发展的阶段。汉代，始自新石器时代晚期的釉陶达到相当成熟水平，已经具备翠绿釉、栗黄色加彩亮釉、茶黄色釉和浅绿色釉等多种釉彩。[5]

东汉至魏晋时期的瓷器，大多为青瓷。这些青瓷的加工精细，胎质坚硬，不吸水，表面施有一层青色玻璃质釉。这种高水平的制瓷技术，标志着中国传统瓷器生产已经迈入了一个全新时期。

我国白釉瓷器萌发于南北朝，至隋朝已经发展到十分成熟的阶段。那时的瓷器已经成为较为普遍的日常生活用品（如图3所示）。

图3　隋朝时的白釉罐

（四）唐三彩

商瓷在唐代更有新的发展。瓷器烧成温度达到1200℃，瓷的白度也达到了70%以上，接近现代高级细瓷的标准。这一成就为釉下彩和釉上彩瓷器的发展打下基础。

有一种盛行于唐代的陶器，以黄、褐、绿为基本釉色，后来人们习惯地把这类陶器称为"唐三彩"。唐三彩是一种低温釉陶器，在色釉中加入不同的金属氧化物，经过焙烧，便形成浅黄、赭黄、浅绿、深绿、天蓝、褐红、茄紫等多种色彩，但多以黄、褐、绿三色为主。唐三彩的出现标志着陶器的种类和色彩已经开始更加丰富（如图4所示）。

图4　唐三彩——胡人牵骆驼俑

（五）宋名窑

宋代是我国陶瓷发展史上第一个黄金时代，宋代著名的窑系有：以生产白瓷为主的定窑系（如图5所示），以生产白瓷和釉下彩绘瓷为主的磁州窑系（如图6所示），以生产红、蓝窑变釉为主的钧窑系，北方生产青瓷的耀州窑系，南方生产青瓷的越窑和龙泉窑系及以江西景德镇为中心的青白瓷系和生产黑瓷及各种黑色窑变釉的黑瓷系等。

除了这些为数众多的民窑外，宋朝宫廷还建立了官窑群，对后世影响巨大，其中著名的有汝官窑、钧官窑、哥窑等。

图5　宋代定窑白釉碗

图6　宋代磁州窑白地黑花花卉纹梅瓶

（六）元代陶瓷

元代瓷器明显具有草原民族的独特风格，在瓷器器物器形上都新创烧了许多蒙古族特有的器物类型。元代设立枢府专门管理烧造瓷器，枢府烧出的白瓷为甜白釉色，被后世称为"枢府瓷"（如图7所示）。并且此时对外贸易、中西文化交流频繁，开始烧造大量外销瓷。元代大量烧造的青花瓷（如图8所示）大多数就是外销到中东众多伊斯兰国家。元代在创烧众多新品种时，继承和发展了宋代的钧窑和龙泉窑，釉色肥厚圆润，器形圆壮。

图7 元代枢府瓷

图8 元青花——鬼谷子下山罐

（七）明代陶瓷

青花瓷在元代已趋成熟，但存世量极少。经过明代的改进和创新，青花瓷才被推广开来并成为中国明代、清代及现代瓷业发展的主流。明代永乐、宣德之后，彩瓷盛行，除了彩料和彩绘技术方面的原因之外，更主要地应归功于白瓷质量的提高。明代釉上彩常见的颜色有红、黄、绿、蓝、黑、紫等，最具代表性的为成化斗彩。明彩瓷器一般都十分精巧名贵，如举世闻名的成化斗彩鸡缸杯等（如图9所示）。在成化彩瓷基础上，嘉靖、万历时期的五彩器又揭开了彩瓷发展史上的新篇章。明代除青花、斗彩和五彩之外，其单色釉也有突出成就，最具代表性的是永宣的红釉、蓝釉，成化的孔雀绿和弘治的黄釉。

图9　明代成化斗彩鸡缸杯

（八）清代陶瓷

青花瓷在清代仍是瓷器中的主要产品，斗彩、五彩、素三彩继续在更高水准上烧制。此外，康熙朝又创新了珐琅彩、粉彩和釉下三彩等新品种，各种单色釉有增无减。康熙、雍正、乾隆朝烧制的青花器无论是器型还是釉色都极力追崇明代永乐、宣德和成化三朝，尤其是康熙青花（如图10所示）色调青翠艳丽，层次分明，那浓淡的笔韵能分五色，如水墨画一般，含蓄而生动，称五彩瓷器，其胎骨轻薄，釉色洁白莹亮，画工细腻，色彩柔和，线条流畅，让人爱不释手。雍乾时粉彩（如图11所示）的成就最为突出，其色调温润，鲜艳而不妖冶，立体感强烈，常常让人叹为观止。此外，这一时期仿宋代汝、官、哥、定、钧五大名窑的作品也很成功，有的几可乱真，洒蓝、天蓝、祭蓝、冬青、茶叶末等单色釉亦是佳作多多。

**图 10 清康熙时期的青花缠枝牡丹纹大碗**

**图 11 清雍正时期的粉彩花卉碟**

（九）现代陶瓷

现代陶瓷，又称精细陶瓷、特种陶瓷或高性陶瓷，按其应用功能分类，大体可分为高强度、耐高温和复合结构陶瓷及电工电子功能陶瓷两大类。

现代陶瓷在陶瓷坯料中加入特别配方的无机材料，经过 1360 ℃左右高温烧结成型，从而获得稳定可靠的防静电性能，成为一种新型特种陶瓷，通常具有一种或多种功能，如电、磁、光、热、声、化学、生物等；以及耦合功能，如压电、热电、电光、声光、磁光等。

**三、中国各时期陶瓷装饰技法中的文化特点**

（一）中国新石器时代陶瓷文化

新石器时代早期，即距今 7000～8000 年前，我国的先民就已经开始制作陶器。当时人类的社会生产力很低下，社会的物质文明程度不高，导致了新石器时代陶器粗糙古朴、制作不精良的特点，陶瓷的装饰技术也比较简单，主要是胎装饰，其主要品种有灰陶、彩陶、黑陶和几何印纹陶等。在新石器时代晚期的仰韶文化、河姆渡文化、大汶口文化、龙山文化等十几个文化遗址的挖掘中，出土了大量的陶瓷，大多数是容器或餐具，陶瓷只是一般的生活用品。

到了新石器时代后期，原始彩陶器彩绘纹饰又多以几何形出现，手法粗糙，构图新颖流畅，表现了当时中国制陶的技艺水平。龙山文化的黑陶少有装饰，却整体浑圆端正，器壁薄而均匀，表现出惊人的制陶技巧。

（二）夏、商、周时期的陶瓷文化

商朝殷墟的遗址中挖出的陶片、陶罐包括很多种款式，有灰陶、黑陶、红陶、彩陶、白陶以及带釉的硬陶，这些陶器上的纹饰、符号、文字与殷商时代的甲骨文和青铜器有密切的关系。

青铜器的成本高，只能为贵族享用，广大民众的各种生活器皿只能采用陶器，因此可以了解商代制陶工艺也得到普遍的发展。陶器在此时已经不再局限于盛物器皿，应用范围较广，大略可分为日用品类、建筑类、殉葬类、祭祀礼器类。朝廷对于制陶工作也很重视。殷商初期，随着烧制温度的不断提高，瓷器粗具雏形。历史上最先出现的瓷器是青瓷。与陶相比，瓷器质地细腻致密，坚固耐用，而且表面涂上了一层釉，防漏性能有了很大的提高，这算是进步。

（三）秦汉时期陶瓷文化

两汉时期，釉陶大量替代铜质日用品，从而又使陶器得到迅速发展。汉代的釉陶已发展到很高阶段，这是由陶向瓷过渡的桥梁。

汉代瓷器，主要是各种饮食器、储藏器等容器，也包括其他生活用具，以及专为随葬而制作的明器。因年代和地区的差异，器物的种类形态、制法、纹饰及烧成温度等都有所不同。大体上可分灰陶、硬陶、釉陶和青瓷四大类。两汉初，青瓷主要是仿青铜礼器，如壶、瓿、罐、鼎、盒、钟、敦等。西汉中期，仿青铜礼器的青瓷日渐减少，实用器增多。西汉晚期的青瓷器以壶、瓿、罐、钫、樽、洗、盆、勺为主，已经不仿青铜礼器。

汉代瓷器装饰主要在肩部刻画的两条阴弦纹构成的装饰区间内刻划水波纹、云气纹、卷草纹、人字纹等。有的粘贴细细的泥条，压成凸弦纹，或在流动的云气之间刻画神兽、飞鸟，动感强烈，很有气势。汉代陶瓷艺术有着质朴、浪漫的特点，其不但是两汉文化的反映，也是多元文化融合的结晶，有着承上启下的历史作用。

东汉时，浙江越窑的青瓷逐渐成熟起来。随着技术的进步，至魏晋南北朝，青瓷已经独霸中国的瓷器市场。

（四）隋唐时期的陶瓷文化

隋唐时期是我国封建社会经济、文化繁荣发展的时期。陶瓷发展到隋唐，也进入了一个迅速成长的阶段。杨坚先后兼并了北周和南陈，统一中原，定国号隋，至炀帝而亡。时间虽不长，但这一时期的陶瓷业却比较发达。在瓷器烧制上有了新的突破，不但有青瓷烧造，白瓷也有很好的发展，在装饰手法上也有了创新，如器物上粘贴另外的泥片——贴花等，就是一例。

到了唐代，瓷器制作可谓以蜕变到成熟的境界，而跨入真正的瓷器时代。因为陶与瓷的分野，在于质白坚硬或半透明，而最大的关键在于火烧温度。汉代虽有瓷器，但温度不高，质地脆弱，只能算是原瓷。而发展到唐代，不但釉药发展成熟，火烧温度能达到 1000 ℃ 以上，所以我们说唐代是真正进入瓷器的时代。

唐代最重要的产品是驰名中外的唐三彩，一直到今天还受到广泛的喜好与收藏。唐三彩是陪葬的陶器，色彩亮丽；有黄、绿、青三色铅釉，但不一定每件唐三彩都三色俱全，但可利用三色交叉混合的上釉技术来制造出美丽的花朵，以及先在胚体上刻画成暗色图案，变化无穷，色彩斑斓。

唐三彩分布在长安和洛阳两地，在长安的称西窑，在洛阳的则称东窑。

唐三彩种类很多，如人物、动物、碗盘、水器、酒器、文具、家具、房屋，甚至装骨灰的壶坛等等。大致上较为人喜爱的是马俑，有的扬足飞奔，有的徘徊伫立，有的引颈嘶鸣，均表现出栩栩如生的各种姿态。至于人物造型，有妇女、文官、武将、胡俑、天王，根据人物的社会地位和等级，刻画出不同的性格和特征。贵妇面部丰圆，梳成各式发髻，穿着色彩鲜艳的服装；文官彬彬有礼；武士刚烈勇猛；胡俑高深目；天王怒目威武、雄壮气概，足为我国古代雕塑的典范精品。

唐代的对外经济、文化交流异常活跃，闻名于世的丝绸之路加强了对外贸易，海路贸易也日见频繁。出土的大量胡人俑印证了当时有许多外国人在中原一带生活的事实，他们多从事商业和艺术活动。同时在伊朗、伊拉克、埃及、俄罗斯以及印度尼西亚、日本等国家都发现了大量唐三彩，说明唐代对外出口贸易的发达。

唐三彩是中国陶瓷生产发展到一定历史时期的产物,从文化的综合发展与陶瓷生产的发展状况来说,既有其偶然性,又有其必然性。在大唐帝国的文化环境中,唐三彩既表达了当时该地区人们的文化生活习俗和观念,又展现了唐帝国的综合文化生产实力,即当时社会生产力、经济实力、政治艺术,以及文化审美等诸多文化要素。从某种意义上说,唐三彩是反映大唐综合文化实力的一面镜子。[6]

(五) 宋朝时期的陶瓷文化

随着唐王朝的土崩瓦解,中国瓷器市场格局重新洗牌。到了宋朝,瓷器产品打上了地方风格的烙印,形成"瓷器割据"局面。各地新兴窑场不断,涌现出不少驰名中外的瓷窑,总体上可概括为定窑、汝窑、官窑、哥窑、钧窑五大名窑。

宋代是我国陶瓷发展的鼎盛时期,宋瓷也闻名世界。其形制优美,高雅凝重,不但超越前人的成就,即使后人仿制也少有匹敌。

宋瓷在工艺上也取得较高成就,品种丰富多彩、造型简洁优美、装饰方法多种多样。官私窑名瓷都风格各异,有的清秀、有的浑厚、有的典雅、有的绚丽、有的淳朴、有的民间色彩浓厚,百花争艳,各显独特的风格之美。

定窑又称粉定,在今河北省曲阳县的灵山镇,古名定州,所以称定窑,是继唐代邢窑之后,生产白瓷最好的窑。定窑釉分北定、南定,因宋室南迁之后,一部分到了景德镇,一部分到了吉州,称为南定。在景德镇生产的釉色似粉,又称粉定。

一般的装饰手法有划花、印花、雕花等,各种图案包罗万象,其制作细腻精致,线条流畅、胎质坚细,呈乳白或象牙色,以碗盘较多,胎薄而圆正。

汝窑在河南省临汝县,是北方第一个著名的青瓷窑,烧制御用宫中之器,存在时间很短,数量也少。其出产的瓷器器型简单,但釉色温润柔和,在半无光状态下有如羊脂玉,并截取定窑、越窑的装饰技法,形成独特的艺术风格。

钧窑在河南省禹县,禹县古代称为钧台,明代称钧州,所以命名为钧窑。钧窑创始于唐代,历经宋、金至元代。钧窑出产的瓷器胎质细腻,釉色华丽夺目,种类之多不胜枚举,有玫瑰紫(如图 12 所示)、海棠红、茄子紫、天蓝、胭脂、朱砂、火红,还有窑变。器型以碗盘为多,但以花盆最为出色。

**图12 宋代钧窑玫瑰紫釉葵花式花盆**

哥窑。哥窑出产的瓷器主要特征是釉面裂纹开片，这种裂痕是由于釉与胎的收缩率大小的不同，有的称为鱼子纹蟹爪纹，也有的称为百集碎。釉色有粉青、米色，釉中出现大小气泡，瓷胎呈黑褐色，口缘显出一道褐色边，称为"紫口铁足"（如图13所示）。

**图13 宋代哥窑八方碗**

官窑是宋大观及政和年间于汴梁所造。其青瓷釉色晶莹剔透，有开裂或呈冰片状，粉青紫口铁足是其特色。

宋代社会经济和商业贸易的发展，造成了陶瓷业空前繁荣的局面。除了各具风格的一批名窑之外，许多产量较少但具有特色的小型窑场也遍布全国。它们不仅为宫廷生产御用器皿、为广大人民群众生产日常用品，产品还远输国外。西方人称瓷器为"china"。

（六）元朝时期陶瓷文化

元朝的统治只有90余年，而且连年混战，所以从整体上看，元朝陶瓷业基本上承袭了前代旧制，除青花、釉里红等品种，没有太多创新。但仅就江西景德镇而言，情况却大不一样，元朝是其一个极其重要的发展时期。一是景德镇地处皖赣边区，受战争影响不大，社会经济状况较为安定；二是当地原料丰富，开挖使用较为便利，技艺上博采众长，产品制作精致，有"工匠四方来，器成天下走"的美誉；三是宫廷重视，元朝在景德镇设立了全国唯一一所管理陶瓷产业的机构——浮梁瓷局；四是出口量增大，从另一个角度刺激，促进了景德镇的瓷业生产，使景德镇成为全国制瓷中心。

元代青花、釉里红（如图14所示）的出现，使我国在瓷器装饰艺术上进入了一个崭新的时代。在陶瓷装饰艺术发展的历史长河中，没有哪一种装饰类型能像青花瓷那样影响巨大而且流传深远。

图14　元代釉里红地白花暗刻云龙纹四系扁壶

青花，是在白瓷上用钴料画成图案烧制而成，只用一种蓝色，但颜料的浓淡、层次都可以呈现出极其丰富多样的艺术效果。青花简朴而又华美，既复杂又统一，如同蓝印花布一样，具有质朴、淳厚、典雅的特色，成为瓷器中的主要品种。

釉红，是以氧化代替钴料，做法与青花属釉下彩绘，由于还原成血红色，釉透红，故名釉红，元代继钧窑之后所出现的另一种红色表现方法，烧成不易，是烧制瓷器较难的一种，往往呈灰红色或暗褐色，相当不稳定，产量不多，传世更少。

元政府意识到发展瓷业并积极对外贸易，对元朝经济有重要意义，是政府增加财政收入的重要途径。元政府建立相应的港口外销管理机构，鼓励对外贸易，使这一时期在瓷器的外销数量、品质等方面，较宋代都有大幅度的增加和提高。瓷器的大量出口，促进了对外交流的发展，对一些国家的宫廷上层社会在日常生活、文化艺术等方面都产生了广泛而深刻的影响。那里的人们普遍重视对这些元代瓷器的珍藏和陈列，它们成为后人追忆去的历史。

（七）明朝时期陶瓷文化

我国的陶艺发展到了明代又进入一个新的旅程，明代以前的瓷器以青瓷为主，而明代之后以白瓷为主，特别是青花、五彩成明代白瓷的主要产品，而景德镇更成为主要的窑厂，规模最大，一直延续明清两代五六百年而不衰，史书描写当时盛况为"昼间白烟掩空，夜间红焰烧天"。

洪武年间，太祖下旨仍沿用景德镇窑场为皇家御窑，承担宫廷御器和政府对内对外赐赠和交换的全部官窑器的烧造。洪武二年（1369 年），建御窑二十座，专制御器，往往是"千里择一"，不计费用多寡，只求精品。

永乐年间以出产"甜白釉"而著名，这种半脱胎瓷器胎壁极薄，釉面莹净。也叫"填白"，是指在白瓷上可填绘彩饰，以薄胎而有暗花者最为杰出。以后历朝皆有烧制，但都比不上永乐时期的产品，到清代虽亦有仿制，更非永乐甜白可比。

宣德年间所生产的青花瓷器，以胎釉精细而闻名，苏泥勃青钴料的输入使用，使这一时期的青花大放异彩；画工的艺术修养很高，利用青料的散晕，作末骨花卉的笔法，产生水墨的趣味；有的利用线条上不同的浓淡，产生活泼的变化，显得更为生动有力。

成化、正德为青花瓷的中期，此时苏泥勃青已用完，改用平等青，色淡，比不上苏青的浓郁，更无散晕水墨效果，所以使用了加彩或细致的表现式，绘画手法力求精练，细描匀染，加上白瓷薄胎，达到精致的目标。

嘉靖、万历年间为青花瓷的晚期，回青的使用给嘉靖诸窑带来盛况，使瓷器色彩浓艳而强烈。此时产量较大，并由荷兰船运往欧洲。

万历年间有名的五彩、斗彩成为后世彩瓷发展的基础，甚至日本伊万里古瓷也是根据这时期的斗彩发展而来的，"万历彩"也就在史上成名(如图15所示)。同时又有红地黄彩、蓝地黄花、红地青花、黄地青花五彩、描红等各式彩瓷集前代各窑之大成，图案更是千变万化。

**图15　明代万历五彩镂空云凤纹瓶**

明代开始，窑址都趋于集中在景德镇，无论官窑或民窑都偏向彩绘瓷器，宋瓷前都以单色釉为主，而明代后走入了彩绘世界，瓷胎也趋向薄、细、白，在胚身上记住款式也从此开始，年代、堂号、人名都有，使研究考据有更确实的辨认。

明代瓷器装饰手法已从元以前的刻、划、印、塑等转为以彩绘为主要手法。绘画纹饰的内容更加复杂多样，植物、动物、文字、山水、人物、花鸟、鱼及虫等无不入画。明早期以写意画为主，画风自由、奔放、洒脱；明后期以写实为主，画面抒情达意，简约轻快，极有漫画趣味。

(八) 清朝时期陶瓷文化

清代是中国封建社会的衰落时期，但陶瓷制造却迎来了又一个黄金时代，清朝时中国瓷器可谓登峰造极。景德镇依然稳居陶瓷生产的重要中心，数千年的经验，加上景德镇的天然原料，督陶官的管理，清朝初年的康熙、雍正、乾隆三代的重视，瓷器的成就非常卓越。清朝的统治者非常关心陶瓷业的发展，曾多次颁布特别御令，直接指导官窑的生产活动，对每一件瓷器的器形、样式、尺寸、纹路等都有明确的批示。皇帝的爱好与提倡，使得清初的瓷器制作技术高超，装饰精细华美，成就不凡。

清代陶瓷生产，除以景德镇的官窑为中心外，各地民窑都极为昌盛兴隆。这个时期，普遍实行"官搭民烧"制度。所谓"官搭民烧"，就是朝廷把一些御用瓷器的制造工作外包给民窑。由专门的机构设计好瓷器的样子，同时计算好所需银两的数目，一并交给民窑。民窑拿着银两去购买原料，按要求进行烧制。随着西风渐进，清代中期陶瓷外销，西洋原料及技术传入，陶瓷业受到外来影响，外销陶瓷的光彩艳丽照人，发展更为多彩多姿。

（1）粉彩。雍正时期以粉彩最有成就，粉彩主要特征是色调柔和淡雅，比例精细工整，故又称"软彩"；采用白粉扑底成立体状再加色彩，并染成浓淡明暗层次，清新透彻，温润平实，深具工笔花鸟之意味及浓厚的装饰性。

（2）珐琅彩。乾隆时期继承康、雍二朝风气，产生不少秀丽精巧作品，而后则不惜资本，追求创意，综合各种工艺技法，运用在陶瓷之上，仿其他各种素材的产品也很多。在彩绘上最大的成就是珐琅彩，最早采用进口的颜料烧制，所以也称"洋彩"。

珐琅彩（如图16所示）所用的材料，色泽、晶莹，质地凝厚，用作装饰，花纹有微凸堆之感。景德镇瓷胎运到宫廷，命画院化工加以彩绘，多属"内廷秘玩"，所以装饰画法极为精细，追求华美艳丽，具有宫廷气息，加上宫中的"古月轩"做款式，全属内府，成为有名的古月轩瓷。

**图16　清代乾隆画珐琅牡丹纹花篮**

（3）紫砂。

宜兴紫砂到清代产量更大，名家辈出，除宜兴壶的制造外，日常各式用品如碗盘、花瓶、花盆等都有，且保持胎本色、古意盎然，各种色陶也都具有创意。

清朝的瓷器制作技术高超，装饰精细华美，成就不凡，充分体现了古代劳动人民的卓越才能和艺术创造力，是悠久的中国陶瓷史上最灿烂的一页。

（九）中国现代陶瓷艺术

中国现代陶瓷艺术应从属于现代陶瓷艺术文明的一支，是一种融当代个体审美及人文观念并借助于现代技术的陶瓷艺术，它更多的则是在精神领域的开拓与描绘，这使其充满了象征与浪漫的特征。陶瓷与生俱来的古典气质与独特的命运造就了其1万多年的真实历史。它凝聚了泥土之深沉，水之灵气，气之飘逸，最为壮观的则是融入了火的激情。

中国现代陶瓷艺术诞生于改革开放以后的景德镇陶瓷学院，它从传统陶瓷艺术中脱颖而出，正以发展的趋势延伸到众多领域。中国陶瓷艺术的发展与中国当代艺术的大环境息息相关。

**四、中国现代陶瓷装饰艺术的现状**

对中国陶瓷艺术来说，20世纪80年代是困惑与探索并存、守旧与创新交织的年代。经过10余年的实验性探索，中国现代陶瓷艺术在90年代中期开始走上良性发展的轨道，逐渐形成健康发展的氛围。2006年5月20日，景德镇手工制瓷技艺经国务院批准列入第一批国家级非物质文化遗产名录。2009年10月，"景德镇传统手工制瓷技艺"已通过专家评审，正式代表中国申报联合国2010年"非物质文化遗产代表作名录"。

景德镇将其精湛的制瓷工艺传播开来，促进了全国及世界各产瓷区制瓷业的蓬勃发展。因此，景德镇手工制瓷工艺及生产体系不愧为中国陶瓷业中的杰出代表，是中华民族传统文化的重要组成部分，同时也是我国与东西方各民族经济、文化交流的重要纽带。但中华人民共和国成立以后，随着政治、经济的变革和瓷业机械化生产的不断发展，景德镇瓷业习俗开始淡化，已濒临消亡。景德镇传统的制瓷手工艺虽然得到部分保留与发展，但其中的一大部分仍在不断地流失和消亡，亟待抢救和保护。

**五、对中国现代陶瓷装饰艺术保护的建议**

（一）各地建立手工制瓷技艺传承中心

景德镇是中外闻名的瓷都，千年窑火留下了精湛的制瓷技艺，造就了大批具有丰富传统制瓷技艺的瓷业工人，在这里建立手工制瓷技艺保护传承中心，能充分发掘利用文化资源，推动文化遗产保护传承。

同时进一步研究古代各大名窑的制瓷工艺，开掘出除景德镇之外的制瓷技艺研究中心，在国家的大力支持下，能够形成像宋、明时期各地瓷厂盛行的局面，借助于不同工艺的探索使制瓷工艺向多元化发展。

（二）坚持制瓷技艺分工细化

明、清两代，景德镇制瓷手工技艺体系基本完善，"共计一坯之力，过手七十二，方克成器。其中微细节目，尚不能尽也"，每道工序都简化到不能再简化的程度。炼泥的只管炼泥，拉坯的只管拉坯，彩绘者也是画者画而不染，染者染而不画，如此明细分工提高了制瓷效率，各方面都有身怀绝技的能工巧匠。

现代瓷器如果想要保证生产出优质的产品，也应该在每一道工序上下功夫，对每个环节进行研究，培养出一批能够制造精品的能工巧匠来。

（三）加大制瓷技艺人才培养力度

景德镇的瓷器艺术是中华文化的重要组成部分，是我们不可割舍的民族瑰宝，它既有巨大的历史价值、考古意义，又具有极高的社会经济价值，对改善民生具有重大的作用。因此，从历史文化传承和现实社会发展的双重角度出发，保护好、传承好景德镇的制瓷艺术是十分必要的。

专业人才的培养，一方面可以借助于专门的学校，另一方面更应该借助于开设更多的工作坊，让专门的技艺师傅通过手把手的传授更直接地培养。

开展全国性的瓷器精品比赛，以增进专业人才的技艺。国家的扶持不应该仅仅停留在物质的给予上，更应该在精神文化的引领上下功夫。传承中华传统文化，中国瓷不可或缺，要想让中国瓷长久地发展下去，我们需要类似于诗词大会一类的比赛把国人的爱瓷之心激发出来，让更多的人了解我们中国瓷的传统技艺之美。

总的来讲，陶瓷——是人类文明史上最早出现的一种艺术形态，这种形态是所有艺术门类中最单纯和最简洁的，它所具有的神秘与抽象性是无法比拟的！美来自生活，制陶者正是从表现生活的角度，有寓意地，间接表现人的思想和感情，或直接描绘现实生活的风俗和风貌。从陶瓷艺术的审美需求中我们可以了解到一个时代的文化内涵和一个国家的民族精神！

**参考文献**

［1］李辉柄：《中国瓷器的时代特征 新石器时代的陶器（二）》，紫禁城，2004 年第 3 期，第 118 页 - 第 122 页。

［2］韩焘：《磁山文化和裴李岗文化比较研究》，兰州：西北师范大学，2015 年。

［3］康艳：《仰韶文化半坡类型彩陶器的艺术特点》，《运城学院学报》，2011 年第 1 期，第 110 页 - 第 112 页。

［4］朱剑：《商周原始瓷产地研究》，合肥：中国科学技术大学，2006 年。

［5］唐星煌：《汉晋间中国陶瓷的外传》，《厦门大学学报（哲学社会科学版)》，1988 年第 3 期，第 106 页 - 第 110 页。

［6］姜霞：《浅析唐三彩的若干文化问题》，《陶瓷科学与艺术》，2010 年第 1 期，第 21 页 - 第 24 页。

**专家点评**：文章综述了数千年来中国陶瓷装饰技术的发展，通过陶瓷技术展示了中国古代不同历史时期的文化特点，并揭示出中国陶瓷的艺术价值。但本课题创新性有待提高。

## 三、学生自主学习成果展示

学习来源于生活，又运用于生活。在与高校合作办学的过程中，首师大附中的学生积极开展自主学习，将课堂所学应用到生活实践中，激发其学习兴趣的同时，提高其对知识的应用与理解能力。下面分享几篇学生研究案例。

### 案例分享

## 喜鹊（Pica pica）营巢选址的影响因子分析

师大附中　高二年级

冯钰涵　姜力萌　刘博雅　杨婧怡　杨弈　周紫涵

**摘要**：2017 年 4 月，实地记录武汉市植物园内喜鹊营巢选址的信息。将武汉植物园内喜鹊巢作为研究对象，综合 11 个研究变量加以研究，得出结果。根据实验结果研究喜鹊筑巢偏好，将此研究方法改进并推广，用于保护喜鹊及其他鸟类和生物。

**关键词：** 植物园　喜鹊　影响喜鹊筑巢因子

## 一、前言

喜鹊（Pica pica），隶属鸟纲，雀形目，鸦科，雀属，是在国内广泛分布的鸟类。如今，随着城市的发展，喜鹊在城市分布逐渐减少。某些城市为了爱护鸟群，更好地丰富城市环境，在居民区或路边的行道树上设置了人工鸟巢。但是国内却频繁有人工鸟巢入住率低、大面积出现空巢的报道。为了解释这一现象，并对在城市建造人工鸟巢提出建议，我们选择武汉植物园为研究场所，选取常营造在明显位置且便于观察的喜鹊巢为研究对象并进行研究调查，分析影响喜鹊筑巢的因子。

## 二、研究地区与研究方法

### （一）研究区域概述

此次研究选择位于东湖之滨、磨山南麓、生态环境优越、喜鹊巢较为集中的湖北省武汉植物园。植物园面积约为886亩，数据采集覆盖园内中心草坪、枫香大道、东湖岸边、乡土植物区、兰花岛等数个园内主干道、支干道以及景点。园内树种主要为：香樟、悬铃木、械树、猕猴桃、水杉和杜鹃等。

### （二）研究方法

研究采取定点测量和流动观测的方法，对巢树和巢及其环境进行如下测量：筑巢树种类、筑巢树高、巢距地高、巢与树顶相对位置、筑巢树胸径、筑巢处分枝数、筑巢处距水源距离、距最近植物的距离、方圆五米树种类、方圆十米树木数量、客流量，共11个变量。由于条件所限，此次研究采集样本数有所限制，研究过程中使用工具也较为简单，测量时尽可能减小误差：本次利用望远镜进行观察，用卷尺进行树木胸径测量，巢高由参照物法测量，距离由步量法测量。通过研究测量数据后，分析有效数据，并判断出影响喜鹊营巢选址的因子，再对单因子进一步进行分析。

### （三）研究准备

研究工具：望远镜、卷尺、摄像机。

人员分配：

（1）数据测量者为冯钰涵、杨弈、姜力萌、杨婧怡。

（2）数据的记录与计算者为刘博雅、姜力萌。

（3）数据整理者为刘博雅、杨弈、周紫涵

## 三、结果与分析

**图1　部分鹊巢位置图**

影响喜鹊巢位选择的因子很多，在对喜鹊的巢位选择因子进行处理并剔除个别差异较大的数据后，分析所测量因子的其中 8 个喜鹊巢位选择的主要因子，分别是：筑巢树高、巢距地高、巢与树顶相对位置、筑巢树种类、筑巢处分枝数、距最近植物距离、距最近水源距离、客流量。我们将这些影响因子分为筑巢树状况、筑巢树周边状况、人为环境三个大部分进行结果的分析（见表 1，如图 1 所示）。

**表1　11 个鹊巢的影响因子情况**

| 筑巢树编号 | 筑巢树状况 | | | | | | 筑巢树周边状况 | | | | 人为环境 |
| --- | --- | --- | --- | --- | --- | --- | --- | --- | --- | --- | --- |
| | 筑巢树种类 | 筑巢树高/m | 巢距地高/m | 巢与树顶相对位置 | 筑巢树胸径/m | 筑巢分枝数 | 筑巢树距水源距离/m | 距最近植物距离/m | 筑巢树方圆 5 m 树种类 | 筑巢树方圆 10 m 树数目 | 客流量（程度） |
| 1 | 枫香 | 12.75 | 10.2 | 1/5 | 0.46 | 3 | 37.5 | 2.60 | 枫香 | 1 | 5 |
| 2 | 水杉 | 20.4 | 17.85 | 1/8 | 0.40 | 3 | 22.5 | 1.30 | 水杉 | 4 | 5 |
| 3 | 悬铃木 | 16.15 | 15.3 | 0 | 0.70 | 3 | 15 | 39.00 | 悬铃木 | 1 | 4 |
| 4 | 悬铃木 | 18.7 | 17 | 0 | 0.52 | 3 | 22.5 | 2.28 | 柏树、喜树 | 8 | 4 |
| 5 | 悬铃木 | 17 | 13.6 | 1/5 | 0.62 | 4 | 17.5 | 5.20 | 无患子、栾树 | 3 | 3 |
| 6 | 悬铃木 | 17 | 15.3 | 0 | 0.63 | 3 | 19 | 5.20 | 悬铃树 | 3 | 3 |
| 7 | 水杉 | 17 | 15.3 | 0 | 0.25 | 3 | 0 | 0.65 | 水杉 | 24 | 1 |
| 8 | 水杉 | 17.85 | 16.15 | 0 | 0.46 | 3 | 0.5 | 1.30 | 水杉 | 10 | 1 |
| 9 | 水杉 | 13.6 | 11.05 | 1/5 | 0.40 | 5 | 3 | 0.65 | 竹子、棕榈 | 5 | 2 |
| 10 | 水杉 | 13.6 | 11.9 | 1/8 | 0.45 | 4 | 5 | 0.65 | 小柏树、竹子、棕榈 | 5 | 2 |
| 11 | 水杉 | 13.6 | 11.9 | 1/8 | 0.35 | 3 | 1 | 1.63 | 杜鹃、水杉、香樟 | 8 | 3 |
| 平均值 | | 16.15 | 14.14 | 1/8 | 0.48 | 3.36 | 13.05 | 5.50 | | 6.55 | 3 |

（一）筑巢树状况对喜鹊营巢位置选择的影响

1. 筑巢树种类分析

由表1可以看出，喜鹊大多选择水杉和悬铃木作为筑巢树进行筑巢，其中水杉数量达到调查总数的54%，悬铃木达到调查总数的36%。我们对水杉和悬铃木的共性进行分析，发现它们都是高大且树干笔直的树木，枝叶繁茂，生长快，寿命长，便于保护喜鹊的日常生活和繁殖孵蛋。另外水杉，悬铃木等树较为常见，多成群生长，为喜鹊筑巢提供了有利条件。由此得出结论，喜鹊喜欢依托高大笔直的树木筑巢。

2. 树高和巢高分析

从表1可以看出，巢高和树高有很好的线性一致关系。在我们的调查统计数据中，树高的平均值为16.15 m，最大高度20.4 m，最小高度为12.75 m，绝大多数巢高都在15~20 m。巢高的平均值为14.14 m，最高17.85 m，最低10.2 m。我们计算了巢与树顶的相对位置，平均占整棵树的1/8左右。可见喜鹊喜好在树的较高处筑巢，但并不是在树木的最顶端。分析原因，主要是由于喜鹊在较高处筑巢能够得到较好的庇护，避免地面交通噪声和人类活动的影响；而巢距离树木的顶端有一定距离是因为在这个高度，树枝的粗度能够承重鹊巢，又能减小刮风下雨等天气的影响，对于喜鹊来说是最好的选择。

3. 筑巢分枝数

对调查的11组数据进行分析，分枝数对喜鹊筑巢选址的影响较大。其中分枝数为3的情况占比最大，达到了73%，4分枝和5分枝的数目一共占比27%，喜鹊平均依托树枝数为3.36，这样筑巢更加稳定，使喜鹊的生活及繁殖更加安全。因此得出结论，喜鹊喜爱在分枝数较多、结构较为稳定的分枝处筑巢。

（二）筑巢树周边状况对喜鹊营巢位置的影响

距水源和最近植物的距离：筑巢树距最近水源平均距离为13.05 m，距最近植物距离大约为5.5 m，由数据分析可以看出，喜鹊喜欢在靠近水源及附近植物较多的地方筑巢，方便喜鹊获得水以及隐蔽，对于喜鹊的繁殖和孵蛋有好处。

（三）人为环境对喜鹊营巢位置选择的影响

实验在植物园内进行，植物园客流量较大，且喜鹊并不是非常怕人，因此并未看出客流量对喜鹊营巢的影响。

（四）实验结果分析

经过我们研究发现，喜鹊一般喜欢生活在平原地区，在选择筑巢地址时，会选择高大的树木，临近水源。喜鹊会选择离水源近并且易找到食物的地方筑巢。高大的树木和茂密的树枝有利于对幼鸟的保护，同时也大大减少了人为因素的破坏。喜鹊也不喜欢在树林茂密的地方筑巢，因为这样不能为它们提供良好的光照条件。当然，生态环境差的地方喜鹊巢必然少，所以喜鹊筑巢也是生态环境好的象征。试想，如果我们周围的环境变得恶劣，水源被污染，垃圾成堆，必然不会有鸟类来筑巢，我们的生态环境也必然遭到破坏。

如果用发散思维来想，我们并不一定要拘泥于喜鹊巢。我们也发现，用人工筑巢的方式来吸引鸟类筑巢也是可行的。因此可以通过喜鹊巢的特点来类比搭建出人工鸟巢，但是选择的位置要特别注意，如阳台上，人的活动较大，像喜鹊这些胆小、机警的鸟类一般不会来做窝。此外，人工鸟巢的环境特点也应与喜鹊巢一致。由此可见，这一小小的鸟巢也可以对未来有深远的影响。

## 四、实验结论及推广

（一）实验结论

通过我们已经得到的数据进行分析，得到基本结论如下。

喜鹊筑巢的偏好是：

（1）15 m 左右且树形笔直的树木（如水杉、悬铃木等）。

（2）在树木的偏高位置筑巢且依托较少树枝筑巢。

（3）附近有其他相似树木及水源。

（4）喜鹊筑巢点与人类活动关系不大。

（二）推广思想及建议

由此，我们基本可以得出喜鹊筑巢选址的特点。依据这些特点，我们可以在城市中为喜鹊寻找更适合它们生存的环境，为它们筑巢。从而减少城市中出现人工鸟巢空巢的现象，增大人工鸟巢的利用率，减少筑巢资源的浪费，保护生态和人文环境。

对于在城市中建造人工鸟巢，我们有如下建议：

（1）在城市中建绿化带，树种以高大的乔木为主，同时在树木旁种植其他相似树种，树下可以种植低矮灌木丛等植物。

（2）筑造人工巢应选取树木的中上位置，鸟巢周围要有树叶及树枝的遮挡，不能完全暴露在人类视线中。

（3）城市中应保护具有地域特征的乔木、树种，便于鸟类取食、栖息。由于乡土树种更易成活且适应当地气候，所以可以更好地为鸟类提供生存环境。

同时，基于此实验的基本思想并加以改进，我们可以将这一系列研究方法推广到其他鸟类，用相似的实验方法探究其他鸟类筑巢特点，从而得出一系列的实验结论。

结合一系列的实验结论，我们可以根据鸟类的筑巢特点，为在城市中建造人工鸟巢提出建议，更好地保护鸟类，保证鸟类在城市中拥有适合的生存环境，更好地维持环境城市化与绿化平衡。

**专家评语：**本研究选题新颖，从生活中常见现象入手，全面分析了喜鹊营巢选址的影响因子，实验设计合理，方法科学，思路清晰，数据真实可靠，具有一定的实际意义。建议进一步完善材料的准确性。

## 旅游业为江西带来了什么
### What tourism brings to Jiangxi

师大附中  高二年级

邓涵引  侯好  倪荃  于杭  张天天  张卫

**摘要：**江西的旅游资源在全国而言具有显著优势，因而将旅游业作为产业发展是符合江西省情的最佳选择。本文着重研究了江西旅游业发展的现状，主要从经济、文化、环境三方面了江西旅游业对当地的种种影响。

**关键词：**旅游业  影响  江西

### 一、引言

旅游业是关系到经济、人文、环境协调发展的重要产业。江西有着极好的自然资源、人文景观、地理位置的优势，因此将旅游业作为主产业发展。本文关注到旅游业为江西带来的影响不止在经济层面，于是挑选了 4 个经实地观察的地点进行分析。但因景德镇不是以旅游业为主，所以只将其作为经济对照，不做过多分析。

### 二、经济分析

（一）江西省地区生产总值（见表1）

表 1　江西省地区生产总值

| 年份 | 地区生产总值/亿元 | 占全国百分比/% | 增长率/% | 全国排名 |
|---|---|---|---|---|
| 2011 | 11 702.82 | 2.24 | 23.82 | 19 |
| 2012 | 12 948.88 | 2.25 | 10.65 | 19 |
| 2013 | 14 410.19 | 2.27 | 11.29 | 20 |
| 2014 | 15 714.63 | 2.29 | 9.05 | 18 |
| 2015 | 16 723.78 | 2.31 | 6.42 | 18 |

由表 1 可知，2011—2015 年江西省地区生产总值逐年递增，但相对放缓，在全国的排名中处于中下等水平，说明该地区普遍的经济发展水平不高，仍有很大的发展空间。

（二）江西省地区旅游收入（见表 2）

表 2　江西省旅游总收入

| 年份 | 旅游总收入/亿元 | 为全省地区生产总值/% | 为全省地区生产总值中第三产业/% |
|---|---|---|---|
| 2012 | 1 402.59 | 10.83 | 31.27 |
| 2013 | 1 896.06 | 13.22 | 37.69 |
| 2014 | 2 649.7 | 16.86 | 45.82 |
| 2015 | 3 637.65 | 21.75 | 55.63 |

由表 2 可知，旅游业总收入占全省地区生产总值的比重逐年上升，说明江西省地区的旅游业发展迅速。

（三）江西省农村居民人均可支配收入（见表 3）

表 3　江西省农村居民人均可支配收入

| 年份 | 江西省农村居民人均可支配收入/元 | 全国排名 |
|---|---|---|
| 2011 | 5 853 | 14 |
| 2012 | 6 423 | 16 |
| 2013 | 7 429 | 16 |
| 2014 | 7 429 | 23 |
| 2015 | 9 432 | 14 |

由表 3 可知，在全国范围内，江西省农村居民人均可支配收入处于较低水平，说明江西省农村有很大发展空间。从 2011 年到 2015 年、江西省农村居民人均可支配收入处于逐年递增的状态，说明江西省农村逐年发展且发展良好。

（四）江西省景德镇和上饶市农村居民人均可支配收入（见表 4、表 5）

**表 4　江西省景德镇市农村居民人均可支配收入**

| 年份 | 景德镇市农村居民人均可支配收入/元 | 增长率/% | 全省排名 |
| --- | --- | --- | --- |
| 2011 | 7 676 | 17.70 | 4 |
| 2012 | 8 865 | 15.50 | 4 |
| 2013 | 10 013 | 13.00 | 4 |
| 2014 | 11 547 | 11.40 | 5 |
| 2015 | 12 736 | 10.30 | 5 |

**表 5　江西省上饶市农村居民人均可支配收入**

| 年份 | 上饶市农村居民人均可支配收入/元 | 增长率/% | 全省排名 |
| --- | --- | --- | --- |
| 2011 | 6 134 | 15.40 | 10 |
| 2012 | 7 011 | 14.30 | 10 |
| 2013 | 7 919 | 13.00 | 10 |
| 2014 | 9 102 | 11.10 | 11 |
| 2015 | 10 112 | 11.10 | 11 |

由表 4 和 5 可知，景德镇市和上饶市相比较，景德镇市的经济状况远远好于上饶市。上饶市的农村居民人均可支配收入较低，说明上饶市的发展比较落后。但景德镇市和上饶市的农村居民人均可支配收入从 2011 年到 2015 年均处于逐年递增的状态。

（五）经济分析

景德镇市陶瓷、汽车企业占比 89.6%，涉及 3＋1 主导产业的企业占比 96%，以会展促进投资合作项目 21 个，总投资额达 26.3 亿元。连续 13 届成功举办的瓷博会，成为深化贸易合作、扩大人文交流、展示瓷都形象的重要会展品牌。2016 年瓷博会期间，共吸引了 930 多家境内外参展企业展示和交流，参会客商达 3000 余名，其间累计外贸订货额 1.81 亿美元，内贸订货额 12 亿元，现场交易额 7 180 万元（景德镇市统计局）。

年报核算结果显示，2016 年上饶市全市共实现农林牧渔业总产值 383.94

亿元,较上年增加 20.43 亿元,按可比价格计算增长 3.85%,较上年提高 0.12 个百分点。其中,林业增幅靠前,共完成产值 32.63 亿元,可比增长 7.15%;其次是服务业和农业,分别完成产值 9.48 亿元和 160.45 亿元,可比增长 5.71%、4.78%;渔业实现产值 84.59 亿元,可比增长 2.97%,增幅略低于 2015 年同期;牧业产值 96.8 亿元,微增 1.86%。全市共实现农林牧渔业增加值 241.32 亿元,比 2015 年同期增加 12.95 亿元,可比增长 3.90%(上饶市统计局)。

由此可知:

景德镇市的主要支柱型产业为陶瓷业,正是因为景德镇市的陶瓷在整个中国陶瓷业中的重要地位,景德镇市经济才在全省范围内处于领先地位。景德镇市的人均收入较高且多数人从事与陶瓷有关的职业,从而使旅游业的发展相对较缓,瑶里得以保存相对完好的古镇建筑和古镇文化。

相比较而言,上饶市的经济结构比较单一,农林业、旅游业是上饶市的主要支柱性产业,经济较为落后,农村居民人均可支配收入来源较为单一。旅游业也一定程度上促进了江西省各个地区的经济发展,提升了农村居民人均可支配收入。

综上所述,江西省旅游业在一定程度上带动了地区经济发展,旅游业也促进了农村居民可支配收入的提高。

三、人文分析

(一)瑶里古镇

瑶里古镇深度发掘古镇历史文化和红色旅游资源,丰富舞龙灯、瑶河新春灯会、瑶河祭鱼祈福、灯笼猜谜、地方戏、篝火晚会等民俗民风项目,在提高瑶里海内外知名度的同时,展现了丰富的历史和民俗文化。瑶里的建筑群基本上是明清时期遗存下来的砖木结构徽派古建筑,历史时间跨度相对较长,几百年雨雪风霜的自然侵蚀,白蚁、木蜂等对古建筑的侵害,建筑砖、木、石雕装饰构件在漫长岁月中自然朽腐、风化、霉烂,许多都出现了老化甚至损毁的情况。以传统建筑为载体的非物质性文化遗产逐渐消失。除民居群整体建筑风貌保存了原有格局和基调外,明清以来一直留存在古村中的那种农耕文明、儒学文明、徽商文化和农居文化结合的特有的宁静、闲适、儒雅格调和氛围、民风的原始和质朴已很难感受到,旅游的开发和外来人口的进入造成了老建筑、原住民以及周边环境关系的断裂,造成村落文化和农耕文化的逐渐消失,并改变了村民们的一些传统的价值伦理观。在旅游开发中,不少村民纷纷将原来生活歇息的场所改作摊位、商店。有的老板在古村落内买下民居的使用权后，用现代化的方式将其改造成酒吧、旅店，利用古民居在旅游中创造效益，这种对古民居建筑功能的改变，其实对文化遗产内质的保护也是一种不可估量的冲击。

（二）婺源

文物古建遭到破坏。婺源村落里保存了大量明清时期的古建筑，但由于年久失修，这些经过岁月洗礼的古建筑都存在坍圮的危险，而且许多古建筑还遭到人为的破坏，许多婺源人借着旅游这股东风发了财，然而他们发财之后做的第一件事就是扒掉那些令游客心动的祖屋，建起了小洋楼。这样做不仅毁坏了古建筑，而且破坏了村落整体的和谐美。

古村落遭到不同程度的破坏。旅游基础设施如公路、宾馆、饭店的建设破坏了原有的自然景观。有的缺少规划或规划不合理，同原有景观不协调，破坏原有景观和生态。

**四、环境分析**

（一）瑶里古镇

瑶里古镇风景与周边自然风景有机结合，形成了人文和自然景观相结合的大风景区，扩展了旅游资源，增加了瑶里旅游发展的可持续性。首先，瑶里旅游基础设施建设步伐提速。其次，瑶里景区加快改扩建步伐，并注重高品位建设。瑶里古镇保护开发力度不断加大。

（二）婺源

一些景区的管理者和开发商无视规划的重要性，将景区的"精品化"建设误解为多盖建筑物，结果造成了很多景区"城市化"，原有生态环境的安谧却被破坏了。

**五、结论**

传统村落是全世界人民的文化遗产，其独特的建成环境和历史文化极其脆弱并具有不可再生性，传统村落的旅游开发应该奠基于保护之上。过度商业开发、传统信息的灭失已经成为传统村落旅游开发后的通病，将对传统村落的保护放在第一位，才能做到发展的可持续性。

**六、展望**

本次研究性学习我们收获颇丰，不仅了解了旅游业的利弊，更对课题有了充分的研究。经过初步查阅资料，我们了解了旅游业对当地带来的好处是促进经济发展，但对人文有所损害。如有机会我们希望可以再继续进行探究。

参考文献

[1] 潘一冈：婺源的璀璨明珠——李坑，中山网，2015.

[2] 吴伟懿：婺源李坑，驴球网，2013.

[3] 大江网——江西日报 http：//www. zgdx. gov. cn.

[4] 李丽：传统村落旅游发展中的问题及政府对策——以江西省瑶里镇为例，首都经济贸易大学，2012 年。

**专家评语**：本论文数据充实，从经济、人文、环境方面各自进行了分析，结果较有说服力。在结论部分提出了自己的见解与建议，是本文的一大亮点。

## 给婺源旅游局设计一条线路

师大附中　高二年级

王亦康　杨嘉诚　陈可涵　窦鑫麟

**摘要**：江西的婺源，朱熹故里，书卷墨香和茶香四溢的山村秀色，最美廊桥的彩虹落日。驻足婺源，时间仿佛在这里静止。一座彩虹桥，从南宋屹立至今，经历沧桑雨打风吹，在青山绿水的掩映之中书写着别样的浪漫。廊桥回梦，这梦如此的久远。江岭山田，白墙黛瓦，青苗绿茶，油菜花开的季节，漫山遍野的金黄，漫山遍野的春意盎然，田舍恬静。无论是朝霞还是夕阳，一抹淡红下的晓起总是透露着它的幽静。画面是游动的，古树映河，村落之内小巷曲折，屋宅错落有致，各种宅第诉说着这片土地曾经的辉煌与地灵人杰。李坑是个村子，和江岭晓起一脉相承的徽派古居，小河流淌，村前是大片的油菜花。沱乡理坑，小小的村落水色江南，读书蔚然成风，出过十六位进士，文人学士近百，那些笔墨指尖的灵感，也许就来源于这泼墨山水般的村落。古村古树，灵岩古洞，还有婺源代代相传的古老文化，红鲤绿茶，黑砚白梨，永远散发着婺源的味道。

**关键词**：婺源　旅游

### 一、江岭

**特点**：婺源县东北角的江岭是婺源的王牌景点，婺源油菜花就在这儿。那里漫山遍野的油菜花呈梯田状，从山顶铺散到山谷下，可以居高临下看到层层叠叠的油菜花梯田。江岭共有四个观景台，其中第二个观景台有一个小栈道，可以从不同角度拍摄油菜花梯田和古村落。在江岭的山脚下可坐面包车或摩的上山顶的观景台。

用时参考：4 小时

交通：在婺源长途汽车站乘去往江岭的班车可达

门票：单独购票 60 元/人；婺源通票 210 元，5 天有效（通票包含 14 个景点：李坑、江湾、汪口、卧龙谷天然氧吧、江岭、灵岩风景区、百柱宗祠、思溪延村、严田古樟、文公山、石城、彩虹桥、晓起、鸳鸯湖）

开放时间：全天

景点位置：江西省婺源县溪头乡江岭村

附近景点：0 米里岭村

　　　　　2.7 千米龙尾村

　　　　　2.7 千米庆源村

推荐游玩时间：上午 9：00—下午 5：00

携带零钱（买票）：150～200 元左右

## 二、彩虹桥

特点：彩虹桥位于清华镇境内，建于南宋时期，它是中国历史最悠久、最大、保存最完整的廊桥，被众多媒体誉为中国最美廊桥，也是婺源的标志之一。彩虹桥周围景色优美，青山如黛，碧水澄清，不妨照张彩虹桥倒影。著名电影《闪闪的红星》也曾在此取景。

用时参考：1 小时

交通：婺源县城每 20 分钟左右会有一班车发往清华镇，跟司机说到彩虹桥，下车步行一会儿即是

门票：单独购票 60 元/人；通票 210 元，5 天有效（通票包含 14 个景点：李坑、江湾、汪口、卧龙谷、江岭、灵岩风景区、百柱宗祠、思溪延村、严田古樟、文公山、石城、彩虹桥、晓起、鸳鸯湖）

开放时间：7：30—17：30

景点位置：江西省上饶市婺源县清华镇内

附近景点：100 米清华镇

　　　　　700 米双河村

推荐游玩时间：下午 2：00—4：00

携带零钱（买票）：150～200 元左右

## 三、李坑

特点：李坑四面环山，古建筑保存完好，布局极有特色。村外两条山溪在村中汇合为一条小河，溪河两岸均傍水建有徽派民居，河上建有各具特色的石拱桥和木桥。河水清澈见底，河边用石板铺就洗菜、洗衣的溪埠。山光水色与

古民居融为一体，相得益彰，活生生一幅"小桥流水人家"的宁静景象。但是，李坑是目前公认的商业化比较严重的景区，节假日会有很多旅行团前往，自助游的需注意避开人群高峰。

用时参考：2 小时

交通：在婺源长途汽车站乘婺源至东线的晓容、大畈、港口的汽车，中途下车后步行 1 千米可达

门票：单独门票 60 元；婺源通票 210 元，5 天有效（通票包含 14 个景点：李坑、江湾、汪口、卧龙谷天然氧吧、江岭、灵岩风景区、百柱宗祠、思溪延村、严田古樟、文公山、石城、彩虹桥、晓起、鸳鸯湖）

开放时间：7：00—17：30

景点位置：江西省上饶市婺源县秋口镇李坑村

附近景点：0 米申明亭

　　　　　0 米大夫第

　　　　　2.3 千米丛溪村

　　　　　2.6 千米黄源河滩

推荐游玩时间：下午 2：00—4：00

携带零钱（买票）：150—200 元左右

## 四、晓起

特点：晓起分为上晓起和下晓起两个村子，被称为"生态家园"，可以说是婺源风景最美的村庄。多为明清建筑的村屋透出古朴典雅的气质，街巷曲折宁静，青石铺就的驿道和遮天蔽日的古树无不让人心醉。

用时参考：1 小时

交通：在婺源长途汽车站乘直达江湾的班车可达

门票：单独购票 60 元/人；通票 210 元，5 天有效（通票包含 14 个景点：李坑、江湾、汪口、卧龙谷、江岭、灵岩风景区、百柱宗祠、思溪延村、严田古樟、文公山、石城、彩虹桥、晓起、鸳鸯湖）

开放时间：全天

景点位置：江西省上饶市婺源县江湾镇晓起村（城东北 45 千米的段莘水和晓起水交合处）

附近景点：100 米双井映月

　　　　　1 千米下晓起

　　　　　1.2 千米上晓起

推荐游玩时间：上午8：00—12：00

携带零钱（买票）：150～200元左右

**五、月亮湾**

特点：所谓月亮湾，其实就是在去李坑的路上路过的一片月亮形状的小岛，在月亮湾的旁边可以望到一片小村庄和错落的稻田。观赏月亮湾的最佳角度在附近的山上，可以从旁边的一条小路上山。山上特意搭建了一个小的观景台，从观景台望下去，可以看出月亮的月牙完整形状。如果是油菜花开的旺季的话，整个月亮呈现金黄色，异常惊艳。

用时参考：2小时

交通：婺源旅游公交专线（婺源县汽车站始发）可达

门票：月亮湾的游船10元/人，可以坐上去拍照

开放时间：全天

景点位置：江西省上饶市婺源县秋口镇金盘村附近（婺源至安徽休宁公路沿线上）

推荐游玩时间：上午9：00—12：00，下午1：30—4：00

携带零钱（买票）：50～100元左右

**六、出行理念**

首先在婺源县内找到一个安稳的住所，然后了解一下公交车站、长途汽车站的位置，接下来，你将畅通无阻。

截至2015年底，婺源拥有AAAAA级旅游景区1家（江湾）、4A级旅游景区12家篁岭、五龙源、文公山、汪口、李坑、熹园、大鄣山、卧龙谷、鸳鸯湖、思溪延村、严田、翼天文化旅游城，是全国4A级旅游景区最多的县，也是全国唯一一个以整个县命名的国家AAA级旅游景区。

2013年1月17日，婺源江湾景区被国家旅游局授予"国家AAAAA级旅游景区"，成功创建国家AAAAA级旅游区。同时，婺源国家乡村旅游度假实验区正式揭牌。

婺源篁岭景区，位于婺源县东北部，距县城45千米，总面积38平方千米，每当春暖花开时，置身于篁岭万亩梯田中，黄灿灿的油菜花与远山、近水、粉墙、黛瓦相映成趣，构成一幅天人合一的画卷，在这里可以尽情地释放，让心灵自由飞翔。

这是婺源田园风光的代表。从篁岭开始，公路始终在山间盘旋，从江岭向下看，只见层层梯田，曲折的线条，山谷盆地中的小河，河边聚集的三四个村

庄，四周围绕着青山，构成了一幅极美的婺源农村风光画卷。当你站在山头俯视山下层层梯田，梯田如链似带，从山脚一直盘绕到山顶，高低错落，壮丽雄齐，水面和蓝天交相辉映，如诗如画般在画图里点缀着一小撮粉墙黛瓦，分外可亲。

香港著名的摄影家陈复礼曾以此为主题的作品《天上人间》获得了国际摄影大赛金奖，并赞誉为"中国最美的乡村"。

### 七、交通指南

公路：婺源位于皖、浙、赣三省交界处，境内多山，属黄山余脉，江南丘陵地带，境内主要交通有307、308省道，杭瑞高速（景婺黄高速）公路，杭新景高速（德婺高速）公路。

铁路：京福客运专线铁路已开工建设（2015年6月28已通车），九景衢铁路（已）开工，婺源正成为江西对接长三角经济区、海西经济区的前沿。

机场：婺源相邻近就有景德镇机场，黄山机场，南昌机场。

自驾车路线：

（1）景白公路。二级柏油路面，从景德镇经婺源至浙江，直通衢州，沿途经过赋春、中云、高砂、婺源县城、梅林。从景德镇到婺源县城80多千米，这条路很好走，限速70千米。

（2）婺溪路。从婺源可以到安徽的黄山，婺源境内柏油路，安徽段柏油路。沿途经过李坑、汪口、江湾、大畈、篁岭。从婺源到黄山约110千米。限速70千米，进入安徽境内后，建议时速60千米以下。

（3）婺清路。县城到清华，二级新修柏油路，路面状况很好，沿途经过思口到清华镇，23千米。建议时速80千米以下。

（4）江湾到晓起、江岭、高山平湖、庆源、官坑。

（5）江湾去篁岭景区7千米。

（6）浙岭公路：浙岭公路位于婺源浙源乡境内，是婺源北面浙源乡通往安徽省休宁县板桥乡的一条省际公路，全长18.2千米，设计为重丘三级公路，自驾游可由黄山到休宁，再到浙源乡；婺源北线往南走沿途有虹关村、察关村、凤山村，直达到清华镇。

### 参考文献

[1] 王茂兰：《婺源生态旅游经济发展研究》，北京师范大学，2008年。

[3] 俞飞：《基于旅游产业链的婺源旅游经济研究》，江西师范大学，2012年。

［4］张志荣：《婺源发展生态旅游的战略思考》，■东北发展研究，2002年第2期，第92页－第96页。

**专家点评**：本文介绍了每个旅游景点的特点，并详细说明了交通、参观时间、所需花费以及附近景点，对该地旅行具有一定的参考和指导意义。但是各景点之间的联系不够紧密，建议考虑一下不同景点之间的文化联系以及交通问题，将点连成线，使之成为一条比较系统且吸引人的旅游路线。

## 徽州民居的建筑特色

首师大附中　高二年级　叶朝阳

指导老师：殷海云

**摘要**：由砖、木、石为材料的徽州建筑是一部立体史书，它以徽州民居、祠堂和牌坊名闻天下，被称为"徽州三绝"。本文以徽州民居为研究对象，按照由远及近的视角，首先分析了徽州民居的整体布局，揭示其美学风格和历史、文化背景；接着，概括了徽州民居的外观造型特色，重点阐述其具代表性的建筑元素——马头墙和飞檐翘角；继而介绍了徽州民居的内部结构，重点突出了天井和美人靠的建筑特色，最后对精美绝伦的徽州三雕：木雕、砖雕和石雕进行了探讨。本文从建筑特色的角度对徽州民居的典型特征加以阐述，揭示建筑符号中所隐含的深层的精神、文化内涵以及中华民族在审美上的基本特点，并对如何立足本民族的传统文化，设计中国特色的现代建筑作品提出了思考。

**关键词**：徽州民居　马头墙　徽州三雕　美学风格

## 一、引言

徽州，简称"徽"，古时称作歙州，又名新安，分属安徽省与江西省。这里青山逶迤起伏，江水悠悠。勤劳、智慧的徽州人民在这片环山抱水的土地上，创造了"东方文化的缩影"——徽州建筑。由砖、木、石为材料的徽州建筑是一部立体史书，它以徽州民居、祠堂和牌坊名闻天下，被称为"徽州三绝"。

作为一种艺术表现形式，在著名建筑学家梁思成看来，建筑如同语言文字，其构件与构件之间相互关联，构成了建筑上的"文法"；梁、柱、墙、瓦、斗拱、正脊、游廊等则是建筑的"词汇"。因此，翻开徽州建筑的篇章，可以解读到儒家的宗法礼制、程朱理学的封建伦理、道家老庄哲学以及"贾而好儒"的徽商文化。

本文主要以徽州民居为研究对象，从建筑特色的角度对徽州民居的典型特征加以阐述，揭示建筑符号中所隐含的深层的精神、文化内涵，展现中华民族在审美上的基本特色。

本文运用的主要研究方法：

（1）资料分析的方法，查阅大量相关文献、资料并进行分类整理，对徽州民居有了初步的理性认识。

（2）实地考察的方法，通过社会实践活动实际参观，加深了对相关文献的理解，将徽州民居的建筑特色放在徽商文化的背景下加以剖析，从徽州民居的体制、风貌中进一步感受建筑元素中体现的中华民族的实践理性精神。

**二、徽州民居的整体布局**

（一）历史演变

先秦时期，徽州居民为山越人，其建筑多采取"干栏"式，以适应皖南丘陵山区的多雨气候。晋、唐和南宋时期，中原的士族先后三次大规模迁入徽州，中原文化对徽州文化的形成产生了深远影响。作为两种文化融合的产物，徽州民居体现了南方杆栏式建筑的特色——保留楼上楼下两层楼设计；同时也融入了北方四合院的设计理念，形成了四方的院落。随着建筑材料和工艺水平的发展，楼下的设计逐渐变得宽阔，楼上则相对简易。南宋至明清时期，在徽商经济的繁荣和徽州文化日益昌盛的影响下，徽州民居的建筑水平达到了顶峰。

（二）美学风格

在徽州文化传统影响下的徽州民居（如图 1 所示）有着明朗古朴的建筑风格。淡雅的白墙青瓦、错落的马头墙、美轮美奂的徽派三雕勾勒出一幅清新素雅的江南图画。

《内罗毕建议》指出，"每个历史的建筑群和它的周围环境应被视为相互联系的统一体，它的协调取决于组成它的各要素之间的联合，这些要素是指人类活动、建筑物及周围环境"。

徽州民居正是一个有机的整体，它以山水为参照物，在皖南特定的人文风貌衬托中形成了独特的风韵，并实现了艺术和实用功能的和谐统一。

徽州民居在空间上交错分布，它以环境为依托，追求人为居所的自然化，将建筑群与自然山水的美沟通汇合，当人们徜徉其中时，唯美的感受便转化为时间上愉悦的历程，从而体会到生活的安逸和对幸福的向往。这也正是中华民族源自先秦时期的美学风格。

**图1 徽派民居**

（三）风水文化

风水，亦称"堪舆"，《辞海》中对风水的释意为：居住者的幸福或灾祸深受住宅基地风向水流等形势的影响。它虽然包含迷信成分，但充满了人民对美好生活的希冀，蕴含着丰富的实用价值和浓厚的民族文化，是中国古代哲学思想的重要体现。

"风水人之道，徽人尤重之。"作为"程朱阙里"的徽州，朱子理学盛行，朱子笃信风水，因此，许多村落的选址、布局都按照风水原则统一规划，兼顾天时、地利、人和，追求人的居所与自然环境相互融合、协调，从而达到"天人合一"的境界。

1. 藏风

徽州地形上以低山丘陵为主，河水遍布，峰峦掩映，为村落的选址提供了很大的选择空间。风水理论认为，"气"决定人的祸福。在选址中，首先要考虑"藏风"。这样，村落的选址往往位于背坡处，一方面可以利用山势阻挡风的侵蚀，同时也能保护村落的勃勃生气[1]。因此，徽州民居在选址上遵循"负阴抱阳、背山面水"的理念，村落定址于山坡的南面，河流的北面，从而实现聚集生气的效果。作为世界文化遗产的黟县宏村，北枕雷岗山，南朝吉阳水，其地理位置十分优越，正是符合上述说法的风水宝地。

2. 得水

风水理论中，"得水"与"藏风"同样重要。按照徽州风水理论，水是财富的象征。风水学认为，"山水之气依水而运"。可见，依山傍水有助于生气，并且有"水属财，曲则留而不去也"的说法。水道流速平缓、迂曲向里弯抱，则是聚财的象征。例如被誉为"中国画里山村"的宏村，始建于宋朝，经明朝时期村民对水系的人工挖掘和河道改造，先后开凿出"月沼""水圳"和"南湖"三个人工水系，而后，村民改变西溪与山脉平行的走向，将其改道，使其迂曲蜿蜒，将村落怀抱其中。形成小桥流水人家的生态景观，充分体现了古徽州人高超的艺术构思[2]。

风水理论带有一定的迷信色彩。不过，徽州民居的布局折射出古徽州人注重生存与生态环境的协调，追求建筑物与周围环境和谐融洽的建筑理念，在丰富徽州建筑美学价值的同时，给人以实用的、科学的、富有生活情趣的朴素价值观。

（四）礼制文化

在徽州村落的格局中可以看到中国传统的宗族制度。宗族的聚居地往往构成村落，如宏村和西递村。因此，宗族的血脉体系在村落的构建上得以呈现。

儒家思想以孔孟为代表，长期以来一直占据社会的主导地位。"礼"是其思想核心。"礼"的内容为宗法和等级制度，尊卑贵贱、上下等级秩序是礼的特征。在宗族信仰、礼仪规范的共同约束下，村落的布局，院落的房间数目，建筑装饰的形式、色彩，住宅的屋顶、斗拱、门饰等建筑元素均按照礼制划分出不同的等级，对应不同阶层和身份的居住者，这种等级制度的区分甚至体现在不同阶层的人要走不同的门进出院落。徽商即使富甲天下，却得不到社会的重视，没有政治地位。依据规定，徽商的居所不许使用彩绘，房间数目不得超过三间五架。因此，徽州民居大多结构相似，住宅修饰上仅使用材料本色而放弃使用彩绘装饰。

**三、徽州民居的外观造型特色**

徽州民居外观色泽古朴，粉墙黛瓦衬托在小桥流水之中，给人以静谧安详的感受。民居的外部造型简洁明朗，远远望去，层叠的马头墙错落有致，飞翘的檐角好似舒展的鸟翼翱翔在蔚蓝的天际。

（一）马头墙

马头墙是徽州民居建筑的一个代表特征。由于村落位于山丘，地少人多，房屋密集，加之采用的是砖木材质，非常容易引起火灾。因此，人们修建了高大的封闭墙体用于防火、防风。该墙体形状上与马头相似，故称"马头墙"。

在中国的传统文化中，马是一种吉祥的动物，人们对马的热爱或许可以从有马字的成语中得到印证——"马到成功、龙马精神"等。因此，马头墙的设计源自马是吉祥之物的象征[3]。

马头墙的设计使得高大的徽派建筑错落有致，层次感分明。其构造为：使用三线排檐砖构成墙顶并使用小青瓦覆盖，墙体根据屋面的坡度长度向下迭落，然后在垛头的顶端安装搏风板和各种"马头"[4]（如图2所示）。

图2　马头墙

（二）飞檐翘角

在中国建筑思想中，屋顶的设计非常重要，设计师深谙装饰对屋顶发挥的作用，精巧的设计常常形成强烈的视觉冲击效果。《诗经》中描绘屋顶和出檐的文句"如鸟斯革"揭示了这种设计思想渊源已久。在徽派建筑的屋顶设计中，向上微翘的飞檐与宽厚的墙体互相呼应，犹如抑扬顿挫的曲调，给人带来轻松、和谐的愉悦感受（如图3所示）。

图3　飞檐翘角

### 四、徽州民居的内部结构

徽州民居注重各个建筑单元之间的有机安排，在严格对称中单个建筑的体状形貌服从于整体建筑群的制约配合，展现出庄严和条理，通过平易的、日常生活的内部空间组合，在空间意识上提供实用的、入世的、智慧的元素，给人以生活情调的熏陶；体现出中国建筑理性、和谐的审美特征[5]。

徽州民居的布局因受阶层身份的限制，当家族人口众多，需要增盖房屋时，不能增加每个院子中的房间个数，只能采用多进院落式布局，每个院落基本相似，各个院落一进一进地套起来，形成一个整体。民居的平面布局以院落为单元，有"凹"形、H形、回字形、日子形等几种类型，仍以天井、厅堂、厢房、门屋、廊等构成基本组成单元。院落内的建造按照中轴线对称排列，以厅堂为中心，面阔三间，厅堂居中，两侧为室。天井位于厅堂的前方，厅堂与院落相套，形成第一进（如图4所示）。第二进通过隔扇分隔出两个天井，建有两个堂室，四间卧室。随着子孙的繁衍，可以依次建造结构相似的更多进。

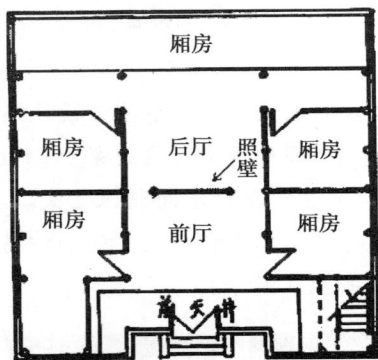

图4　徽州民居平面布局图

（一）天井

徽州建筑外墙上不开凿窗户，通过建造天井来实现通风透气和吸纳阳光的功能。在中国传统哲学理论中，天井和"财禄"相关，在徽州商人眼里，天井是聚宝盆的象征，有"财不外流"之意。《相宅经纂》卷三《天井》中记载："凡帝宅内厅外厅，皆以天井为明堂、财禄之所……横阔一丈，侧直长四五尺乃宜也，深至五六寸而又洁净乃宜也。房前天井固忌太阔散气，宜聚合内栋之水，必从外栋天井中出。"[6]

天井的安排在院落居中的位置，四周是客厅正房和两侧的厢房，根据风水理论，天井开阔有散财之意，因此，天井的进深较浅，多为窄条型空间。天井的设计模糊了室内和室外的界限，天气晴朗时，一条条光线犹如金色的瀑布倾泻在堂前，人们称之为"洒金"；下雨时，白花花的雨水犹如从天而降的银珠，人们称之为"流银"。在徽商文化中，水象征着财富，因此，将天井四面的屋顶设计为向内倾斜，下雨时雨水从四个方向流下来汇集到厅堂里，形成"四水归堂"的景象，象征着财富源源不断地流入堂中。

（二）美人靠

"美人靠"是徽州民居的另一个重要特点。它属于干栏式建筑的上层空间。由于徽州地区气候潮湿，楼上的空间成为人们的主要居所。楼上空间宽敞，沿天井处还设有造型精美的靠椅——美人靠。"美人靠"是指楼上围绕天井四周设置的靠椅，它折射出男尊女卑的封建礼教：古代女子的行动受到很多限制，不能随便出门，只能在楼上倚靠在椅子上感受、观察外面精彩的世界，因此叫美人靠。因其靠背向天井方向伸出，靠背部分临空而建，犹如天上飞来一把椅子，又得名为"飞来椅"（如图5所示）。

图5　美人靠

## 五、徽州民居的装饰特色

徽州民居由于徽商身份的限制，不能采用彩绘，徽商通过采用生动逼真的雕刻来追求建筑的精美。徽州三雕是指木雕、石雕和砖雕。其历史可追溯于宋代，至明清达到鼎盛。三雕的雕刻技法灵活多样，主要有浮雕、线雕、透雕、圆雕等。

"承志堂"以其规模大、木雕数量众多而被称为徽派木雕的陈列馆。它占地两千多平方米。其正厅横梁、斗拱等木质材料上雕刻有大量图画。画面中人物众多，每个人表情迥异，活灵活现，如图6所示。特别地，在正厅两侧的边门上雕有"商"字的图案，由于出入边门的人都要从"商"下经过，徽商借此来表达自己在人之上的含义。其实，这恰恰从相反的角度说明了当时的徽商尽管富有，但社会地位仍是社会底层的现状，反映了徽商对改变自身地位的诉求。

**图6 承志堂内木雕：百子闹元宵**

（一）木雕

木雕在徽州三雕中占主要地位。在徽州民居的各个木质材料构件中，均可以完成精美绝伦的木雕花纹图案。因此，木雕遍布月梁、屏门等建筑"词汇"，这里没有色泽亮丽的彩绘，而是通过高品质的木材色泽和自然纹理，使雕刻效果显得生动。

木雕的内容取材广泛，贴近生活。有传统戏曲、民间故事、神话传说等；雕刻的技法灵活多变，圆雕、平雕、线雕、透雕、镂空雕等多种技法互相结合，雕刻效果生动逼真，人物刻画惟妙惟肖。木雕的构图依照雕刻的部位各有不同，梁枋、梁托、瓜柱处的木雕往往采用圆雕和镂雕的手法，雕出精美的花纹；天井四周的檐下撑木因体量较大，可以雕刻复杂的生活场景；而梁架上则大多雕刻出飘逸的云彩形状。图 7 是采用木雕工艺的花窗。

图 7  木雕之花窗

（二）砖雕

砖雕由明代徽州窑匠鲍四首创，取材青灰砖。该砖产自本地，质地坚硬细腻，适合砖雕。在门楼、门套、门楣、屋檐等处，匠师通过在青砖上雕刻生动逼真的人物、虫鱼花鸟，突出建筑元素的装饰效果。

以砖雕精品门罩为例。徽州砖雕可谓是门罩上的艺术盛宴。徽州匠师在一块块原本无生命的青砖上，雕刻出内容丰富的历史典故、戏剧题材，让人在惊叹其高超技艺的同时感受到人物的逼真、鸟兽的奇异和歌舞的欢快，给人以热闹亲切、朴素踏实的艺术享受。

（三）石雕

石雕的取材主要是黟县青与茶园石。石雕技艺主要有浮雕、透雕、圆雕等手法，内容多取材于生活，主要雕刻于祠堂、寺庙、牌坊等建筑元素上。

青石漏窗是石雕的主要代表。匠师将扇子形状雕刻在漏窗上，取扇作为善的谐音，表达"出门见善"的象征寓意；另一种常见的漏窗是将叶子雕刻其上，取"叶落归根"之意，如图 8 所示。这些漏窗的设计赋予单调的墙面灵动的画面，体现了徽州文化的精致、细腻。

图8 西递村石雕漏窗

徽州三雕集中原文化的优秀传统和徽州特色文化于一体，呈现了徽州民居建筑制作的高超技艺。

## 六、总结与展望

徽州民居代表了明清时代徽州民间建筑的高超的技术水平和艺术成就。徽州民居将建筑物与自然山水巧妙结合的设计理念体现了老庄追求道法自然的思想；而民居中均衡、协调、对称、统一的艺术布局和造型又体现了儒家上下等级秩序分明的礼制文化。因此，对徽州民居的探究使我们感触到文明古国的心灵历史，并找到两千多年来儒道互补的思想线索。

历史在这里积淀，先人的哲思在这里凝练，传留和感染着踏访徽州民居的后人，感染着人们的思想、情感和意绪。在整理思绪的同时，不禁感叹，我们能为它做些什么？吸收、保留抑或是继承、创新？

鲁迅说："越是民族的，越是世界的，"建筑作为艺术设计的重要形式，其基本立足点是"民族文化"，艺术设计只有建立在民族文化基础上才有市场。每一个立志于中国建筑设计的人，都应该深入到精神领域去探寻、吸收徽州古民居建筑中的哲学思想和审美观，在领会其神韵的基础上赋予新的内容，实现对民族文化的综合、再创造，最终引领中国建筑走向世界舞台。

### 致谢

首先感谢指导老师殷海云老师。在实地考察过程中，殷老师给予了我非常大的帮助。写作期间他一直很关注论文的进展情况，及时给予我专业性的指导，倾注了大量心血，在此再次向殷老师的辛苦付出表示感谢！

其次，我要感谢三年高中生活中我的各位老师与同学，感谢你们对我的关爱和帮助！

最后，我要感谢我的父母、亲人，在论文的完成过程中，他们给予了我巨大的支持，我将继续努力，踏实学习，不辜负父母的殷切期望。

**参考文献：**

［1］宋韵光：《现代风水全集》，中国华侨出版社，2004 年第 3 期，第 61 页。

［2］王孙琳：《徽派建筑中吉祥文化及其在现代设计中的应用研究》，芜湖：安徽工程大学，2010 年，第 28 页。

［3］方根宝：《徽派建筑元素——马头墙的作用与演变》，《黄山学院学报》，2008 年第 5 期，第 98 页。

［4］黄鹄：《徽派建筑特色风格探讨——古朴淳真和谐典雅》，《四川建筑》，2008 年第 6 期，第 29 页。

［5］李泽厚：《美的历程》，三联出版社，2015 年，第 66 页。

［6］李欣等，李兵营，赵永梅：《浅谈传统民居中的天井》，《青岛理工大学学报》，2005 年第 6 期，第 11 页。

**专家点评：** 本文较系统地研究了徽州民居的特色，文章结构清晰，从民居整体结构入手，再由外部结构到内部结构以及民居的装饰特点，给我们展现出了徽州民居的主要特色。这对于了解徽州的历史发展及传统工艺的传承具有重要意义。

# 第 七 章

# 关于大学附中与大学合作
# 办学的启示及政策建议

首都师范大学附属中学在广泛吸取国内与国外相关经验的基础上，积极寻求理论与实践的支撑。在国家"双轮驱动"创新战略的启发下，首师大附中对自身近年来与大学合作培养创新人才的实践进行了较为深入的反思与研讨，初步探索出附中"分层运作、多方联动、一致协同"的教育模式。附中与大学合作开展改革与衔接，谋求实现原本割裂的两个教育学段相互渗透与连接，从而达到创新人才培养优化效果的学校教育发展模式。但由于各种主客观因素的限制，该模式目前还不能称为一个完整的行动方案，但是从上述的研究中，我们还是可以找到一些附中与大学合作的关键领域与维度，这将有助于人们在应对当下高考、升学、招生等改革面临挑战的背景，更好地做好教育工作。

## 第一节　大学附中与大学合作办学的启示

我国 1922 年学制的制定借鉴美国经验，因此，我国教育制度与美国教育制度有着许多相似之处。综合大学和师范院校附设实验中小学的传统就是向美国借鉴的产物。近几十年来，我国实验学校与大学和师范院校的联系消失殆尽，实验学校教育实验活动缺乏的状况相当普遍。许多实验学校变成了"重点"学校，但它们本应具有的教育研究和培训师范生的功能逐渐削弱以至消失，这又与美国实验学校和入门学校的命运极为相似。

无论是以大学为依托的实验学校还是以学区普通公立学校为依托的教师入门学校，都是大学与公立学校合作进行教育改革的尝试，其相似性是显而易见的。例如，它们的办学目标都包括三个方面：培养新教师，为在职教师提供进修的机会，开展教育研究。但它们为什么都失败了呢？如上所述，首先是缺乏对这种学校本身的评估和研究。其次，这些改革往往是自上而下的，就是说，它们是由学区强加给学校的，或是由大学校长或院长强加给教育学院教师的。这种自上而下的改革得不到实施者（教育管理者和教师）的理解，失败乃是不可避免的命运。最后，这些改革的着眼点都在于公立学校的个别教师，而不是整个学校，因此其视野较为狭窄。由于涉及面太小，而整个教育系统依然如故，改革的效力不佳也就可想而知了。

PDS（Professional Development School，专业发展学校）与以前的实验学校和教师入门学校的不同之处在于，其理念中有一个系统的教育观。可以说，如果没有优秀的中小学安排师范生进行见习与实习，教师教育就不可能是优秀的；如果教师没有接受过优秀的师范教育，中小学就不可能成为优秀学校。要改进教育制度的某一部分，就必须改进整个教育制度。这就是PDS理念中蕴含的大学与中小学之间的"共生关系"或"平等的伙伴"关系。PDS的理念被霍姆斯小组大力推崇，该小组积极倡导大学与公立学校教育工作者之间要进行密切合作，一起关注中小学的变革与教师教育的变革。只有大学与公立学校之间进行长期、整体的合作，使双方都得到改进，教育变革才是实质性的。霍姆斯小组的改革计划不仅重视建立大学与中小学之间的共生关系和结成平等的伙伴，而且还使改革的空间扩大到整个教育制度层面，一句话，教育系统的各个组成部分的改革不能彼此孤立，必须共同、协调地得到变革。因此，研究和借鉴美国PDS的经验，对于我国基础教育和师范教育改革，特别是对于办好师范学校或实验学校具有较大启示。

首先，把高等师范院校教师（以下简称"高师"）教育改革与基础教育改革联系起来的观点值得教育界关注。PDS的目标之一，就是要改革师资培训制度。众所周知，办好学校、提高教育质量的关键在于要有优秀教师，美国教师教育工作者抓住了这一关键。他们通过大学教育学院教授与中小学教师的合作研究、教学和探讨，既提高未来教师的专业性或师范性，又促进在职教师的教学专业水平和研究能力，试图使教师都成为"实践者＋学者"，即我国教育界所倡导的学者型教师。这样的教师热爱教育事业，具有自我发展和提高自己专业的能力。只有培养出这种类型的教师，提高基础教育质量和培养具有创新能力的学生才会成为可能。

目前我国基础教育改革的方向是变应试教育为素质教育，但这一改革与高师教育改革缺乏必要的联系和沟通。一方面，除少数进行实验研究的教师与示范学校或实验学校有合作研究外，大部分高师或者不注重研究，或者只进行"纯"理论研究。由于我国教育研究有着重理论、轻实践的传统，也由于行动研究、个案研究、质的研究等新的研究方法还很少为我国教育研究人员所熟悉，因而面向基础教育实际的应用性研究极少。另一方面，师范院校教育专业课程与教育实习偏少，同时与教育实践的联系也较为松散。在职教师的进修，目前主要偏重于学科知识的更新和学历的提高，还谈不上教育专业的发展。

把高师教育改革与基础教育改革联系起来，就是要建立师范院校与中小学的密切联系，形成研究教育问题的基地和探索空间。改革开放以来，我国新出现的示范学校或实验学校已成为师范教育与基础教育之间的桥梁，但目前这种桥梁还太少，而且很不完善。我们必须引进新的研究方法，更新教育观念，重新分配教育研究经费，在师范院校和中小学之间建立起支持教育研究的新机制和奖励系统，如此才能加强高师教育改革与基础教育改革的联系，进一步深化素质教育改革。

其次，PDS 把教育理论研究与教育实践结合起来的措施也值得我们借鉴。如前所述，美国师范生并不缺乏教育专业理论的学习，教育实习在课程中所占的学分数也不少。但是，教育理论的学习与学校实际工作的脱节，或者说，教育理论与实践的脱离，是一个长期未曾解决好的老大难问题。大学的教育理论工作者、在职教师、地方教育行政官员和学校领导、师范院校的本科生与研究生等群体，对中小学学生和种种教育现象与问题开展行动研究、个案研究、质的研究，这为教育理论与实践的结合找到了一个突破口。这种新兴的教育研究是解决理论与实践结合问题的有效途径。

我国教育理论与实践的脱节似乎比美国更为严重。一方面，教育理论工作者较少深入中小学教育实践，较少研究现实的教育现象与问题；另一方面，师范生和在职教育工作者又很少接触教育理论。创办 PDS 可以为教育理论工作者和实际工作者提供理论与实践相结合的探索空间，为中小学和大学两种不同文化的撞击与融合创造机会，由此建立起来的新的教育理论才是有生命力的，才能够对教育实践发挥较大的指导作用①。

大学附中作为普通高中的重要组成部分，在我国基础教育改革与发展中一直起着十分重要的作用。通过对中学与大学合作历史的一系列考察，本课题组总结了以下关于促进中学与大学合作的启示。

---

① 丁邦平. 论美国教师教育的改革与创新［J］. 首都师范大学学报（社会科学版），2001，2：98－99.

## 一、充分发挥附中对精英人才培养的独特价值

通过对以往大学附中与大学合作培养历史的考察，我们发现大学附中在精英人才培养方面具有独特的价值。

首先，这种价值体现在大学附中不断增长的数量与规模上。如果大学附中没有存在的价值，那么这种增长的幅度应该是负增长或零增长，而事实出现的正增长，充分说明大学附中发展特殊的价值。

其次，这种价值体现在鲜明的实施成效上。到目前为止，大学附中在人才培养方面的卓越成效说明了大学附中在精英人才培养方面的重要价值。很多大学附中都是当地有名气、有口碑的优秀学校，它们开展的精英人才培养实践及其取得的成果都获得了社会的高度认可，具有其他普通高中无法比拟的优越性。

最后，这种价值体现在其人才培养途径的特殊性上。作为普通高中的重要组成部分，大学附中的人才培养方式有其基础性教育方面的要求。有学者认为："从教育性质上看，只有将高中定位为基础教育，才能真正推动高中的普及化及高中教育育人价值的实现。这是被我国近百年来高中教育改革与发展的历史证明的，并且无论社会情势如何变幻，这一点都必须坚持。"[1] 但是，大学附中也有区别于普通高中的特殊定位。由于大学附中与大学联系更为紧密，所以大学附中的学生有更多的机会和途径进入对应大学。此外，大学附中在人才培养上更容易实现人才发展的连续性。正如谢维和教授所言："在培养学生综合素质的基础上，为能够上大学的高中学生做好接受高等教育的准备，增加课程与教学的学术性以及学生学习的自主性与选择性，这体现了青少年发展与教育的间断性与连续性的统一，满足了大部分高中学生发展的需求。"[2] 大学附中的优势在于关注学生的可持续发展，一方面强调基础知识的获取，另一方面设置大学先修课程，保证高中基础教育与大学高等教育之间的顺利衔接和过渡。

## 二、以课程为核心开展大学与中学的合作研究

大学与大学附中为培养创新人才而进行合作办学在实施过程中涉及具体的

---

[1]　刘万海：《我国高中教育改革：历史经验与未来选择》，《全球教育展望》，2014 年，第 3 页。
[2]　谢维和：《从教育的间断性与连续性看高中改革——再论高中教育的定位与选择》，《中国教育报》，2012 年第 6 期。

课程设置问题。双方在课程设置上的合作是双向的。一方面，大学向大学附中提供师资力量和相应资源，如开发各种类型的主题报告、教授讲座等；另一方面，附中利用大学资源优化充实其课程资源。二者在课程设置问题上的共商共建在大学附中创新人才培养中具有核心作用。

目前我国大学与附中在课程设置的资源互助方面已经积累了一些经验，逐渐走出狭隘的"一对一"扶助模式，由上级教育行政部门牵头，合理开发和整合区域性共享课程。如上海市杨浦区教委充分利用区内十几所大学的资源，联合开发了 10 余门拓展型课程，由区内十多所中学共享课程资源。合作培养创新人才的第二点经验就是要全力对接高校课程，如同济大学第一附属中学与同济大学合作开设基础德语、三维动漫等特色课程，由同济大学教师任教；上海理工大学把机器人、计算机等优势专业向上海理工附中延伸，供学生选修。此外，附中既要借力大学课程资源，也要致力于将这些外部资源内化为校本课程。大学附中在校本课程开发过程中，着力构建基础厚实、开放度高的校本课程体系，为创新人才的培养拓展资源，如上海交大附中将交大课程资源引用到学校科技特色课程建设中，形成了三个特色课程教育模块。①

## 第二节 对大学附中与大学合作办学的政策建议

### 一、逐步建立"深度合作"的分层运作教育体系

在前文我们已经分析了如下问题：大学附中与大学合作的同质化，导致教育模式的单一；合作的功利化，导致在课程资源上相互融合开发不到位；课程选择性匮乏、实施方式单一，导致了在考试评价招生上人才选拔与输出路径狭窄，应试倾向明显；合作的空泛化使得大学与大学附中在专业师资共享上缺乏制度机制保障、可持续发展动力不足等。以上问题的解决，需要多方面的合作。但是，就大学与大学附中而言，如果两者之间本身不能超越同质化、功利化、空泛化的阻碍，那么势必会使学生只能局限于附中所营造的校园文化氛围当中，而与大学文化氛围相隔绝。这就是我们通常所说的"什么文化育什么样的人"。因此，大学附中与大学深度合作的意义，即对"同质化、功利化、空泛化"的超越，事关学生成长的文化氛围。在很大程度上，大学与大学附

① 徐向东：《大学附中培养创新人才的研究——与大学深度合作的视角》，上海：华东师范大学，第 45 页 – 第 46 页。

中本身在伦理担当、责任担当、使命担当上应当有共同的追求。

（一）深度合作的基本原则

关于大学附中与大学的深度合作，前面我们提出了"共同愿景、独立与合作、互惠互利、理论与实践融合"等内在的机理，在具体实践过程中，两者需要遵循三项基本原则：

第一，两者价值维度的相通，即大学与大学附中拥有共同的价值追求。在这一点上，大学与大学附中都需要做出努力。就如浙江大学老校长竺可桢所言："乱世道德堕落，历史上均是，但大学犹如海上灯塔，吾人不能于此时降落道德标准。"如果大学迷失了方向，大学附中或者其他普通学校随时可能堕落。

第二，两者执行维度的相融，即大学与大学附中在课程和教学上真正相互融合。如果两者无法做到执行维度的相容，那么任何合作都是空泛且流于形式的，对于创新人才的培养起不到任何作用。

第三，两者保障维度的相互作用，即大学与大学附中在管理评价等机制上的相互作用与相互保障。尤其在评价机制上，清华大学施一公教授认为，我们要转变"乖孩子"就是"好孩子"的传统观念，在很大程度上，"乖孩子文化"与科学探索的一些基本哲理是相悖的，因此我们应该重审现行的人才评价体系。格致中学校长张志敏认为，应该转变传统的人才观，建立有利于培养创新人才的评价机制，从只重视统一性和规范性向鼓励多样性和创造性转变，积极推行对学生德、智、体、美的全面考核，重视对学生创新能力和素质的综合评价，使评价体系从主要反映学生对知识掌握程度方面转移到体现创新能力和综合素质方面。

（二）课程是深度合作的率先突破点

若要实现长期以来被定义为"处于教育体系两个阶段"的高中与大学共同服务于创新人才培养这一主题，需要涉及从学校教育的课程、教学、德育、考评、师资到管理等诸多方面的体系化变革。学校领域内的各方面工作因素在整个学校教育运作中共同构成一个整体服务于创新人才培养的体系，但是该体系中各要素的作用、地位及运行方式都具有较大的差异。有的因素处于核心位置，有的是前提性基础，有的是保障型条件，有的是行动的依据……学校的系统性变革如果不能依据学校教育内部各要素的特点而开展有针对性的行动方案的步骤与程序，而是"一视同仁""整体推进"，深度合作必然会前功尽弃。

此外，大学附中教育与大学教育的灵活性相比，具有更多的稳定性与规范性。鉴于此，首都师范大学附属中学所进行的大学附中与大学深度合作在起初就注意到了这个问题，故而在整体性变革的行动逻辑上采取了"分层运作"的办法——紧抓课程改革这个核心领域率先突破，在此基础上将改革延展到德育、教学、管理等其他领域系统跟进，进而在学校的整个工作场域内实现与大学的深度合作。

之所以选择"课程"作为大学附中与大学深度合作率先突破的领域，是因为课程合作是大学附中与大学深度合作的核心问题，也是影响大学附中与大学教育发展的关键性因素。在我国，大学附中与大学在深度合作问题上曾经开展了许多并不成功的外延式合作的实践。所谓的"外延式合作"，主要体现在"一蹴而就"地追求从大学附中到大学的学校教育的一体化的体制合作，而忽略了课程作为核心的内涵式合作环节的强化。教育的层次与类型主要是由课程所决定的，教学效果与目标也根本上取决于课程的设置和安排。既然大学附中与大学属于教育体系的不同层次和范畴，两者课程设置的合作程度直接关系到大学附中教育与大学教育的人才培养的总体目标能否一致、教育资源能否有效利用、教育质量能否有效提升、教育效果能否充分体现的关键性问题。换言之，在大学附中与大学深度合作问题上，课程合作是"本"，体制合作是"标"，发展性合作是"源"。没有"本"的合作，"标"的合作必然流于形式；没有"本"的合作，"源"的合作也将流于空想。两相对比，可见课程合作在大学附中与大学深度合作中的基础和关键性。

首师大附中与大学的深度合作，率先在课程合作中做出了这样的定位：鉴于首都师范大学的师范专业性质，首师大附中与首都师范大学的课程合作重点放在了学科教育领域；考虑到人才培养与首都师范大学的专业合作问题，学校将与首都师范大学课程合作的核心领域设定在高端学科竞赛上，形成课程体系。除此之外，首师大附中通过广泛攫取首都师范大学及其友好合作学校、社区教育、学生家长等多方面的资源，共同形成了学校作为四修课程模块中核心的专业精修培养模块。在完成这样的培养方向与基础的定调之后，学校结合基础通修和兴趣选修，产生了通识教育课程。学校所组织的通识教育课程，其内容包括基础性学科、人文素养等内容，这类课程涵纳了所有创新科技人才都必须掌握的基础性知识，是现代社会公民应该具备的基本素养。学校将通识课程定位在有意压缩的传统课时基础上的补充与提升，以实现科技创新教育必备的知识基础与学习能力，如在文学、历史、哲学、艺术、法学等领域加大教学力度，培养学生的人文素养与精神。在其他社会性技能方面，首师大附中与首都师范大学合作开展拓展训练，培养学生的领导能力、组织能力、团队合作能力。鉴于学生的人生发展与思想品德教育同样是课程设置中不容忽视的环节，社会实践意识、社会责任感、择业技能与创业理想既是科技创新人才必备的基础素养，也是现代公民必备的生存技能。为此，学校的生涯规划课程在经过长期研究酝酿后成型。学校为学生搭建全方位的社会实践和创新能力培养的平台，并正在构建和完善"学生自主发展规划"信息系统，通过开设"人生规划指引专题课程""从中学走向大学""学业与创业"等课程或讲座，让学生在中学期间了解自己的兴趣、爱好、个性、能力，预先规划以后可能从事的职业，并对这一职业所涉及的专业进行探索和研究，实现可持续发展。

科技素养课程由大学专家、教授、高校研究生开发并形成导师团，以此向学生提供课题、相关资源、研究方法指导等详尽的课程内容，学生根据个人兴趣，以个人或团队为单位选择相应的研究领域。同时，为了满足不同层次的学生对于课程的需要，针对不同学生的培养方向提供不同的课程。如专门针对"科技创新实验班"开设的"实验班课程"；以培养多能性科技人才为目标，与中科院合作开展的"实践课程"；为满足科技特长生的兴趣而与高校合作开展的"虚拟课程"。以上措施能够在培养拔尖创新人才的同时，培养和激发学生的创新动力和积极性。虽然在课程实施的成本方面会给学校带来一定的压力，但其成果十分显著。

需要强调的是，首师大附中在深度合作中所形成的变革性课程，与传统意义上的国家课程并不排斥，两者都共同运用于日常的教学中，但是这并不意味着有意识地增加学生的课业负担，而是对于传统课程进行压缩和与变革课程的有效整合，形成了一个在广度和深度上都更加适宜于人才培养的课程体系。同时，学校的变革性课程也不仅是大学课程在大学附中阶段的预演，而是根据学科知识特点以及大学附中学生年龄阶段认知特点，培养学生科学探究知识、技能、品质等素养为目的的项目组织学习系统。

（三）教学、德育、管理的系统艰进

课程合作内容尘埃落定之后，首师大附中与大学"深度合作"的实践体系下一步关键在于教学问题，即获取组织资源为课程的实施与持续推进做保障，其中作为人生规划课程模块的延伸实施即是德育问题。因此，在"课程合作"构想完成后，教学、德育、管理等方面的学校教育工作领域也将随即同时做出相应的变革调整，作为保障"课程合作"顺利落成的"系统跟进"

动作，实现整个大学附中与大学深度合作体系的自我完善。从这个意义上讲，教学、德育、管理工作是课程合作之后的第二层运作。下面将分别就教学、德育、管理领域的合作实践做进一步的剖析。

1. "教学"是大学附中与大学深度合作的重点工作

普遍意义上的教学是指在确定的时间地点环境下，按照一定的组织方式，由教育者将有组织的教育内容载体呈现给受教育者，促使他们在知识、技能、品德等诸多方面发生变化的教育实践活动。教学是教育目标实现的必要条件，是人才培养的重要手段，也是教育内容实践化的重要载体。因此在教育内容中在已经预先所属教育行政部门确定的传统学校教育分工中，教学历来是学校的重点核心工作。时至今日，各学校普遍拥有课程开发与实施的自由之后，教学内容与教学形式依然是学校教育变革重点研究的热点。本节主要对"教学"在大学附中与大学的深度合作中的教学方式和方法进行深入探讨。

教学方法是指为完成一定的教学任务，施教者在教学过程中采取的途径和手段。从作用效果上看，教学方法除与教育内容相关且直接决定教学目标的实现程度和效率外，还具有如下功能：激发学生学习兴趣、调动学生学习积极主动性；促进优良的非智力心理品质的形成与发展；促使学生通过感知、理解、保持、运用、迁移等认知因素获得真正认识，提高认识效率；对学习活动进行评价、调节和控制等。

首师大附中在与大学深度合作，推动教学改革的过程中，除压缩和高效实施国家课程与地方规定课程之外，学校的主要教学是组织学生在自主选择和自身所擅长的领域进行研究性学习。通过学校开设的课题式综合学习与实践课程，学生可以在导师团的带领下，依据自己所选择的专题、项目有针对性地开展自主研修、专题研究、项目设计。学生的学习过程就是利用导师提供的资源自主进行研究，并不断向导师反馈自己阶段性的学习成果和产生的问题。导师及相关专业研究人员均与学生进行互动交流，形成双向式教学，着力训练学生的学习能力、观察能力和探究能力，重点培养学生发散性、形象性、逆向性等思维品格。在创新人才培养过程中有效利用学校新建的实验室、图书馆、网络资源及大学的实验资源强化学生自主实验，充分发挥学生的创造性。导师团对学生的研究成果进行鉴定，主要为三个指标：科学性、新颖性、实用性。在学校或更广泛的层面做汇报交流，起到示范作用和辐射作用。事实上，在大学附中与大学的深度合作中，从高中生到大学生的变化，在学生的知识、智能、思想、生理等方面的发展都有明显的跳跃性。但事实上，在这个过程中，附中与大学之间缺少以思维方法训练为目的、以教学方法为关键的"教学合作"，因此很难打破不同教育阶段之间的界限。长久以来，大学附中课堂教学以教师为主导，教师管得细，上课有教材、课后有习题，教学针对性强，学生在习惯了长时间的"填鸭式"教学之后丧失了学习的自主性与主动性，将学习看作一种教师布置的任务；但是进入大学之后，课程多、任务重、难度高，学习方法的独立性、分析性增强，教学更注重培养学生的自学能力、理论联系实际的能力、学以致用的能力以及解决实际问题的能力，大学把学生视作独立成熟的社会个体，要求其具有独力思考和研究学习的素养。大学附中和大学不同的两种教学方式以及所培养的学生的认知习惯和思维方法的差异是极其明显的，因此对于学生的独立思考和研究学习的素养的培养必须从大学之前就开始，基于这样的思考，首都师范大学附属中学与大学的"教学合作"得以展开。

2. "德育"是大学附中与大学深度合作的基础前提

"德育"是学校教学工作中的基础性环节，智力因素与非智力因素共同决定个人在发展中的成就与表现。有研究表明，非智力因素直接影响智力活动的过程与效果，因此，对学生发展予以全方位指导乃教育题中应有之义。《国家中长期教育改革和发展规划纲要（2010—2020年）》明确提出，高中阶段需建立学生发展指导制度，对学生的心理、理想和学业等多方面加以指导。因此，首师大附中在深度合作实践的课程改革中，将已经探究数年、卓有成效的大学附中学生生涯发展规划作为一项特色课程模块进行实施。以学生生涯发展指导为核心的学生发展指导，其内容构建了涵盖身心发展指导、学业指导、生活指导、职业指导等重大议题，其内涵已经远远超越了传统领域的德育与心理健康教育，而是将高中阶段教育视为终身教育体系的一个重要组成部分，从而使得大学附中阶段的生涯教育对于学生整体人生的规划和发展起到举足轻重的作用。学校开展的生涯规划教育帮助学生适应生活、筹划发展、准备未来，希望通过三年的生涯规划指导培养出身心健康、人格完善，有理想、有抱负，对自己未来的人生有一定规划能力的、具有社会责任意识的有为青年。

具体而言，作为德育"深度合作"载体的生涯规划贯穿于整个高中阶段，并针对大学附中三个年级不同班级和学生的独特发展目标采取有针对性、分阶段、多层次和多元化的教学方式来开展。高一阶段是"生涯认知"，通过每班每周一节正式授课的方式（每节课都有一个主题），采用体验式、互动式的形式，围绕学生生理健康、心理健康、生涯规划等内容进行授课，从而帮助学生尽快适应高中学习和生活等各方面，促进学生身心健康和谐发展。高二阶段，在学生对自我认识的基础上，以"生涯探索"为主旨，注重培养和锻炼学生的沟通、领导、判断等综合能力。通过"能力拓展活动""成功学"等与生涯相关的选修课、主题班会、社团、课外调研等社会实践活动，让学生走近社会、了解社会；充分整合利用家长、校友、社区等社会资源，进一步提升学生专业探究能力，帮助学生树立人生发展目标和理想信念。高三阶段，针对最后一年的特殊学习和生活状态，首师大附中围绕复习迎考、自主招生、填报志愿、升学就业、生涯决策等专题展开一系列以"生涯选择"为主题的活动，采用"请进来、走出去"相结合、大学附中与大学相互合作的方式，通过举办个体咨询、中型沙龙研讨、大型讲座报告辅导等活动，根据每位学生的具体需求，进行个别辅导，提供个性化、差异化的意见和建议，帮助学生形成初步的生涯决策能力。

通过德育"深度合作"的探究与实践发现，德育目标的不明确、脱离生活实际，德育内容的空洞、贫乏，德育活动的割裂、形式化等都是学校德育效果低下，甚至与教育工作本质相违背的原因。德育具有生活性，这意味着学校德育应该重点关注学生现实学习与生活状态中的客观需求，学校应在实际生活问题的规范和教育中对于学生的人格品质、思想道德的发展发挥引导作用。首师大附中的德育"深度合作"之所以能够取得良好的效果，与其牢牢把握了高中是学生个体发展重要的转折和过渡阶段有一定的关系。或者可这样推论，学校与大学"深度合作"实践探索的成绩都应该归功于紧紧把握满足学生发展的现实性需求。

3. "管理"是大学附中与大学深度合作的系统保障

"管理"在学校工作中主要是维持与组织的功能，但是其具体的形式则涉及学校工作的诸多领域，变化万端。微观上如师资的选聘、培训、考评、去留提升，教学时间、场域、条件的设定调配；宏观上如德育管理、后勤管理、校产管理，以功能分类如目标管理、项目管理、绩效管理、形象管理等，其内涵纷繁，难以概述。此处的"管理"主要指的是学校内部对各项具体教育工作的维持与组织活动，这一概括也从另一个角度揭示了校内管理活动的服务型特点，即学校管理本身不是目的，其主要目的在于确保学校各类教育活动顺利有效的开展。因此可以判断，在变革的时序上作为保障条件的"学校管理"必然要与教学、德育等其他相关因素发生系统性变化。

在首师大附中与大学开展的"深度合作"实践探索中，学校管理方面的变革实际是一个自组织与自适应的过程。附中鉴于以往长期与大学合作进行

"创新教育实验班"的项目实验经验，以及个体教育经验连贯性与一致性的设想，把理科综合实验班项目作为突破口，在更大范围和更深层次上与大学展开持续性和一致性的教育合作，进而探索在实质上更科学合理的人的发展的连续性与一致性，从而通过实践改变当前基础教育与高等教育割裂的局面。

《关于首师大附中与首师大联合培养创新人才的方案》的提出，从实施基础、重点工作、关键环节、组织体系、行动计划、保障性条件等方面进行深入的设计，其中尤其对于人才培养形成了比较成熟的行动设想。例如，学生来源、评价选拔、培养目标、培养方式、课程内容、教学实施、考评升学、制度保障等整个环节的问题。在具体的"深度合作"开展中，由于管理组织缜密与完善，各项工作有条不紊地开展。如科技创新素养培养课程的开发主要由大学专家、教授、高校研究生组成的导师团负责；优秀初中科技特长生的考评选拔由附中与首师大专家共同组成的招生考试和选拔小组负责；学生指导导师队伍以大学教授、专家为主体，由各大学教师、各研究所、科技站等机构研究人员和本校教师共同组成。有效的管理还体现在从各年级层面对于特色课程内容序列的科学安排上，高一年级以微型选修课、短选修为主，注重人文素养教育；高二年级增加长选修课和社会实践，注重科学素养教育；高三年级以微型选修课为主，注重人生规划教育。

此外，如何保证学生在参与创新人才培养计划的同时，能够通过高考等方式进入理想大学是不可回避的问题，这就涉及如何在高考体制中进行资优创新课程价值认定，从而保证创新人才顺利升学。创新人才培养计划不为学生提供高考优惠政策，这可能会引起学生在参与资优创新课程与应对高考之间的冲突，不利于提升学生参与资优创新课程的效果；若给予学生高考优惠的模式，避免了学生时间安排上的冲突，则有利于学生积极参与到资优创新课程中去。有鉴于此，高中与大学在培养制度上形成了"联合考核"与"直推升学"的模式。但针对该模式可能被质疑的公平问题，我们主张真正的公平并不是"一刀切"的公平，而是应该让不同层次的学生得到相应层次的教育，对拔尖创新人才的特殊培养并不是不公平的表现，反而是社会进步和人才培养的现实需要。

作为一项学校综合性工作，在大学附中与大学的"深度合作"中，管理"深度合作"是最复杂的任务，也是最重要的保障。首师大附中管理"深度合作"的成功实践，除需归因到整体设计谋划的完善成熟外，围绕核心工作运转、抓住学校管理工作协调性的核心本质也是重要的原因。在"深度合作"

的实践中，首师大附中将自身定位为实践的主体，即"与大学深度合作"的发起者与策划和实战者，而将合作大学、政府主管部门、社会参与力量作为外在资源条件，进而在一定程度上避免了多向、多重考查与叙述的复杂性，使得学校能始终以大学附中的身份将组织实施与大学深度合作的整体经验进行完整呈现和反思。

## 二、建立"多方联动"的运作方式

虽然在前面章节已经明确表示本研究是以首师大附中为发起与组织实施的，是与大学深度合作实践主体，实践经验与反思立场等都是以大学附中的立场出发，但并不排斥"大学附中与大学深度合作"实践的现实场景中其他参与主体，即大学、教育主管部门、社会参与力量。从"大学附中与大学深度合作"的运作方式上看，大学、政府教育管理部门、社会机构与社区、学生家庭的共同参与是大学附中与大学深度合作得以顺利实现和运作的机制保障。从研究立场上看，有必要站在研究者的角度对于共同参与的主体进行整合定位，从而理顺大学附中与大学深度合作的具体运作模式。从大学附中作为实践主体的视角来看，政府的管理机制应该作为大学附中与大学深度合作实践探索的制度性环境或政策前提；大学、社会机构及其他力量的参与共同作用于教育资源的开掘与提供。鉴于此，可以将上述的"多方联动"的大学附中与大学深度合作的运作方式简化为"大学附中的主导实践""政府的管控基础"和"社会等教育资源的有效补充"。下面将分别从政府的管理体制与外来的教育资源来看多方面合作的重要性。

### （一）政府的管理体制

从当前的学制体系看，高中与大学是一种分段的合作模式，两阶段的连接纽带一般为"高考"这一考试甄别形式，这对于个人而言是人生发展中最大的一次筛选与分流。从人发展的个性化与差异性的角度看，教育与发展的分流是必要的，也是符合个体多样化发展现实需求的，但问题在于经过长期的历史演化与文化积淀，人们普遍将这次考试的筛选与分流在个体教育生涯甚至是整个人生的发展生涯中的意义无限扩大化了。由此带来的"千军万马过独木桥""基础教育围绕高考指挥棒运转"等违背教育规律的现象促使人们重新思考从对教育活动最具确定性的保障体制上的改革以重新回到教育的灵魂与本源。如何使前后教育阶段之间开展合作，把同一教育体系的不同教育阶段融会贯通，从而适应个体发展多样性的需求，成为中高衔接的重要问题。首师大附中倡导的"多方联动"并非停留在教育运行体制层面，而是深入到教育活动的内部要素之中，如宏观方面的课程改革、教学革新、德育探索、管理变革等；从学生角度看即学生发展指导、学生素质拓展、创新人才培养等。"多方联动"以多主体从不同方面着手，共同推动人才培养模式上的创新。

本研究就是在这样复杂的背景下进行的。在当下的教育大背景中，学校的变革既能找寻政策的依据与行动保障，同时也会遭受现有制度对创新实践突破的阻碍与限制。为此，如同教育管理的体制改革在常态中是渐进的、局部的运作形式一样，以推动教育体制改革为最终目的的教育实践也通常是以渐进的、局部的、缓慢的探索方式开展的，它既由改革探索的环境与目标决定，也由实践研究内容与形式决定。

（二）外来的教育资源

要做到与时俱进，及时把握人类知识的最新成果，智力资源的开辟与攫取必不可少。首师大附中中学在大学附中办学特色的实践探索中，通过信息网络与首都师范大学实现资源共享、以友好交流获取国内国外丰富资源，从而实现了对外来的教育资源的开发与高效利用。例如，首师大附中以《大学附中办学特色》课题获全国课题办资金支持，利用首都师范大学网络连接的优势，实现国内国际重要教育数据库与资源的共享。首师大附中借助的大学资源与社会力量包括大学专业课程、专业课题、前瞻性研究和前沿性学科等资源；社会研究机构和研究人员前沿学术资料化及新的研究方法；社区教育、家庭教师、各类博物馆、陈列馆、社会专业机构、网站、电视广播节目、书刊、讲坛等。在国际资源方面，首师大附中与国外著名高中建立起友好学校关系，通过交流平台分享研究资源，进行信息共享、成果展示和评价等。其中，建立创新教学联合体，形成跨学校、跨区域、跨国域的科研资源与研究成果的交流和累积对于学校拓展型研究型课程体系构建具有重要作用。需要强调的是，外来教育资源不仅是智力资源，更有思维方法、认知方法、研究方法的启示，并且就学校教育影响人的思维方法为最终目的的本质来看，方法上的启示通常比具体知识的获取具有更为广泛与强大的影响力，而各种新方法的迁移与渗透，往往是创新思维展现的重要契机。

## 三、秉持"一致协同"的深度合作理念

在剖析大学附中与大学教育的校内整体变革性合作体系和运作模式之后，还需要对于两者所秉持的合作理念进行阐释。首都师范大学附属中学所开展的

"大学附中办学特色研究"的实践探索，从根本上讲是对大学附中教育本质的回归性的一种思考；是对大学附中教育在创新人才培养中的作用与地位的进一步清晰化的探究；是对人才培养与个人教育和发展的整体性的设想。人的发展与社会的大环境息息相关，作为以促进人的发展为终极目标的教育自然也不能脱离社会现实的大环境。在教育领域中探讨人的发展问题，需要将社会发展现状、社会发展对于人的需求，以及个体自身发展的需求相结合，将三者作为教育实践价值判断的标准。首师大附中与高校开展的深度合作就是在秉持"社会发展要求"与"人的发展需求"相一致的价值标准下开展的实践探索。

学校教育工作者和教育研究者，在思考学校教育问题时，不仅需要关注学校内部因素（如教师、学生、管理、课程、德育），也应该把学校外部因素（如家庭、社区、媒体、政治、经济、文化）纳入思考范围中。随着社会的发展，学校教育与外部世界的联系愈加紧密和深入，学校教育、教育学、学习者、教育内容与形式都必然广泛受到社会因素的影响。著名教育研究学者程介明教授曾经研究当前人类社会典型工作场域发生的三大显著性变化：①组织形态方面，大型组织中的工作小组、中小型企业和个体工作者构成后工业社会中的组织形态；组织机构不稳定，短时期内变动、改组、合并甚至瓦解。②工作职业方面，受整体环境的影响，工作变得更加具有灵动性、工作方式愈加灵活等。③个人能力素质方面，鉴于以上因素的变化，社会对个人素养也提出了新的要求——个体需要具备创造性、灵活性、团队精神、探索精神，个体要随时随地准备学习新知识、能够自如地跨专业和跨文化。从三个重要变化中可以看出，后工业时代的知识社会中的学校教育需要面临一次根本性的范式转换。世界经济合作与发展组织（OECD）通过五年持续研究对于当前社会对于人的关键能力进行了梳理：对人，如何在复杂多元的社会中生存；对己，如何自为、自处、自卫；对事，如何有效地使用工具。生活与工作环境的变化，对人的关键能力定义的变化都呼唤着对于学校教育的内容、方式的变革，呼唤着我们对于人才、教育等概念进行整体性的重新思考。首师大附中开展的大学附中办学特色研究就是希望在当前社会环境下，通过开展的实践探究得出自己的答案。

（一）搁置争议，深度合作

大学附中与大学合作进行人才培养的教育活动是教育衔接领域的一个重要组成部分，贯穿在教育系统学习发展的重要过程。这种合作，不论从目的、实施过程中还是结果上都会有不同的议论和看法，随之而来的就是赞扬与褒奖有之，争议与指责有之。

从理论和实践来看，大学附中与大学合作培养人才的理念和做法的争议话题颇多，诸如影响了教育公平，即各种合作方式只是少数群体、少数地区能享受的利益既得，不能实现全方位的覆盖；高校掐尖，主要争议是高校的合作目的是获取更优质的生源，对于是否有实质意义上的合作不可知；还有就是为了高中升学率，认为高中从事这种改革仍然是着眼于提升升学率和知名度；新瓶装老酒，认为现在的这种合作形式与内容只不过是在漂亮外衣掩盖下的又一种择优录取的陈旧内容，毫无新意可言。在研究者看来，所有争议本质上都可回归到利益纷争中，涉及不同的利益群体，围绕各自的利益诉求而形成的纷争，这种纷争不会消亡，反之，随着改革的纵深推进，各种利益纷争的出现反而能从反方面推进该领域教育改革。作为一个负责任的研究者和实践者，笔者呼吁关于大学附中与大学合作培养人才的衔接尝试，在分析问题时要把握矛盾的主要方面，从推动教育改革和实现人的连续性成长视角出发，出发点要落在实现人才培养的转型上，在开展形式各异的教育教学改革中理应提供支持，而不是一味地责难与阻碍。

做到以上几点，需要各方面搁置争议，深度合作，从实践入手并接受实践的深刻检验，从而获得真理性的认识指导实践，给予新事物应有的发展空间。

（二）先行先试，逐步推广

2009 年以来，全国各地对于高中与大学的合作方面的探索呈现上升趋势。2011 年 4 月清华大学百年校庆举办专题活动暨全国优秀高中与高校衔接培养拔尖创新人才论坛。出席此次论坛的有教育部领导、教育理论界的权威人士、国内著名大学的招生办主任和来自全国 256 所优质高中的校长（涵盖内地所有省市自治区）。此次论坛还分为三个分论坛，分别是：如何建立中学和大学联合培养拔尖创新人才的机制？如何以中学和大学教育教学的衔接促进拔尖创新人才培养？如何以学生遴选和质量评价的衔接促进拔尖创新人才培养？在各分论坛中，与会的全国优质高中校长们围绕这个话题，分别介绍了各自的经验与做法。在培养目标衔接、不同模式的培养机制、高校与高中课程衔接、基础教育与高等教育培养拔尖创新人才的形式、内容和目标等方面做了深入细致的探讨，甚至有的高中学校已经有了非常成功的经验。站在研究的视角，教育行政部门代表、教育理论界代表、大学招生办主任和教育实践界的代表等济济一堂，围绕高中和大学联合培养人才这个话题进行研讨，其内在意义已不言而喻。全国范围内有这么多高中与高校联合培养人才，而且形式多样，内容丰富，这对于推动我国的教育改革具有实践意义。目前，高中与大学合作培养人才的方式方法尚没有一致的模式，但这正是该领域研究走向纵深的前提，多样化的先行尝试，形成足够多的量的积累，为形成一致的操作模式提供有益的补充，为质变奠定基础。

从当前的研究情况看，各高校和各中学围绕人才培养而进行的各种改革举措得到教育行政部门的资金与政策的支持，如帮扶创建创新素养培育实验项目和建立拔尖人才培养基地，在实验室建设、师资培养、社会实践等方面提供大力支持，鼓励中学与高校联合培养人才。可以看出教育行政部门希望高中与高校先行先试，遵循从实践中来，形成经验和理论，再运用到实践中去，接受实践的检验，从而获得真理性的认识和建构合理的模式。

（三）发展眼光，立足长远

关于大学附中与大学合作培养人才中遇到的问题，需要用理性的眼光批判性对待。任何新事物的存在和发展都不是一帆风顺的，但终究会在发展中规避风险，突破各种阻碍而实现质变。正如恩格斯所言："世界不是既成事物的集合体，而是过程的集合体，其中各个似乎稳定的事物同它们在我们头脑中的思想映象即概念一样都处在生成和灭绝的不断变化中，在这种变化中，尽管有种种表面的偶然性，尽管有种种暂时的倒退，前进的发展终究会实现。"从教育改革的规律情况看，任何教育改革的发展都伴随着各种理论与现实、个人与社会、利益的纷争，总是从不完善到逐步完善，再到完善的发展过程。

目前大学附中与大学合作培养人才走进教育实践不过几十年时间，正处于从经验走向理论的发展阶段。这个阶段是长期的，也是矛盾聚集期，各种批评、指责层出不穷，甚至阻碍了这种教育变革的推进。对此，我们要有清醒的认识，新事物的发展历程必然充满辛酸。正如华东师大叶澜先生在总结创立新基础教育理论的心路历程中的一段话："在这个世界上，还有什么比改变人更为艰难更为持久的事业？"叶澜先生道出了教育理论建构和教育变革的艰辛。

教育理论的建构不是一日两日就可以造就的，教育改革也不是一日两日就可以检验的。大学附中与大学合作培养人才，尽管道路上充满了荆棘，但从国家对于教育发展的战略要求上，从教育对于人终身发展的诉求上，还有更多的空间可发现、挖掘、总结和提升。对此，我们一定要秉持发展的眼光，给予它更多的时间，给予它成长的空间，它也一定会在理论与实践中成长壮大！

# 结　　语

　　大学附中在一定的社会条件下产生，其最初的目的是为社会培养人才，这种培养人才的目的是通过向更高一级的高等教育输送优秀的学生，使这些学生在接受并完成高等教育后走向社会并对社会发展做出贡献来实现的。随着社会经济的不断发展以及人们对自身价值的不断追求，这类中学在为社会培养人才的同时，也更加关注学生自身素质的全面发展，因此，在培养学生的过程中不再一味地追求成绩和升学率，而是将培养全面发展的学生作为学校人才培养的重要目标。

　　大学附中和大学之间的联系比其他普通中学更为紧密。大学独特的文化魅力和品牌影响力、大学对中学提供支持或管理，势必会引领这类学校走向更加合理和健康的发展道路。大学附中相对于普通中学而言有更多的发展自主权。大学和附中之间不存在领导与被领导的关系，而是一种基于平等权利的合作关系。基于合作模式下的附属中学尽管依然受到政府的管理，在办学自主权上也少于隶属模式和共管模式下的附属中学，但通过与大学的积极合作，这类学校在发展中也呈现出新的活力。大学附中与普通中学相比，有更多的发展资源。大学附中在发展过程中不仅有政府的投入，并且还有大学提供的相关支持。

　　当前我国的教育投入不足，教育经费占 GDP、财政支出比重远低于发达国家。面对教育资源尤其是农村中学教育资源不足、教育资源分布不均的情况，需要我们寻找一个突破口，高校与中学合作办学就是这样一个突破口。高校与中学合作办学有利于提高资源的利用率，缓解学校的教育资源供给不足的压力。此外，也能加强学校间的交流合作，共同进步，无论对于学校还是社会都有一定的益处。因此，以开放的态度，树立资源共享观念，推动大学与中学合作办学尤为必要。高校与中学合作办学，不仅可以解决中学教学资源不足的问题，还可以提高大学的资源利用率，提升大学在区域中的影响力，双方通过合作实现共赢。就如本研究得出的结论所言，在中学与大学合作办学的实践过程中，双方要逐步建立深度合作的分层运作教育体系，建立"多方联动"的运作方式；秉持"一致协同"的深度合作的理念。

# 参考文献

［1］ 朱润蕾："大学附中与高校合作办学的现状研究——基于上海市宝山区六所附中的调研"，"当代教育论坛"，2017 年第 5 期，第 87 页 – 第 92 页。

［2］ 薄飞：《基于资源共享的大学与中学合作研究》，郑州大学，2017 年。

［3］ 张翔：《教师教育 U – S 共生性合作问题研究》，西南大学，2012 年。

［4］ 杨红星：《民族院校内涵式发展的历史省思》，《教育评论》，2014 年第 1 期，第 9 页 – 第 11 页。

［5］ 张抗抗，胡扬洋：《我国高等教育与基础教育内涵衔接研究》，《首都师范大学学报》（自然科学版），2017 年第 5 期，第 27 页 – 第 32 页。

［6］ 郑金洲：《"办学特色"之文化阐释》，《中国教育学刊》，1995 年第 5 期，第 35 页 – 第 37 页。

［7］ 王亚军：《利益相关者视域下高校继续教育治理机制探究》，《成人教育》，2018 年第 9 期，第 20 页 – 第 24 页。http：//kns. cnki. net/kcms/detail/23. 1067. G4. 20180904. 1334. 010. html.

［8］ Clark R. W. School – university relationships：An interpretive review ［C］. In：Sirotnik K. A, Goodlad J. I. School – university Partnerships in Action：Concepts, Cases and Concerns. New York：Teacher College Press, 1988：32 – 65.

［9］ John Dewey. The University School ［J］. University record, 1920 (5)：417 – 442.

［10］ Stalling J A. , Kowalski D. L. Research on professional development schools ［C］. In：Houston W R. Handbook of Research on Teacher Education. New York：Macmillan, Inc, 1990：11 – 13.

［11］ Turney C. Laboratory Schools ［C］. In：Dunkin M. International Encyclopedia of Teaching and Teacher Education. Oxford：Pergamon Press. 1987：35 – 46.

［12］ Creek, R. J. The Professional Development School：tomorrow's school or today's fantasy ［A］. In H. G. Petri（Ed.）Professionalization, Partnership, and Power：Building Professional development schools ［C］. Albany：State University of New York Press, 1995.

［13］ Hurd, Paul D. New minds for a modern age：Prologue to modernizing the science curriculum

〔J〕. Science Education，Vol. 78，No. 1.

[14] Holmes Group. Principles for the design of professional development schools〔A〕. Tomorrow's Teachers〔Z〕. East Lansing，MI：Author. 1986.

[15] Metcalf – Turner，P. and Fischetti，J. Professional Development Schools：Persisting Questions and Lessons Learned〔J〕. Journal of Teacher Education，Vol. 47，No. 4

[16] MCCAUL. R. L. Dewey's Chicago〔J〕. The School Review，Dewey Centennial Issue，1959（2）：258 – 280.

[17] 简·杜威，等：《杜威传》，单中惠，编译. 合肥：安徽教育出版社，2009 年。

[18] DEWEY J. My Pedagogic Creed〔J〕. School Journal，1897（1）：77 – 80.

[19] DEWEY J. Ethical Principles Underlying Education〔M〕. Chicago：University of Chicago Press，1897.

[20] 肖朗，孙岩：《杜威与美国大学教育学科的建设和发展》，《高等教育研究》，2016 年第 6 期，第 85 页 – 第 93 页。

[21] 布鲁斯·邦纳：《实验学校在美国教育中的任务》，《外国中小学教育》，1992 年第 6 期，第 12 页 – 第 13 页。

[22] 徐向东：《大学附中培养创新人才的研究——与大学深度合作的视角》，华东师范大学：第 47 页 – 第 48 页。

[23] 冯明：《大学附中的合作现状、价值、优势与发展——基于上海市大学附中办学现状的调研与思考》，《教育发展研究》，2013 年第 4 期。

[24] 王志广：《师范生培养过程中存在的问题及应然策略》，《教育理论与实践》，2014 年第 29 期。

[25] 丁邦平：《论美国教师教育的改革与创新》，《首都师范大学学报（社会科学版）》，2001 年第 2 期，第 98 页 – 第 99 页。

[26] 刘万海：《我国高中教育改革：历史经验与未来选择》，《全球教育展望》，2014 年第 3 期。

[27] 谢维和：《从教育的间断性与连续性看高中改革——再论高中教育的定位与选择》，《中国教育报》，2012 年第 6 期。

[28] 徐向东：《大学附中培养创新人才的研究——与大学深度合作的视角》，华东师范大学：第 49 页 – 第 56 页。